Michael Götschenberg

DER BÖSE
Wulff?

Die Geschichte hinter der Geschichte
und die Rolle der Medien

PLASSEN
VERLAG

Copyright 2013:
© Börsenmedien AG, Kulmbach

Gestaltung und Herstellung: Johanna Wack, Börsenmedien AG
Lektorat: Hildegard Brendel
Korrektorat: Claus Rosenkranz
Druck: GGP Media GmbH, Pößneck

ISBN 978-3-86470-084-2

Alle Rechte der Verbreitung, auch die des auszugsweisen Nachdrucks,
der fotomechanischen Wiedergabe und der Verwertung durch Datenbanken
oder ähnliche Einrichtungen vorbehalten.

Bibliografische Information der Deutschen Nationalbibliothek:
Die Deutsche Nationalbibliothek verzeichnet diese Publikation in der
Deutschen Nationalbibliografie; detaillierte bibliografische Daten
sind im Internet über <http://dnb.d-nb.de> abrufbar.

Postfach 1449 • 95305 Kulmbach
Tel: +49 9221 9051-0 • Fax: +49 9221 9051-4444
E-Mail: buecher@boersenmedien.de
www.plassen.de
http://www.facebook.com/plassenverlag

Inhalt

VORWORT 9
PROLOG 19

Die Wahl 31
Am Anfang steht ein Rücktritt 31
Schwarz-Gelb gegen Rot-Grün 35
Die Medien treffen ihre Wahl 46
Widerstand im eigenen Lager 51
Die Präsidentenwahl als Machtfrage 55
Wulffs „Bunte Republik" 61

Von der Leine an die Spree 65
Der Präsident aus Niedersachsen 65
Der Präsidentenflüsterer 77
Ein Amt ohne Jobbeschreibung 80
Hundert schwierige Tage 90
Ein neuer Stil im Bellevue 96

Wulff und die Türken 105
„Der Islam gehört inzwischen auch zu Deutschland" 105
Wulff und Gül – eine Präsidentenfreundschaft 113
Gedenken für die NSU-Opfer 116

Wulff und die Juden 119

Der Präsident sucht seine Rolle 125
Was macht eigentlich …? 125
Der Präsident rüffelt die Kanzlerin 133
Wulff und die Medien 138
Der Reisepräsident 146
Afghanistan und *Bild* 148
Recherchen im Hintergrund 151

Die Krise 155
1001 Nacht und ein böses Erwachen 155
Der Präsident greift zum Telefon 157
Die Keimzelle der Krise – die Hausfinanzierung 161
Der Sprecher geht, der Präsident erklärt sich 169
Die wundersame Verbreitung der Mailbox-Nachricht 174
Das Fernsehinterview 179
Der Showdown mit *Bild* 187
Alles ins Internet 189
Keine Rückkehr zur Tagesordnung 193
Groenewold und der Abgrund 195
Berlinale-Empfang im Bellevue 197
Der Rücktritt 201

Die Akteure in der Krise 207
Das Bellevue 207
Die Parteien 222
Die Medien 238
Die Justiz 257

EPILOG 263
CHRONOLOGIE 280

Vorwort

Christian Wulff war 598 Tage lang Bundespräsident. Es ist die kürzeste Amtszeit in der Geschichte der Bundesrepublik. Sie endet mit einem Desaster: Nach neun Wochen einer schweren Krise tritt Wulff am 17. Februar 2012 zurück. In jenen Wochen beherrscht die „Causa Wulff" die Schlagzeilen und Nachrichtensendungen, sie hält das ganze Land in Atem und wird als einer der heftigsten politischen Skandale in die deutsche Nachkriegsgeschichte eingehen. Christian Wulff ist zwar nicht der erste Bundespräsident, der zurücktritt, doch die Umstände seines Rücktritts sind einmalig. Wochenlang tobt eine heftige Krise, in der der Bundespräsident um sein Amt kämpft. Die Vorwürfe, mit denen Wulff konfrontiert ist, stammen aus seiner Amtszeit als niedersächsischer Ministerpräsident. Am Ende führt ein Staatsanwalt in Hannover den Sturz des Bundespräsidenten herbei. Während dieses Buch entsteht, sind die staatsanwaltlichen Ermittlungen noch nicht abgeschlossen, ob Wulff sich strafbar gemacht hat, ist noch unklar. Bestraft wurde er aber dennoch: mit einem Absturz in Bodenlose. Am Ende einer wochenlangen Skandalisierung, die über den Rücktritt hinaus andauerte, wurde aus dem Staatsoberhaupt ein Gezeichneter, eine Unperson. Kein politischer Amtsträger in der Bundesrepublik ist tiefer gefallen als Christian Wulff. In der Rückschau erscheint die Krise fast unwirklich. Wie konnte es dazu kommen? Und warum hat sie sich mit solcher Wucht entladen?

Dieses Buch erzählt die Geschichte einer Präsidentschaft, die von Anfang an unter keinem guten Stern stand. Zu Beginn steht der Rücktritt von Bundespräsident Horst Köhler, der am 31. Mai 2010 völlig unerwartet hinschmeißt. Bundeskanzlerin Angela Merkel entscheidet sich in dieser Situation dagegen, mit der Opposition nach einem parteiübergreifenden Kandidaten zu suchen, sondern für die Wahl eines neuen Bundespräsidenten mit schwarz-gelbem Profil. Ihre Wahl fällt auf den niedersächsischen Ministerpräsidenten Christian Wulff. Merkels Koalition ist auf dem Tiefpunkt ihres Ansehens, die Bundesversammlung soll mehr als nur einen neuen Bundespräsidenten wählen – sie soll die Autorität der Kanzlerin unter Beweis stellen. Doch Merkels Kandidat vermag die Rollenerwartungen an einen Bundespräsidenten nur schwer zu erfüllen – vor allem in der Wahrnehmung der Medien. Umso mehr, als SPD und Grüne mit Joachim Gauck einen rot-grünen Gegenkandidaten präsentieren, der innerhalb kürzester Zeit nahezu die gesamte deutsche Medienlandschaft hinter sich vereinigen kann. Schwarz-Gelb und Rot-Grün erklären die Präsidentenwahl zur Machtprobe. Christian Wulff ist der Bundespräsident, den die Medien nicht wollten. Er startet mit einer schweren Hypothek ins Amt, das sich nach dem Rücktritt von Köhler in einer Ausnahmesituation befindet. Es ist ein Amt, von dem die meisten Menschen wenig wissen, das so schwierig wie einzigartig ist. In einer Zeit permanenter Krisen wird der Bundespräsident mit Erwartungen konfrontiert, die das Amt kaum erfüllen kann. Gleichzeitig befindet es sich in einem wachsenden Spannungsverhältnis zu einer sich immer schneller drehenden Medienwelt. Als Christian Wulff dieses Amt Ende Juni 2010 antritt, hat er Probleme im Gepäck, die zunächst nicht sichtbar sind: ein gegenüber dem niedersächsischen Landtag verschwiegener Privatkredit zur Finanzierung seines Hauses und Urlaube bei oder mit Unternehmerfreunden, die Wulff angreifbar machen. Hinzu kommen Probleme, für die der neue Bundespräsident nichts kann, wie die üblen Gerüchte über das angebliche Vorleben seiner Frau Bettina, die unter der Oberfläche schwelen.

Als die *Bild*-Zeitung am 13. Dezember 2011 erstmalig die Hausfinanzierung der Wulffs zum Thema macht, holen Christian Wulff diese Probleme ein. Der Bundespräsident schlittert kopf- und planlos in eine schwere Krise, deren Management sich als zu anspruchsvoll für ihn erweist. Wulff begeht schwere Fehler, vor allem, als er bei der *Bild*-Zeitung interveniert, um den Bericht über seine Hausfinanzierung zu stoppen und dabei *Bild*-Chef Diekmann auf die Mailbox spricht. Das lange Zeit enge Verhältnis zwischen Wulff und der *Bild*-Zeitung kulminiert, und der berühmte Ausspruch von Springer-Vorstandschef Mathias Döpfner entfaltet seine Wirkung: „Wer mit *Bild* im Aufzug nach oben fährt, der fährt auch mit ihr im Aufzug nach unten." Jahrelang hatte *Bild* in Niedersachsen ein positives Image von Wulff befördert, jetzt wird der Bundespräsident als böser Wulff in Szene gesetzt. Zwei Wochen, nachdem Christian Wulff auf die Mailbox von Kai Diekmann gesprochen hat, findet die Nachricht ihren Weg in die Öffentlichkeit, just während die Krise um den Bundespräsidenten im Sande zu verlaufen scheint. Unterdessen begeht Christian Wulff einen Fehler nach dem anderen, liefert ununterbrochen neues Futter, aus dem die Krise sich wie von selbst fortschreibt. Längst hat ein Teil der Medien die Jagd auf den Bundespräsidenten eröffnet. Am Ende ist die Krise ein Machtkampf zwischen Präsident und Medien, die beanspruchen, über Sein oder Nichtsein dieser Präsidentschaft mitentscheiden zu dürfen. Dieser Machtkampf entfaltet sich auch deshalb mit so großer Wucht, weil die Parteien die Lösung der Präsidentenfrage den Medien überlassen und sich aus taktischen Gründen in eine Zuschauerrolle begeben haben: Schwarz-Gelb bringt nicht die Kraft auf, den eigenen Bundespräsidenten zu stützen, während Rot-Grün nicht die Rolle des „Königsmörders" übernehmen will.

Viele Ereignisse in den Wochen der „Causa Wulff" erscheinen bis heute rätselhaft. Was hat sich hinter den Kulissen abgespielt, vor allem des Bellevue, aber auch der Politik? Was hat den Bruch zwischen Wulff und der *Bild*-Zeitung hervorgerufen, der in den Wochen der Krise zu einer Kampagne gegen den Bundespräsidenten geführt hat? Dieses Buch erzählt die Geschichte hinter der Geschichte. Es erzählt die

Geschichte dieser schweren Krise und blickt dabei hinter die Kulissen der einzelnen Akteure: des Bellevue, der Parteien, der Medien und der Justiz. Es will begreifbar machen, was wirklich geschehen ist und warum, jedoch nicht nur in der Phase der Krise, denn die Wahrnehmung dieser Präsidentschaft wird zu Unrecht auf ihr Ende reduziert. Beginnend mit dem Rücktritt von Horst Köhler über die Nominierung und Wahl Christian Wulffs, die Stationen dieser kurzen Amtszeit bis hin zu Wulffs politischem Untergang: Das Buch erzählt nicht nur die Geschichte des Scheiterns von Christian Wulff, sondern es zieht eine Bilanz seiner Präsidentschaft insgesamt. Dazu gehören auch Erfolge: Für die Migranten in Deutschland ist Wulff bis heute „ihr" Bundespräsident. Die Grundlage dafür hat er vor allem – aber nicht nur – mit seinem Satz „Auch der Islam gehört inzwischen zu Deutschland" gelegt. Auch die Juden in Deutschland wussten Wulffs Engagement für einen Dialog der Religionen zu schätzen: Nach nur einem Jahr im Amt trug ihm der Zentralrat der Juden den Leo-Baeck-Preis an. Das zentrale Anliegen dieser Präsidentschaft war die „Bunte Republik Deutschland", eine Gesellschaft, die sich durch Offenheit und kulturelle Vielfalt auszeichnet. Auf seinen Auslandsreisen wird das junge Präsidentenpaar mit dem Lebensmodell „Patchworkfamilie" zum Gesicht eines modernen Deutschland. In Deutschland werden der Bundespräsident und seine Frau zu Sympathieträgern: Bereits wenige Monate nach seiner Wahl sind 80 Prozent zufrieden mit der Arbeit des Staatsoberhaupts, das vor seiner Wahl keiner wollte. Bis weit in die Wochen der Krise hinein will sich die Hälfte der Bevölkerung die Forderung der Medien nach einem Rücktritt nicht zu eigen machen.

Die Krise um Christian Wulff ist in vielerlei Hinsicht ein Skandal wie aus dem Lehrbuch. Die Medienwissenschaftler Hans Mathias Kepplinger von der Universität Mainz und Bernhard Pörksen von der Universität Tübingen haben die Charakteristika moderner Skandale erforscht. In seinem Buch „Der entfesselte Skandal" (Halem Verlag, 2012, in Zusammenarbeit mit Hanne Detel) beschreibt Pörksen die Allgegenwart von Skandalen in der Medienwelt von heute: „Man muss nur die Abendnachrichten einschalten, vorzugsweise der privaten

Sender. Man muss sich nur in irgendeiner Weise mit den Erregungsmaschinen der modernen Mediengesellschaft verbinden. Und schon ist er da, unabweisbar, aufdringlich und laut: der Skandal. Er treibt uns um, wenn auch nur für kurze Zeit; er fordert Opfer, die wir schnell vergessen; er zwingt zu öffentlicher Buße, was uns freut." Pörksen steht dem Skandal grundsätzlich positiv gegenüber, denn er sieht in ihm ein „Instrument der Aufklärung und der Gegenaufklärung". Der Skandal diene ganzen Nationen dazu, sich ihrer Normen und Werte zu vergewissern: „Je gleichförmiger die Entrüstung, desto stabiler und akzeptierter das Wertesystem, das verletzt wurde." Auch die Skandalisierung der Vorwürfe, mit denen Christian Wulff ab Mitte Dezember 2011 konfrontiert ist, hält Pörksen grundsätzlich für legitim. Demgegenüber beklagt der Skandalforscher Kepplinger in der Causa Wulff das „unglaubliche Missverhältnis zwischen Anlass und Größe" der Skandalisierung. In seinem Buch „Die Mechanismen der Skandalisierung" (Olzog Verlag, 2012) vertritt Kepplinger eine wesentlich skeptischere Haltung gegenüber der wachsenden Tendenz zur Skandalisierung. So beklagt er generell den Verlust an Wahrheit im Zuge von Skandalisierungen: Bestünden am Anfang noch unterschiedliche Sichtweisen, so bildeten sich im Zuge der Skandalisierung feste Schemata heraus, denen sich alle unterordnen (müssten). „Sind die Schemata einmal etabliert, erscheinen alle Fakten und Interpretationen, die ihnen widersprechen, als falsch oder irreführend, als Übertreibung oder Untertreibung." Dem Druck, sich der einen Sichtweise anzuschließen, könne man sich dabei nur schwer entziehen: „Der Skandal ist die Zeit der Empörung. Nüchterne Skepsis gilt nicht als Tugend, sondern als Uneinsichtigkeit. Wer sich dem Protest nicht anschließt oder wenigstens Sympathie dafür bekundet, wird isoliert und abgestraft."

Dabei ist charakteristisch, dass die in den Medien vorherrschende Wahrnehmung von einigen wenigen Leitmedien vorgegeben wird. Diese sind an erster Stelle der *Spiegel*, die *Frankfurter Allgemeine Zeitung*, die *Süddeutsche Zeitung* oder auch der *Focus* und natürlich die *Bild*-Zeitung, die bereits seit einigen Jahren großen Wert darauf legt, sich vom Image des Boulevardblatts zu lösen und als Recherche- und

Leitmedium neben den seriösen journalistischen Medien zu etablieren. Bei Christian Wulff kann die *Bild*-Zeitung für sich beanspruchen, die Krise ins Rollen gebracht zu haben, was ihr mit der Verleihung des prestigeträchtigen Henri-Nannen-Journalistenpreises quasi bestätigt worden ist. In der Causa Wulff ist es neben der *Bild*-Zeitung vor allem der *Stern*, der die zentralen Vorwürfe gegen Wulff recherchiert. Wie meist bei Skandalen gab es im Fall Wulff nur eine kleine Zahl von Journalisten, die die relevanten Vorwürfe tatsächlich „ausgegraben" haben, während die große Masse der anderen Berichterstatter keine eigenen Recherchen betrieb, sondern das Material nur anreicherte, beispielsweise durch das Einholen von Meinungen. Typisch bei Skandalisierungen ist, betont der Mainzer Medienwissenschaftler Kepplinger, dass es nur einen kleinen Kreis von „Wortführern" gibt, dem sich eine große Zahl von „Mitläufern" und „Chronisten" anschließt.

Das Publikum verfolgt das Treiben der Medien durchaus skeptisch. „Die allgemeine Skandalsucht, diese moderne Form der Wertedebatte", stellt der Tübinger Medienwissenschaftler Pörksen fest, habe „keine besonders gute Presse. Man nimmt sie eher angewidert zur Kenntnis." Die Skandalisierung der Person Christian Wulff ist dabei ein sehr anschauliches Beispiel dafür, wie sehr die Wahrnehmung der Medien und die des Publikums auseinanderklaffen können. Selbst auf dem Höhepunkt der Krise blieb die Bevölkerung in zwei nahezu gleich große Lager gespalten: in diejenigen, die meinten, Wulff müsse zurücktreten, und damit der von den Medien nahezu einheitlich vorgegebenen Linie folgten, und die anderen, die nicht dieser Ansicht waren. Im Fall Wulff ging die wachsende Tendenz zur Skandalisierung Hand in Hand mit einer großen Portion Misstrauen der Macht der Medien gegenüber. Eine Umfrage des Allensbach-Instituts Anfang Februar 2012, also zwei Wochen vor dem Rücktritt Wulffs, kommt zu einem eindeutigen Befund. Auf die Frage „Wie bewerten Sie die Berichterstattung über Christian Wulff?" geben 39 Prozent der Befragten an, diese „angemessen" zu finden, während deutlich mehr, nämlich 48 Prozent, der Ansicht sind, sie sei „übertrieben". In dieser Schere zwischen Medien- und Publikumsempörung sieht Pörksen ein „Zeitzeichen für die neuen

Empörungsverhältnisse", das bei vielen Skandalen der jüngeren Zeit zu beobachten sei: „Bei Guttenberg, Sarrazin und eben bei Wulff – nur im Unterschied zu früher weiß man heute davon. Die Spaltung der Öffentlichkeit ist manifest geworden."

Das Publikum wendet sich in der Regel schnell gelangweilt ab. Meist erlischt das Interesse nach wenigen Wochen. Charakteristisch ist, dass anschließend keine Beschäftigung mehr damit stattfindet, die Bereitschaft zur kritischen Selbstreflexion über das Ausmaß der Skandalisierung ist sehr gering – nicht zuletzt deshalb, weil alle mitgemacht haben. Die Medien wenden sich neuen Themen zu, die Skandalisierten und andere beteiligte Akteure sind meist froh, wenn die Krise vorüber und die Karawane weitergezogen ist. Im Fall von Christian Wulff gilt dies insbesondere für die Politik. Im Bundestag findet man Monate nach dem Rücktritt viele, die auf die Wochen der Krise kopfschüttelnd zurückblicken: auf das Agieren von Christian Wulff, aber auch auf die enorme Wucht, mit der die Krise sich entladen hat. Dieses Buch will Erklärungen geben, wie es dazu kam. Vieles von dem, was in den Wochen der Krise eine Rolle spielt, geht bereits auf den Anfang der Präsidentschaft zurück. Das gilt besonders für das Verhältnis zwischen den Medien und Christian Wulff, den mit Ausbruch der Krise die Situation am Vorabend seiner Wahl wieder einholt. Unabhängig von der Person geht es auch um die Besonderheiten des Amtes, das Wulff mit seiner Wahl am 30. Juni 2010 antritt. Nicht einmal zwei Jahre später wird Joachim Gauck zum Bundespräsidenten gewählt. Die Präsidentschaft von Wulff erscheint wie ein Betriebsunfall der Geschichte. Was bleibt von ihr über das desaströse Ende hinaus?

Dieses Buch erzählt die Geschichte hinter der Geschichte dieser kurzen Präsidentschaft. Ihr dramatisches Ende und die noch laufenden staatsanwaltlichen Ermittlungen gegen Christian Wulff und seinen ehemaligen Sprecher Olaf Glaeseker führen dazu, dass Monate nach dem Rücktritt nur wenige gut informierte Personen bereit sind, offen über die Präsidentschaft Wulff und vor allem ihr krisenhaftes Ende zu reden. Meist ist dies nur möglich gegen Zusicherung absoluter Anonymität. Das gilt insbesondere für ehemalige Mitarbeiterinnen und

Mitarbeiter des Bundespräsidenten, die Auskunft und Einblick geben können über das, was sich im Bellevue während der 598 Tage dieser Präsidentschaft abgespielt hat.

Dennoch haben sich viele bereit erklärt, bei den Recherchen für dieses Buch zu helfen. Eine ganze Reihe von Personen aus dem unmittelbaren Umfeld von Christian Wulff war bereit, Rede und Antwort zu stehen. Allen sei dafür ausdrücklich gedankt. Christian Wulff selbst bin ich während seiner Präsidentschaft häufig begegnet und habe ihn dabei gut kennengelernt, Interviews mit ihm geführt, ihn auf Reisen begleitet sowie auch vor, während und nach der Krise immer wieder mit ihm gesprochen. Zu einem Interview für dieses Buch war Christian Wulff allerdings nicht bereit. Auch unter Politikern stößt man nach wie vor auf nur geringe Bereitschaft, über Wulff, seine Präsidentschaft und vor allem ihr Ende zu sprechen. Am Ende hat sich jedoch eine ganze Reihe von politischen Akteuren zu Gesprächen für dieses Buch bereit erklärt, von denen sich die meisten jedoch nicht namentlich zitieren lassen wollten. Denen, die dazu bereit waren, sei an dieser Stelle ausdrücklich gedankt, wie auch allen anderen, die sich zumindest auf ein Hintergrundgespräch eingelassen haben. Eine ähnliche Zurückhaltung gab es auch bei den Medien. Über die Rolle, die die Medien in der Krise gespielt haben, sprach ich mit den beiden Medienwissenschaftlern Hans Mathias Kepplinger und Bernhard Pörksen. Insgesamt habe ich für die Recherchen zu diesem Buch mit rund 60 Personen gesprochen.

Zum Schluss möchte ich all denen danken, die die Entstehung dieses Buches begleitet und unterstützt haben. Ein großer Teil des Manuskripts ist bei einem Aufenthalt im Künstlerhaus Schloss Wiepersdorf entstanden, der mir unvergessen bleiben wird. Danken möchte ich auch meinen Kolleginnen und Kollegen des Gemeinschaftsstudios von *RBB, MDR, Radio Bremen* und *Saarländischem Rundfunk* im *ARD*-Hauptstadtstudio, die die Launen ihres Studioleiters in den Monaten der Entstehung dieses Buches tapfer ertragen und das Projekt mit viel Interesse begleitet haben. Uwe Jahn und Klaus Becker haben das Manuskript mit großem Zeitaufwand gegengelesen und dabei zahlreiche wichtige Hinweise gegeben. Das Team um Thomas Ebenfeld bei Concept M in Köln hat mich mit einem Workshop rund um das Buch und vielen wertvollen Anregungen unterstützt. Meinem Agenten Joachim Jessen danke ich für die reibungslose Zusammenarbeit und die hervorragende „Rundum"-Betreuung. Der Plassen-Verlag hat das Buch nicht nur verlegt, sondern auch die Entstehung mit großem Engagement begleitet und gefördert. Mein besonderer Dank gilt hier Sebastian Grebe, Johanna Wack und den Lektoren Hildegard Brendel und Claus Rosenkranz. Vor allem aber möchte ich meinem Mann Gero Götschenberg danken, ohne den dieses Buch nie entstanden wäre, der mich bei der Arbeit daran inhaltlich wie moralisch unterstützt, bestärkt, kritisch begleitet, von manchem abgehalten und zu vielem ermutigt hat. Und schließlich: Danke, David.

Berlin, im November 2012
Michael Götschenberg

Prolog

Es ist Montag, der 13. Februar 2011. Morgens um sieben herrscht reger Betrieb auf dem militärischen Teil des Flughafens Tegel. Der Regierungsairbus „Konrad Adenauer" steht startklar auf dem Rollfeld. Die Maschine soll Bundespräsident Christian Wulff und seine Frau Bettina zu einem Staatsbesuch nach Rom fliegen. Sie werden begleitet von zahlreichen Mitarbeiterinnen und Mitarbeitern aus dem Präsidialamt sowie von einer großen Wirtschaftsdelegation. Wie fast immer, wenn der Bundespräsident ins Ausland reist, sind auch Journalisten, Kameraleute und Fotografen dabei. Präsidentenreisen gehören zu den schöneren Dingen, die der politische Betrieb der Hauptstadt den Medienvertretern zu bieten hat. Anders als bei Reisen der Kanzlerin ist das Interesse an den Auslandsreisen des Bundespräsidenten in den Redaktionen zu Hause oft nicht so hoch. Doch nicht so dieses Mal: Das Interesse an der Reise ist gewaltig. Der Staatsbesuch in Italien ist die erste große Auslandsreise, die Wulff unternimmt, seit seine Präsidentschaft wankt. Seit Wochen kämpft er um sein politisches Überleben. Die Reise ist die erste Möglichkeit seit Ausbruch der Krise, den Präsidenten und seine Frau für mehrere Tage aus nächster Nähe zu beobachten und zu befragen. Es gibt einen kleinen Kreis von Journalisten, die das Staatsoberhaupt regelmäßig begleiten, und je nach Reiseziel und Bedeutung der Reise ist die Zahl der mitreisenden Medienvertreter mal größer oder kleiner. Der Bundespräsident ist dafür bekannt, dass er auf seinen Auslandsreisen gelöst und locker ist, einen jovialen und offenen Umgang mit den Journalisten pflegt. Doch dieses Mal ist alles anders: Von entspannter Lockerheit kann keine Rede sein.

Exakt zwei Monate ist es her, dass die Krise um Christian Wulff ihren Anfang genommen hat. Mit einem Artikel in der *Bild*-Zeitung am 13. Dezember 2011 über die Hausfinanzierung der Wulffs beginnt alles. In den neun Wochen, die seitdem vergangenen sind, erlebt die Republik eine der schwersten politischen Krisen in ihrer Geschichte. Nahezu täglich beherrscht die „Causa Wulff" die Schlagzeilen und Nachrichtensendungen, nie ist ein Bundespräsident so unter Druck geraten wie Christian Wulff. Der überwiegende Teil der Medien fordert seinen Rücktritt, in der Politik verfolgen die meisten nur noch kopfschüttelnd seinen politischen Überlebenskampf, auch viele von denen, die Wulff vor 590 Tagen gewählt haben. Doch Wulff ist entschlossen, im Amt zu bleiben. Der Staatsbesuch in Italien interessiert die Medien höchstens am Rande. Im hinteren Teil der Kabine, wo die Journalisten sitzen, spricht man nur über die Situation des Präsidenten, die Vorwürfe, sein Krisenmanagement, was von ihm wohl dazu zu hören sein wird auf der Reise. Endzeitstimmung hängt in der Luft, die Republik wartet gespannt darauf, wie die Staatsanwaltschaft in Hannover sich entscheidet: ob sie ein Ermittlungsverfahren gegen den Bundespräsidenten auf den Weg bringt, das dann, davon sind alle überzeugt, endgültig den Rücktritt nach sich ziehen würde. Das Gerücht geht um, dass die Entscheidung der Staatsanwaltschaft unmittelbar bevorstehe, möglicherweise sogar noch während der Reise zu erwarten sei. Das mediale Interesse an der Präsidentenreise ist so hoch wie an keiner anderen, die Wulff bisher ins Ausland unternommen hat. Zuvor gingen im Bundespräsidialamt etwa viermal so viele Anmeldungen zur Mitreise von Medienvertretern ein, wie Plätze vorhanden sind. Zwanzig Journalisten, Fotografen und Kameraleute sind an Bord, die maximale Zahl. Die Berichterstattung in diesen Tagen befasst sich längst mit der Zeit danach: Hat Wulff Anspruch auf den Ehrensold, wenn er zurücktritt? Jeder Bundespräsident, dessen Amtszeit endet, hat bis an sein Lebensende Anspruch auf die vollen Präsidentenbezüge. Auch Horst Köhler hat diesen Anspruch, obwohl seine zweite Amtszeit durch seinen Rücktritt vorzeitig zu Ende ging. Doch auch Wulff? In dem Alter? Und mit einem Ermittlungsverfahren am Hals?

Der Bundespräsident, seine Frau und die wichtigsten Personen in der Präsidentendelegation, wie der Chef des Bundespräsidialamtes, Staatssekretäre aus verschiedenen Bundesministerien und die Sprecherin des Bundespräsidenten, sitzen in einer großzügigen Kabine im vorderen Teil der Maschine. Im Mittelteil, der Businessklasse, sind die Wirtschaftsdelegation und Bundestagsabgeordnete untergebracht, die der Bundespräsident fast immer auf Auslandsreisen mitnimmt. Im hinteren Teil schließlich ist Platz für die Sicherheitsbeamten, Angestellte des Bundespräsidialamtes und für die Gruppe von Journalisten, Fotografen und Kameraleuten. Sie sprechen scherzhaft gerne von der „Holzklasse". Das beschreibt die Realität nur sehr bedingt: Die Platzverhältnisse entsprechen denen der Economyklasse eines Linienfluges, und der Service an Bord ist für alle gleich. Da es sich um eine Regierungsmaschine handelt, werden die Fluggäste von Soldatinnen und Soldaten der Luftwaffe betreut. Die Verpflegung lässt kaum Wünsche offen, es wird ein Drei-Gänge-Menü serviert, auf die Klapptische werden kleine weiße Tischdecken gelegt. Doch kaum jemand kann die gediegene Atmosphäre der Präsidentenreise genießen, die Spannung auf das, was kommen mag, ist zu groß. Bereits der Auftakt gibt einen Vorgeschmack: Noch vor dem Start der Regierungsmaschine machen sich der Bundespräsident und seine Frau auf den Weg in den hinteren Teil der Maschine. Sie halten das auf allen ihren Reisen so: Jeder an Bord wird mit Handschlag begrüßt.

Zunächst heißen sie die Wirtschaftsdelegation und die Bundestagsabgeordneten in der Businessklasse willkommen, dann geht es weiter bis in die „Holzklasse", wo sie auf die Mediengruppe treffen. Auch hier schütteln Christian und Bettina Wulff jedem die Hand. Ein Journalist vom *Stern* nutzt die Gunst des Augenblicks und fragt den Bundespräsidenten auf den Kopf zu, ob er nur deshalb nicht zurücktrete, weil er

„Angst vor Mittellosigkeit" habe. Manch einer in der Kabine traut seinen Ohren nicht, einige horchen gespannt auf. „Wenn das einer herausfindet, dann Sie", pariert Wulff und geht weiter. Spätestens in diesem Moment ist klar, dass auf dieser Präsidentenreise nichts sein wird wie auf früheren. Das Präsidentenpaar ist zweifellos darauf eingestellt. Christian Wulff hat die Gruppe von Journalisten, die sich an Bord befindet, selbst mit ausgesucht. Mit je einem Reporter vom *Stern* und der *Bild*-Zeitung sind zwei Journalisten in der Mediengruppe, die die Affäre um den Bundespräsidenten ins Rollen gebracht haben, indem sie die zentralen Vorwürfe recherchiert haben, und seitdem mit am Laufen halten. Mit der Entscheidung, die beiden nach Italien mitzunehmen, begibt Wulff sich in die Höhle des Löwen, oder besser gesagt: Er lässt die Löwen in seine Höhle.

* * *

Während des Fluges ist es üblich, dass der Bundespräsident die Journalistengruppe zu einem kurzen Gespräch in die Besprechungskabine der Regierungsmaschine bittet. Doch anders als sonst dauert es dieses Mal sehr lange, bis Wulffs Sprecherin Petra Diroll die Gruppe nach vorne holt. Die Landung der Maschine in Rom steht unmittelbar bevor. Die Gruppe setzt sich in die Besprechungskabine, die Sitzplätze sind wie ein U angeordnet, ein Platz an der Fensterseite wird für den Bundespräsidenten frei gelassen. Christian Wulff kommt leger ohne Sakko in die Kabine, setzt sich auf den freien Platz inmitten der Journalisten, begrüßt die Gruppe mit etwas angestrengter Freundlichkeit, aber durchaus verbindlich. Sofort beginnt er konzentriert über den geplanten Staatsbesuch in Italien zu sprechen. Ab und zu dreht er an seinem Ehering. Wie immer trägt er die Manschettenknöpfe des Bundespräsidenten, in Weiß mit goldenem Adler. Ausführlich schildert Wulff das Programm der Reise und erklärt, mit welcher politischen Botschaft er nach Rom kommt. Es geht ihm darum, die Reformanstrengungen der italienischen Regierung inmitten der Eurokrise durch ein Signal der Solidarität aus Deutschland zu unterstützen. Die

Reform-Regierung unter Mario Monti habe es schwer in diesen Wochen, der Besuch sei deshalb wichtig, erklärt Wulff.

„Glauben Sie im Ernst, dass sich jemand dafür interessiert, was Sie in Italien vorhaben?", platzt es aus dem *Stern*-Reporter heraus, der zu Wulffs Rechten sitzt. Wulff ist zweifellos vorbereitet auf diesen Moment, er weiß, dass sich niemand für seine Italienreise interessiert. Im Bellevue hat man sich im Vorfeld überlegt, wie der Präsident Fragen zu seiner persönlichen Situation parieren kann. Mit einer Engelsgeduld erklärt er, dass es üblich sei, sich auf Auslandsreisen nicht zu innenpolitischen Themen zu äußern. „Keine Innenpolitik im Ausland", er habe die Absicht, sich an diese Praxis zu halten. „Das gebietet schon der Respekt vor unseren italienischen Gastgebern", sagt Wulff und fordert die versammelten Journalisten lächelnd auf: „Öffnen Sie Ihr Herz für Italien!" Die Szene hat etwas Bedrückendes. Die meisten Journalisten blicken beschämt zu Boden, sind peinlich berührt von dem, was sie erleben müssen. Beides ist beschämend, wie der Bundespräsident spricht, aber auch wie mit ihm gesprochen wird. Der Verlust an Würde im Zuge dieser Präsidentenkrise, der schon seit Wochen beklagt wird, ist in diesem Moment mit Händen zu greifen. Die für alle bedrückende Situation macht nur allzu deutlich, wie viel Autorität Wulff im Laufe der zurückliegenden neun Wochen verloren hat und mit ihm das höchste Amt im Staat.

Was in diesem Moment außer dem Bundespräsidenten und seiner Sprecherin niemand weiß: So erschütternd die Szene hoch über den Wolken ist, so kalkuliert ist sie auch. Der Bundespräsident und sein Presseteam entscheiden sich bei der Planung der Reise nach Italien bewusst für eine Strategie: Die Konfrontation mit den beiden Investigativreportern von *Bild* und *Stern* ist gewollt. Sie ist der Versuch, bei allen anderen oder zumindest dem einen oder anderen Verständnis für die Situation des Präsidenten zu wecken. Dahinter steckt das Kalkül, dass zumindest ein Teil der mitreisenden Journalisten abgeschreckt werden könnte durch das Verhalten Einzelner aus der Mediengruppe. Um die Konfrontation so kurz wie möglich zu halten, findet das Gespräch mit der Journalistengruppe auf dem Hinflug erst unmittelbar vor der Landung in Rom statt. Auch das ist Teil der Dramaturgie des Bellevue für diese Reise. Wann, wie lange und in welchem Umfeld der Bundespräsident mit den Journalisten zusammentrifft, ist haarklein geplant und streng limitiert. Als der Pilot der Regierungsmaschine dazu auffordert, für die Landung die Plätze einzunehmen, weiß aus der Journalistengruppe niemand, dass es für das Cockpit eine Regieanweisung gab, damit der Bundespräsident das Gespräch nicht selbst beenden muss. Nichts ist dem Zufall überlassen. Wulff verlässt die Besprechungskabine mit einem Scherz auf den Lippen: „Gehen Sie jetzt lieber schnell auf Ihre Plätze – ich weiß nicht, ob wir genügend Fallschirme an Bord haben."

Die bewusst zur Schau gestellte Lockerheit soll den Eindruck erwecken, als stehe Wulff über den Dingen. Tatsächlich ist man hin- und hergerissen: Soll man ihn verachten oder bemitleiden oder am Ende gar ein wenig bewundern, wie er das seit Wochen aushält? Diese Wochen sind nicht spurlos an ihm vorübergegangen, das sieht man. Wulff ist grauer geworden, schmaler im Gesicht, er hat sichtbar abgenommen. Doch er wirkt erstaunlich gelassen, wer erwartet hätte, einem gebrochenen Mann zu begegnen, der wird eines Besseren belehrt. Nach der Begegnung mit den Journalisten bleibt das Gefühl, so wie es jetzt läuft, geht es nicht. Doch Christian Wulff hat sich entschlossen, die Sache durchzustehen. Wulff ist Politprofi, seit über dreißig Jahren ist er im politischen Geschäft, er ist hart im Nehmen. In Niedersachsen brauchte er drei Anläufe, bis er Regierungschef wurde. Er wurde als Verlierer abgestempelt, war politisch so gut wie am Ende und schaffte dann doch 2003 den Regierungswechsel in Hannover. Er weiß, dass Höhen und Tiefen dazugehören. Es ist nicht die erste Krise, die er entschlossen ist durchzustehen, wenn auch die mit Abstand heftigste. Es steht alles auf dem Spiel – scheitert er als Bundespräsident, ist seine politische Karriere am Ende. Das Bundespräsidialamt setzt seit Wochen auf eine Strategie des „business as usual". Um allen Spekulationen über einen Rücktritt des Bundespräsidenten zu begegnen, werden wie selbstverständlich Termine gemacht und veröffentlicht, und zwar für Wochen im Voraus. Wulffs

Frau Bettina hat Zweifel an dem Kampf, den ihr Mann führt, ist seit einiger Zeit schon dafür, aufzugeben. Doch auch Christian Wulff hat wenige Tage vor der Reise nach Italien zum ersten Mal intensiv daran gedacht.

Anfang Februar schien es so, als sei die Krise im Großen und Ganzen überstanden. Nach acht Wochen medialem Dauerfeuer glaubt man im Bellevue, Licht am Ende des Tunnels zu sehen. Just in diesem Moment gibt ein neuer Vorwurf der Krise fünf Tage vor der Italienreise neuen Schub: Die *Bild*-Zeitung berichtet, dass der Filmunternehmer David Groenewold den Wulffs 2008 einen Hotelaufenthalt auf Sylt spendiert haben soll. Der Vorwurf ist brisanter als bisherige Geschichten über kostenlose Urlaube des Ministerpräsidenten Wulff bei befreundeten Unternehmern: Groenewold hat sich um Fördergelder des Landes Niedersachsen bemüht. Außerdem will die *Bild*-Zeitung erfahren haben, dass Groenewold im Hotel auf Sylt angerufen habe, um die Spuren des Aufenthalts zu verwischen. Das Bellevue dementiert hektisch, etwas davon gewusst zu haben, doch Christian Wulff ist bewusst, dass diese neueste Wendung ein Schlag ins Kontor ist. Zwei Tage, nachdem die Geschichte über Groenewold und den Sylt-Aufenthalt in der *Bild*-Zeitung erscheint, fliegt der Bundespräsident zu einer Konferenz mit mehreren europäischen Staatsoberhäuptern nach Helsinki. Er bleibt dort für eine Nacht, Journalisten aus Berlin sind bei dieser Präsidentenreise nicht dabei.

Dort oben, weit weg von Berlin, macht Wulff einen langen Spaziergang mit seiner Sprecherin Petra Diroll durch das verschneite Helsinki und ist kurz davor, aufzugeben. Die Groenewold-Geschichte hat die Hoffnung zunichtegemacht, dass die Krise bald überstanden sein könnte. Wulff fragt sich, ob er noch die Kraft hat, weiter durchzuhalten. Vor allem fragt er sich, wie lange er das seiner Familie noch zumuten kann. Vor allem seine Frau leidet sehr unter der Situation. Bis zum Ausbruch der Krise kennen nur einige Insider in Journalisten- und Politikerkreisen die Gerüchte, die hinter vorgehaltener Hand und mit vielsagenden Blicken über das angebliche Vorleben der Präsidentengattin weitergetratscht werden. Doch die Krise sorgt dafür, dass auch die breite Öffentlichkeit erstmals von den schmutzigen Andeutungen erfährt. Dabei ist die First Lady in all diesen Wochen noch immer eine Sympathieträgerin für die Boulevardmedien, die sie als tapfere Frau an der Seite des wankenden Präsidenten inszenieren, die den öffentlichen Druck einfach „wegzulächeln" scheint. Zur bitteren Ironie dieser Wochen gehört, dass die *Bild*-Zeitung zwar eine Kampagne gegen Christian Wulff fährt, im gleichen Atemzug aber Bettina Wulff dafür feiert, wie aufrecht sie Haltung bewahre. Über die Italienreise des Präsidentenpaares heißt es bei *Bild*: „Bella Bettina begeistert Italia".

* * *

Nach der Landung in Rom fährt der Bundespräsident zunächst in den prachtvollen Quirinalspalast, dem Sitz von Staatspräsident Giorgio Napolitano, der den Gast aus Deutschland mit militärischen Ehren im Hof des Palastes empfängt. Die berittene Präsidentengarde mit ihren Säbeln, den silbernen Brustpanzern und Epauletten und den goldenen Helmen mit schwarzem Schweif, inmitten der historischen Kulisse der ehemaligen Papstresidenz – in Rom erlebt Christian Wulff noch einmal die ganze protokollarische Pracht eines Staatsempfangs. Für die Beobachter aus Deutschland hat es eher etwas von einer operettenhaften Inszenierung, die so gar nicht zu der politischen Tragödie passen will, derer Hauptdarsteller Christian Wulff in Deutschland ist. Die Limousine mit dem Bundespräsidenten fährt vor, die Militärkapelle spielt, Christian Wulff schreitet die Ehrenformation ab und entschwindet in den Palast, wo Napolitano und sein Gast aus Deutschland sich zu politischen Gesprächen zurückziehen. Die Probleme zu Hause dürften in diesem Moment vergessen sein. Anschließend findet in einem der prachtvollen Säle des Palastes eine Pressekonferenz statt.

Zwei Fragen für jede Seite heißt es im Vorfeld, zwei für die italienische und zwei für die deutsche Presse. Die Journalisten einigen sich, wer fragen soll, und kommen überein, dass es der Respekt vor dem Staatsbesuch gebührt, zunächst eine Frage zur Eurokrise zu stellen und die zweite dann zu Wulffs persönlicher Situation. Letztere stellt derselbe

Reporter, der Wulff im Flugzeug forsch attackiert hatte. Bei der Pressekonferenz aber beschränkt er sich auf eine Prise Ironie: Er fragt beide Präsidenten, ob sie die Anstrengungen im Kampf gegen Korruption in ihren Ländern für ausreichend hielten. Wulff weicht mit einer staatsmännisch klingenden Antwort aus. Bereits zu Anfang der Reise wird deutlich, dass es zwei Bühnen gibt bei diesem Staatsbesuch: die offizielle, politische mit dem Bundespräsidenten und seinen italienischen Gastgebern, auf der Wulff ganz Staatsmann ist und seine Rolle als Bundespräsident souverän spielt und auf der ihm auch die Journalisten respektvoll begegnen. So wird der offizielle Teil des Staatsbesuchs von der persönlichen Situation des Bundespräsidenten auch nicht beeinträchtigt, die politischen Gespräche, die Wulff in Italien führt, finden statt, als gäbe es die Probleme zu Hause gar nicht. Diesen Eindruck zu vermitteln ist auch die Absicht des Bellevue.

Doch daneben gibt es die andere Bühne, auf der Italien keine Rolle spielt, auf der es um einen wankenden Präsidenten geht, der um sein Überleben kämpft, und auf der er nicht mehr die Autorität hat, diese Rolle noch auszufüllen. Auf dieser Bühne begegnen ihm die Medien völlig anders. Wulff versucht, dieser zweiten Bühne in Italien so weit wie möglich auszuweichen. Nach der Pressekonferenz werden die Journalisten in einen frühen Feierabend entlassen, es gibt ausgiebig Gelegenheit, durch die Straßen der Ewigen Stadt zu schlendern. Der Präsident führt zwar noch weitere politische Gespräche mit Vertretern aus Politik und Wirtschaft, am Abend findet schließlich ein Staatsbankett statt, aber Begegnungen mit den mitgereisten Journalisten meidet er.

Das Programm sieht, entgegen der sonst üblichen Praxis, keine Pressebegegnungen mehr vor, sondern ausschließlich „Bildtermine". Die Fotografen und Kameraleute sollen den Bundespräsidenten auf der Bühne des offiziellen Staatsbesuchs fotografieren und filmen, das sind die Bilder, die die Menschen zu Hause erreichen sollen: die Bilder eines Präsidenten, der seine Rolle ausfüllt, der Deutschland im Ausland repräsentiert und dem die Gastgeber mit Respekt begegnen. Doch das Stück auf der anderen Bühne findet auch seinen Weg in die Öffentlichkeit. Da die Sprecherin des Bundespräsidenten es versäumt, noch einmal ausdrücklich darauf hinzuweisen, dass das Gespräch auf dem Hinflug ausschließlich ein Hintergrundgespräch war und Wulffs Äußerungen nicht zitiert werden dürfen, wird die Situation in den Medien im Detail beschrieben. Die Medien ahnen das Versäumnis und unter anderen Umständen hätte man sich wohl noch einmal rückversichert, doch dieses Mal tut man es nicht. Das Amt schützt Christian Wulff nicht mehr, und wie schon so oft in diesen krisenhaften Wochen begehen der Präsident und seine Mannschaft einen weiteren Kommunikationsfehler. So wird am Ende berichtet, was auf beiden Bühnen passiert, auf denen Christian Wulff sich in Italien befindet.

Am darauffolgenden Tag fliegt die Präsidentenmaschine von Rom nach Mailand. Am Abend bittet der Bundespräsident die Journalisten im Hotel zu einem Gespräch. Dieses Mal wird ausdrücklich darauf hingewiesen, dass es sich um ein Hintergrundgespräch handelt, aus dem nicht zitiert werden darf. Erneut versucht Wulff, Fragen über seine Situation in Deutschland abzublocken. Ähnlich wie an Bord der Regierungsmaschine kommt es zu einer Konfrontation mit einigen Journalisten, die erneut in dramatischer und bedrückender Weise deutlich macht, wie wenig Respekt Wulff noch genießt. Besonders zwischen Wulff und den beiden Reportern von *Bild* und *Stern*, die seit Monaten im Umfeld des Präsidenten recherchieren, hat sich ein beidseitiges Aggressionspotenzial gebildet, das sie nur noch schwer unterdrücken können. Schließlich setzt Wulffs Pressesprecherin der Begegnung resolut ein Ende. Am Abend lädt das Präsidentenpaar zu einem Empfang in der Mailänder Società del Giardino. Die gesamte Delegation, die den Präsidenten begleitet, nimmt teil, auch die mitgereisten Journalisten aus Berlin sind eingeladen. Man stellt fest, dass die italienischen Gäste von den Problemen des deutschen Präsidenten, wenn überhaupt, dann nur am Rande etwas mitbekommen haben. Der Empfang bietet eine Gelegenheit, zwanglos mit der Wirtschaftsdelegation, mit Mitarbeitern des Bundespräsidenten und mit den mitgereisten Bundestagsabgeordneten ins Gespräch zu kommen. Auf die Frage, ob sie bereit wäre, ein paar Fragen zu Wulffs Italienreise zu beantworten, schüttelt eine Oppositions-Abgeordnete den Kopf. Nein, sagt sie, dazu sei sie nicht bereit. „Ich finde es unerträglich, was mit ihm passiert."

Die letzte Station der Reise ist Bari, an der Adriaküste, wo der Bundespräsident ein Werk der Firma Bosch besucht. Zuvor hatte er eine kurze Ansprache vor regionalen Wirtschaftsvertretern gehalten, danach gab es für die Medien eine kurze Gelegenheit, Wulff vor laufender Kamera ein paar Fragen zu stellen. Nach zähem Ringen zwischen der Mediengruppe und Wulffs Sprecherin findet sich schließlich ein geeigneter Ort. „Ich bin froh, dass ich von Anfang an gesagt habe, mich ganz auf Italien zu konzentrieren", pariert Wulff die Frage nach seiner Situation in Deutschland – das Ausweichmanöver soll souverän wirken, doch das tut es nicht. Anschließend setzt sich der Präsidententross in Bewegung, um zu Bosch zu fahren. Nach einem Rundgang durch den Betrieb zieht sich Wulff mit der deutschen Belegschaft zu einem Gespräch zurück. Während die Mediengruppe wartet, erfährt einer der Journalisten aus Berlin, dass am darauffolgenden Tag im *Stern* ein „Zwischenruf" von Hans-Ulrich Jörges erscheinen wird mit dem Titel „Aus". Jörges werde sich darin von Wulff abwenden, weiß er zu berichten. In den zurückliegenden Wochen hatte Jörges als einer von wenigen Wulff bei aller Kritik auch verteidigt und die Medien, vor allem die *Bild*-Zeitung, für ihren Umgang mit dem Bundespräsidenten mit deutlichen Worten kritisiert. Tatsächlich kündigt mit dem prominenten Publizisten einer der letzten gewichtigen Wortführer der Medienlandschaft Wulff seinen Respekt auf. „Vielleicht kriegen wir ihn ja jetzt doch noch", sagt derjenige, der die Nachricht verbreitet, und läuft durch die Werkshalle Richtung Ausgang.

Über der Reise schwebt die gesamte Zeit wie ein Damoklesschwert die Frage, ob die Staatsanwaltschaft Hannover ein Ermittlungsverfahren gegen den Bundespräsidenten einleitet. Für Wulff wäre es ein Desaster, wenn diese Entscheidung bekannt gegeben würde, während der Bundespräsident auf Staatsbesuch in Italien ist. „Seine Anwälte schätzten die Chancen zu Beginn jener Woche 50:50 ein", erinnert sich eine ehemalige Mitarbeiterin Wulffs nach seinem Rücktritt. Es scheint unwahrscheinlich, dass die Staatsanwaltschaft Hannover ihre

Entscheidung über die Einleitung eines Ermittlungsverfahrens bekannt gibt, während der Bundespräsident im Ausland auf Staatsbesuch ist. Wulffs Anwälte haben die Behörde im Vorfeld der Reise darauf hingewiesen, in welche Lage sie das Staatsoberhaupt dadurch bringen würde.

Trotz aller Bemühungen des Präsidenten und seiner Delegation, die Fassade aufrecht zu halten, liegt während des Staatsbesuchs in Italien doch das Ende der Präsidentschaft in der Luft. Zwar stellt der Bundespräsident in Italien unter Beweis, dass er sich immer noch souverän auf der offiziellen Bühne des Staatsbesuchs bewegen kann, doch die Rolle, die er spielt, wirkt nur noch auf die Gastgeber überzeugend. Auf der anderen Bühne wird in diesen Tagen der letzten Auslandsreise des Bundespräsidenten deutlich, wie wenig von der Würde des Amtes noch übrig ist. Deutlich wird aber auch, dass nicht nur der Bundespräsident dem Amt die Würde nimmt. Am Mittwoch kehrt das Präsidentenpaar aus Italien zurück. Am Tag darauf wird bekannt, dass die Staatsanwaltschaft Hannover ein Ermittlungsverfahren gegen den Bundespräsidenten einleiten will. Am Freitag, dem 17. Februar, tritt Christian Wulff zurück.

Die Wahl

Am Anfang steht ein Rücktritt

Der 31. Mai 2010 scheint ein ereignisarmer, um nicht zu sagen ein langweiliger Tag für alle zu werden, die rund um den politischen Betrieb in der Hauptstadt arbeiten. Es ist Weltnichtrauchertag. Die tagespolitische Agenda hält für die Medien nicht viel Spektakuläres bereit. Bei einer Veranstaltung des Deutschen Zentrums für Märchenkultur am Vormittag im Berliner Max-Liebermann-Haus liest Bundesverteidigungsminister Thomas de Maizière Hauffs Märchen „Zwerg Nase" vor. In den Redaktionen stellt man sich darauf ein, einmal mehr den Zustand der schwarz-gelben Koalition zum Gegenstand der Berichterstattung zu machen. Wie immer montags kommen am Vormittag die Präsidien der Parteien in ihren Berliner Parteizentralen zusammen. Am Mittag allerdings, um 12:25 Uhr, wird die Tagesagenda unversehens erweitert. Die Redaktionen erreicht eine Pressemitteilung aus dem Bundespräsidialamt: „Bundespräsident Horst Köhler tritt heute um 14 Uhr vor die Presse." Warum – das bleibt offen. Erklärungen des Bundespräsidenten haben Seltenheitswert. Wenn das Staatsoberhaupt der Öffentlichkeit ins Gewissen reden will, hält es eine Rede zu einem sorgsam gewählten Anlass. Will er über die Medien etwas mitteilen, dann verschickt das Bundespräsidialamt eine Presseerklärung, hin und wieder gibt es „Pressebegegnungen", etwa wenn Staatsgäste zu Besuch sind. Wendet sich der Bundespräsident hingegen mit einer Erklärung über die Medien an die Öffentlichkeit, dann stimmt etwas nicht.

Dennoch wird die Ankündigung aus dem Bundespräsidialamt weitgehend achselzuckend zur Kenntnis genommen. Man nimmt an, dass Horst Köhler sich in der Diskussion um seine Interview-Äußerungen über Auslandseinsätze der Bundeswehr zu Wort melden wird. In einem Interview auf dem Rückflug von einem Truppenbesuch in Afghanistan hatte Köhler eher beiläufig die Sätze gesagt, die ihm seit Tagen vorgehalten werden. Bei einem Land wie Deutschland, das vom Außenhandel abhängig ist, stellt Köhler fest, können „im Notfall auch militärische Mittel" zum Einsatz kommen, um deutsche Interessen, „wie freie Handelswege", zu wahren. Das Interview wurde zunächst unaufgeregt im Deutschlandfunk „versendet", doch dann gab es empörte Reaktionen, zunächst in der Bloggerszene im Internet, die schließlich mit kritischen Nachfragen verschiedene Zeitungen mobilisierte. Schließlich nahm sich *Spiegel Online* der Geschichte an und brachte damit die kritische Auseinandersetzung mit Köhlers Interview-Äußerungen ins Rollen. Im *Deutschlandfunk* wurde daraufhin der Bundestagsabgeordnete Ruprecht Polenz, Chef des Auswärtigen Ausschusses, mit Köhlers Sicht auf die Dinge konfrontiert. Polenz, CDU-Abgeordneter, formulierte noch zurückhaltend, indem er meinte, Köhler habe sich „etwas missverständlich ausgedrückt" und „keine besonders glückliche Formulierung" gewählt.

Bei der SPD-Bundestagsfraktion klang das schon etwas anders: Der Bundespräsident schade „der Akzeptanz der Auslandseinsätze der Bundeswehr", stellte ihr Parlamentarischer Geschäftsführer Thomas Oppermann fest. Besonders pointiert drückte sich dann Jürgen Trittin aus, Fraktionschef der Grünen im Bundestag, der sich erst über Köhler lustig machte: „Man möchte zu seinen Gunsten annehmen, dass er sich bei diesen Worten auf den Pfaden seines Vorgängers Heinrich Lübke vergaloppiert hat", um dann hinterherzuschieben, dass der Bundespräsident sonst nämlich nicht mehr auf dem Boden des Grundgesetzes stehe. Trittin formulierte zwar schärfer als Oppermann, doch es war vor allem der Angriff aus der SPD, der Köhler traf. Das Thema fand in der Öffentlichkeit nur am Rande statt und kaum jemand rechnete damit, dass da noch viel kommen würde. Unterdessen lief für Horst Köhler gerade das Fass über.

* * *

Pünktlich um 14 Uhr tritt der Bundespräsident an diesem Montag im Langhanssaal, im ersten Stock von Schloss Bellevue, in Begleitung seiner Frau vor die Kameras und Mikrofone. Dass Eva Luise Köhler ihren Mann begleitet, beseitigt letzte Zweifel, ob tatsächlich zutrifft, was wenige Minuten vorher bereits aus dem Bundespräsidialamt durchgesickert ist. Köhler stellt sich an ein schmales Pult und verliest eine kurze Erklärung, in der er mitteilt, er trete „mit sofortiger Wirkung" zurück. Die Kritik an seinen Äußerungen entbehre jeder Rechtfertigung und lasse den „notwendigen Respekt" vor seinem Amt vermissen. Der Präsident schmeißt hin. Es ist eine einsame Entscheidung, von der selbst engste Mitarbeiter erst kurz vorher erfahren. Doch nicht nur Köhlers Mitarbeiter sind wie vor den Kopf gestoßen, auch die Kanzlerin fällt aus allen Wolken. Erst gegen 12 Uhr, also zwei Stunden vorher, rief der Bundespräsident bei Angela Merkel an. Merkel saß zu diesem Zeitpunkt in der Präsidiumssitzung der CDU im Konrad-Adenauer-Haus. Als ihr mitgeteilt wurde, der Bundespräsident wünsche sie zu sprechen, verließ sie die Sitzung.

Was Köhler ihr zu sagen hatte, schockierte Merkel. Sie war fassungslos. Merkel versuchte am Telefon, Köhler von seinem Entschluss abzubringen. Sie sagte ihm, dass die Bevölkerung, bei der er so hoch im Kurs stehe, seine Entscheidung nicht verstehen werde. Schließlich sei die Diskussion um seine Interview-Äußerungen an der Mehrheit der Bevölkerung völlig vorbeigegangen, was zweifellos richtig ist. Doch Köhler ließ sich nicht umstimmen und führte noch einige weitere Telefonate, bevor er mit seiner Rücktrittserklärung vor die laufenden Kameras trat. Er rief FDP-Chef und Vizekanzler Guido Westerwelle an, Bundestagspräsident Norbert Lammert, Andreas Voßkuhle, den Präsidenten des Bundesverfassungsgerichts, sowie Jens Böhrnsen, den Bürgermeister von Bremen, der zu diesem Zeitpunkt den Vorsitz im Bundesrat hat und dementsprechend das „Reserve-Staatsoberhaupt" ist. Die Angerufenen reagierten verständnis- bis sprachlos. Westerwelle dachte zunächst an gesundheitliche Gründe. Einige Monate später erzählt der Außenminister Journalisten auf einer Auslandsreise, er habe Köhler in aller Ernsthaftigkeit gefragt: „Sind Sie krank, Herr Bundespräsident?"

Noch wochenlang rätselt das politische Berlin über die wahren Gründe für Horst Köhlers Rücktritt. Die Vermutung, dass eine schwere Erkrankung bei Köhler oder in seiner Familie die Ursache für den Entschluss ist, hält sich noch lange. Kaum jemand kann sich vorstellen, dass die Kritik an seinen Interview-Äußerungen den Ausschlag gegeben haben soll. Horst Köhler bleibt die Erklärung schuldig, bis heute. Im politischen Berlin löst Köhlers Entscheidung neben Rätselraten deshalb vor allem Kopfschütteln aus. Der politische Betrieb hat überwiegend kein Verständnis für seinen Entschluss, hält sich mit Kritik zunächst aber zurück. Die Entscheidung wird offiziell „mit Respekt" zur Kenntnis genommen. Im Kanzleramt beeilt sich Angela Merkel, nach Köhlers Erklärung ihrerseits eine Stellungnahme abzugeben. Sie ringt sich ein paar Sätze der Anerkennung ab und sagt, sie sei „traurig", schließlich hätten viele Bürger Köhler sehr geschätzt. Ihre Missbilligung bringt sie indirekt zum Ausdruck, indem sie feststellt, dass der Bundespräsident diese Bürger „nun ein Stück weit enttäuscht" habe.

Erst vier Wochen später findet einer aus der ersten Reihe der Politik deutliche Worte. Bei der Eröffnung der Bundesversammlung zur Wahl von Köhlers Nachfolger macht Bundestagspräsident Norbert Lammert seinem Herzen Luft, indem er feststellt, dass auch der Bundespräsident kein Denkmal ist und Kritik ertragen muss. „Niemand steht unter Denkmalschutz", sagt Lammert und spricht damit vielen im Plenum aus der Seele. Das Medienecho auf Köhlers Rücktritt ist verheerend. Die *Süddeutsche Zeitung* kommentiert, dass das Amt des Bundespräsidenten zwar ein „Glücksfall in der deutschen Geschichte" sei, „aber dieser Präsident war es nicht". Das *Handelsblatt* nennt Köhler einen „Sonderling" und bezeichnet ihn als den politisch „Unbedarften" in der Riege der Bundespräsidenten, in der *Frankfurter Allgemeinen Zeitung* ist von „Fahnenflucht" die Rede. Auf der Suche nach den tieferen Gründen für den Rücktritt heißt es in den Medien, Köhler sei seit Monaten frustriert gewesen, auch von einer Entfremdung zwischen dem Bundespräsidenten und der Kanzlerin ist die Rede. In der Tat verzichtet Merkel darauf, auch das wird in Berlin registriert, sich in die Debatte über Köhlers Äußerungen zu Bundeswehr-Auslandseinsätzen einzumischen, und lässt den Dingen ihren Lauf. Mit anderen Worten: Köhlers Rücktritt wird nicht zuletzt auch Merkel angelastet.

Schwarz-Gelb gegen Rot-Grün

Nach dem Grundgesetz muss ein neuer Bundespräsident innerhalb von 30 Tagen gewählt werden. Das ist ohnehin nicht viel Zeit, doch der „gefühlte" Zeitdruck ist noch viel größer. Die schwarz-gelbe Koalition befindet sich in einem erbärmlichen Zustand. Das vermeintliche Traumpaar belegt sich gegenseitig und öffentlichkeitswirksam mit Kosenamen wie „Wildsau" und „Gurkentruppe", die Zeichen stehen auf Scheidung. Vor allem bei der FDP ist die Enttäuschung über den Koalitionspartner riesig. Die Liberalen fühlen sich von der Union betrogen, das gemeinsame bürgerliche Projekt, auf das die FDP jahrelang hingearbeitet hat, findet in ihrer Wahrnehmung nicht statt. Aus Sicht der FDP macht Angela Merkel weiterhin Politik wie zu Zeiten der großen Koalition, nur dass sie anstelle der SPD jetzt die Liberalen an Bord hat. Die schwarz-gelbe Koalition befindet sich im Frühjahr 2010 im wohl größten Stimmungstief ihres Bestehens. „Aufhören!" titelt der *Spiegel* Mitte Juni, zwei Wochen nach Köhlers Rücktritt, und drückt damit wohl ziemlich treffend aus, was die überwiegende Zahl der Menschen denkt. Im Mai ergibt der *ARD*-Deutschlandtrend von Infratest dimap, dass zwei Drittel der Befragten finden, Union und FDP passen nicht mehr zusammen. Vor diesem Hintergrund nehmen Angela Merkel und Guido Westerwelle den Rücktritt Köhlers als existenzielle Bedrohung für das Fortbestehen der Koalition wahr. Sie beide hatten sich seinerzeit auf Köhler verständigt, bei einem Abendessen in Westerwelles Privatwohnung, als Vorboten einer schwarz-gelben Koalition. Jetzt erscheint Köhler als Vorbote für den Untergang.

Im Sommer 2012 sitzt Guido Westerwelle in einem schwarzen Sessel in seinem Büro im Auswärtigen Amt. In den zurückliegenden zwei Jahren hat sich eine Menge verändert: Westerwelle ist kein Vizekanzler und FDP-Chef mehr, seinen Platz in der ersten Reihe der schwarz-gelben Koalition hat er geräumt, da sitzt jetzt Philipp Rösler. Als Christian Wulff im Februar 2012 zurücktritt, ist es an Rösler, sich mit Angela Merkel auf einen Kandidaten für die Bundesversammlung zu einigen. Rösler regelt die Präsidentenpersonalie anders als Westerwelle zwei Jahre zuvor. Er boxt Joachim Gauck gegen Merkels erklärten Willen durch. In einem dramatischen Showdown setzt er der Kanzlerin die Pistole auf die Brust, bis Merkel Gauck akzeptiert, und riskiert damit zwischenzeitlich den Bruch der Koalition. Das Manöver dient vor allem dem Zweck, in der eigenen Partei an Profil zu gewinnen, in der Röslers Eignung als Parteichef zu diesem Zeitpunkt infrage gestellt wird. Westerwelle widersteht dieser Versuchung im Juni 2010: Er vermeidet den Konflikt mit der Kanzlerin bei der Suche nach einem neuen Staatsoberhaupt und überlässt Angela Merkel die Suche nach einem geeigneten Kandidaten in den Reihen der Union.

Er hätte es auch anders machen können. In der FDP gibt es durchaus Stimmen, die dafür plädieren, mit einem eigenen Kandidaten in die Bundesversammlung zu gehen. Es wäre nicht das erste Mal: 1994 treten die Liberalen mit Hildegard Hamm-Brücher gegen den CDU-Kandidaten Roman Herzog an, obwohl die FDP gemeinsam mit CDU/CSU regiert. „Der Druck auf mich war groß, einen eigenen Kandidaten für die Bundesversammlung aufzustellen. Das hätte sicherlich ein emanzipatorisches Gefühl ausgelöst, für die Koalition hätte es aber große Probleme bedeutet", erinnert sich Westerwelle. Aber der FDP-

Chef entscheidet sich dagegen, die Personalie Bundespräsident zu nutzen, um Stärke zu zeigen, und überlässt Angela Merkel das Vorschlagsrecht für einen gemeinsamen schwarz-gelben Kandidaten. Für Westerwelle steht fest, dass Merkel nach Köhlers Rücktritt gar nicht anders kann, als jemanden aus der Union auszuwählen: Köhler war ihr Kandidat, und Köhler war gescheitert. „Sie musste einen Unions-Kandidaten aufstellen." Die Suche beginnt unmittelbar nach Köhlers Rücktritt.

* * *

Nicht nur Merkel und Westerwelle werden sich schnell einig über das weitere Vorgehen. Fast zeitgleich setzen sich SPD-Chef Sigmar Gabriel und Grünen-Fraktionschef Jürgen Trittin in Berlin zusammen, um über die bevorstehende Präsidentenwahl zu sprechen. Die SPD hat noch keinen Favoriten, sondern nur eine Liste, auf der mehrere Namen stehen. Trittin hingegen weiß bereits, dass er Gabriel auf Joachim Gauck festlegen will. Die Idee stammt von Andreas Schulze. Er macht seit Jahren für die Grünen Pressearbeit, in der Bundestagsfraktion und davor als Sprecher von Renate Künast, als sie Verbraucherschutzministerin war. Als Köhler zurücktritt, schickt Schulze eine SMS an Künast, in der er Joachim Gauck als Kandidaten vorschlägt. Schon 2009, als die Wiederwahl von Köhler anstand, hatte Schulze Gauck ins Gespräch gebracht. Doch Renate Künast ist gerade in Schanghai und antwortet nicht. Daraufhin wendet sich Schulze an Jürgen Trittin und die Bundesgeschäftsführerin der Grünen, Steffi Lemke. Beide nehmen den Ball auf. In seinem Gespräch mit Gabriel gelingt es Trittin, den SPD-Chef davon zu überzeugen, dass Gauck der ideale gemeinsame Kandidat ist. Die SPD weist später darauf hin, dass sie Gauck auch auf dem Zettel gehabt habe. Das stimmt zwar, doch die Grünen sind 2010 die treibende Kraft für die Nominierung von Gauck. Für SPD und Grüne geht es um die Frage, mit welchem Kandidaten sie das schwarz-gelbe Regierungslager am besten unter Druck setzen können, denjenigen ins Rennen zu schicken, der das größte Spaltpotenzial hat. Trittin überzeugt Gabriel, dass dies nur mit jemandem gelingen kann, der sich glaubwürdig als überparteilicher Kandidat präsentieren lässt. So jemand ist Joachim Gauck zweifellos.

* * *

Im Kanzleramt findet die Suche nach einem Präsidentschaftskandidaten für Schwarz-Gelb vor allem im Kopf der Kanzlerin statt. Eine Kandidatur von Christian Wulff hat in den ersten Tagen so gut wie niemand auf dem Schirm, obwohl er von Anfang an Merkels Favorit ist. Tatsächlich laufen die Medien zunächst in eine völlig andere Richtung. Gehandelt werden Namen wie Bundestagspräsident Norbert Lammert, Bundesfinanzminister Wolfgang Schäuble und vor allem Bundesarbeitsministerin Ursula von der Leyen. Letztere trägt ihren Teil dazu bei, die Spekulationen über ihre Favoritenrolle noch zu befeuern. Bei einer Pressekonferenz am Dienstag in ihrem Ministerium, bei der es um die jüngsten Arbeitsmarktzahlen geht, wird von der Leyen danach gefragt, ob sie Kandidatin für das Bellevue sei. Von der Leyen orakelt daraufhin, dass man sich in der „Zeit der Spekulationen" befinde und es darum gehe, „unter hohem Zeitdruck eine gute Lösung für dieses Land" zu finden. Eine abschließende Geste sorgt dafür, dass sie es in alle Nachrichtensendungen schafft: Die Bemerkung „Und deshalb gilt für mich ..." lässt sie in der Luft hängen und macht mit den Fingern eine Bewegung, als würde sie sich den Mund wie einen Reißverschluss verschließen. Die Medien interpretieren das als Bestätigung der Gerüchte, dass von der Leyen zu Recht als Favoritin gehandelt wird. Jedoch zu Unrecht: Zwar ist ihr Name im Gespräch, tatsächlich aber hat Angela Merkel bis zu diesem Zeitpunkt überhaupt nicht mit von der Leyen gesprochen. Die Kanzlerin lässt die Dinge laufen und verzichtet darauf, steuernd einzugreifen. Die Medien bekommen keinerlei Hinweise aus dem Kanzleramt oder über Merkels Kommunikationskanäle, dass die Berichterstattung mit dem, was tatsächlich hinter den Kulissen passiert, nur wenig zu tun hat.

Wie jede Woche tagt am Mittwochmorgen im Kanzleramt das Kabinett. Als man auseinandergeht, habe sich Ursula von der Leyen mit der Bemerkung an die Kanzlerin gewendet, wann man denn einmal reden wolle, erinnert sich ein Teilnehmer der Runde. Angela Merkel habe darauf nur kurz geantwortet, sie werde sich schon melden, wenn es etwas zu reden gebe. Auch den gesamten Mittwoch wird Ursula von der Leyen in den Medien noch als Favoritin der Kanzlerin für die Präsidentschaftskandidatur gehandelt und der Eindruck erweckt, die Sache sei schon gelaufen. *Spiegel Online* schreibt bereits unter dem Titel „Operation Röschen", von der Leyens Spitzname, über „Merkels Kandidatin von der Leyen" und will erfahren haben, dass die FDP bereits ihre Zustimmung gegeben habe. Auch auf den meisten Titelseiten der Tageszeitungen wird Ursula von der Leyen am Mittwoch bereits mit präsidialem Lächeln abgebildet und als Merkels Favoritin für das Amt präsentiert. Die Sache scheint gelaufen. Nur ganz vereinzelt taucht der Name Christian Wulff im Zusammenhang mit dem Kandidaten-Poker ums Bellevue auf. Die Kanzlerin nimmt damit in Kauf, dass ihre Arbeitsministerin am Ende wie eine Verliererin dasteht. Erst am Mittwochnachmittag interveniert Regierungssprecher Ulrich Wilhelm und ruft einige Journalisten an, um die Berichterstattung einzufangen. Zu diesem Zeitpunkt wird in den Medien bereits munter darüber spekuliert, was es bedeute, wenn zwei Frauen an der Spitze des Landes stünden und wie es wohl für Heiko von der Leyen sein werde, künftig ein Leben als „First Man" der Bundesrepublik Deutschland zu führen.

* * *

Sosehr die Kanzlerin in Kauf nimmt, dass Ursula von der Leyen düpiert wird, sosehr nutzt ihr das Ablenkungsmanöver. Es gelingt Merkel auf diesem Wege, ihren wahren Favoriten geheim zu halten und zu verhindern, dass er in der Öffentlichkeit „zerredet" wird, bevor die Sache unter Dach und Fach ist. Dabei läuft die Kandidatensuche bereits zu einem sehr frühen Zeitpunkt auf den Niedersachsen Christian Wulff hinaus. Am Dienstagnachmittag ruft Angela Merkel bei Wulff in Hannover an. Die Kanzlerin bittet ihn, nach Berlin zu kommen, um mit ihr im Kanzleramt zu Abend zu essen. Wulff sagt zu, muss jedoch am Abend zunächst an einer Expo-Jubiläumsfeier in Hannover teilnehmen. Am späten Nachmittag ruft er seine Frau Bettina an und fragt sie, ob sie mit nach Berlin kommen will. Während der Zugfahrt besprechen die beiden, was bei dem Termin mit der Kanzlerin herauskommen könnte. Erst um 21 Uhr treffen die Wulffs in Berlin ein. Bettina Wulff fährt nicht mit ins Kanzleramt, sondern trifft sich mit einem gemeinsamen Freund der Wulffs zum Essen. Es ist eine Ironie der Geschichte, dass es sich dabei um David Groenewold handelt, den Mann also, über den Christian Wulff im Februar 2012 letztlich stürzt. Als Wulff an diesem 1. Juni ins Kanzleramt fährt, geht er nicht davon aus, dass die Kanzlerin ihn fragen wird, ob er Bundespräsident werden wolle. Wulff rechnet vielmehr damit, dass es vermutlich auf Wolfgang Schäuble hinausläuft und dadurch eine Kabinettsumbildung nötig würde. Für Wulff könnte das bedeuten, dass die Kanzlerin ihm einen Kabinettsposten anbietet. Im Zug von Hannover nach Berlin sprechen die Wulffs die Optionen durch und einigen sich darauf, dass sie dann lieber in Hannover bleiben wollen.

Doch das Gespräch im Kanzleramt läuft anders als erwartet: Merkel legt Wulff die Ausgangslage nach Köhlers Rücktritt dar und fragt ihn schließlich, ob er sich vorstellen könne, Bundespräsident zu werden. Die beiden sprechen über die Vor- und Nachteile des Amtes, darüber, was es für Wulff bedeuten würde, sich aus der Tagespolitik zu verabschieden und sich den fast ausschließlich repräsentativen Aufgaben des Staatsoberhaupts zu widmen. Und darüber, wie es wohl wäre, wenn ein vergleichsweise junger Präsident an der Spitze des Staates stünde, mit einer jungen Frau und kleinen Kindern. Wulff bittet sich Bedenkzeit aus, sagt aber, dass er sich das zutrauen würde. Verbindungen zu schaffen zwischen Menschen, das liege ihm, erklärt Wulff der Kanzlerin. Er will die Sache aber in Ruhe mit seiner Frau besprechen.

Die Nachricht, die Christian Wulff seiner Frau nach dem Essen im Kanzleramt überbringt, schafft eine völlig neue Situation. Bettina Wulff ist skeptisch. Der Umzug nach Berlin, weg von Freunden und

Familie, die Auswirkungen auf die Kinder – all das lässt sie zweifeln, ob die Entscheidung für das Bellevue die richtige wäre. In Hannover diskutiert das Paar gemeinsam mit Wulffs engsten politischen Vertrauten, mit Regierungssprecher Olaf Glaeseker und dem Chef der Staatskanzlei, Lothar Hagebölling, wie sie mit dem Angebot der Kanzlerin umgehen wollen. Für Christian Wulff besteht kein Zweifel, er will Bundespräsident werden, und am Ende willigt auch seine Frau ein. Wulff informiert Angela Merkel am Mittwochmittag per Telefon darüber, dass er bereit sei, als Kandidat von Union und FDP ins Rennen zu gehen. Die Kanzlerin ist zufrieden. Sie müsse nun sehen, ob sie die Entscheidung in der Partei und der Koalition durchbekomme, sagt Merkel. Guido Westerwelle schwört seine Partei am Abend zuvor auf einen gemeinsamen schwarz-gelben Kandidaten ein. Als Merkel mit Wulff beim Abendessen saß, verständigte sich die FDP-Spitze bei einer Schaltkonferenz darauf, auf einen eigenen FDP-Kandidaten zu verzichten.

* * *

Parallel dazu nimmt die Kandidatensuche bei SPD und Grünen konkrete Formen an. Zunächst versucht Frank-Walter Steinmeier, der Chef der SPD-Bundestagsfraktion, und dann Grünen-Fraktionschef Jürgen Trittin, Joachim Gauck auf seinem Handy zu erreichen. Gauck ist gerade in Madrid. Er sagt zu unter der Bedingung, nicht als rot-grüner, sondern als überparteilicher Kandidat ins Rennen zu gehen. Politisch fühlt er sich dem bürgerlichen Lager näher als dem rot-grünen. Dass gerade die Grünen ihn nominieren wollen, schmeichelt ihm. Zu Gaucks Schwächen gehört eine erhebliche Portion Eitelkeit. Genüsslich erzählt er in den darauffolgenden Tagen, wie sehr es ihn amüsiert habe, gerade von dem Altlinken Jürgen Trittin angerufen worden zu sein. So nahe Gauck sich dem bürgerlichen Lager fühlt, so enttäuscht ist er aber auch von ihm. Als er im Jahre 2000 nach zehn Jahren als Leiter der Stasi-Unterlagenbehörde ausschied, bekam er nicht viel mehr als einen Blumenstrauß und einen warmen Händedruck.

Die Politik wandte sich schnell von ihm ab. Gauck hatte sich mehr erwartet, vor allem von der Union. 1999 brachte ihn die CSU bereits als Präsidentschaftskandidaten der Union gegen Johannes Rau ins Gespräch, ein Jahr, bevor er die Gauck-Behörde verließ. Die Präsidentschaftskandidatur im Juni 2010 ist für Gauck auch eine Möglichkeit, das bürgerliche Lager ein wenig zu provozieren.

Am Mittwochmittag, als Christian Wulff die Kanzlerin anruft, greift auch Sigmar Gabriel zum Handy und schickt eine SMS von beachtlicher Länge an Angela Merkel. Darin schlägt er ihr Joachim Gauck als möglichen gemeinsamen Kandidaten vor „für den Fall, dass die Meinungsbildung über einen Personalvorschlag innerhalb der Koalition noch nicht abgeschlossen sein sollte". Für seinen Personalvorschlag könne er auch „im Namen von Herrn Steinmeier, Frau Künast und Herrn Trittin die Unterstützung von SPD und Bündnis 90/Die Grünen anbieten". Er gehe davon aus, textet Gabriel der Kanzlerin, dass dieser Vorschlag vertraulich bleibe, allerdings sei Joachim Gauck „natürlich informiert". Gauck halte, so wie die SPD und die Grünen auch, „eine eher überparteiliche Kandidatur für sinnvoll und stünde dafür bereit". Für Gespräche stehe man jederzeit zur Verfügung, schließt Gabriel seine Nachricht. Die Kanzlerin reagiert anderthalb Stunden später ebenfalls per SMS: „Danke für die Info und herzliche Grüße AM." Merkel lässt Gabriel abblitzen. Der SPD-Chef entscheidet sich daraufhin, den SMS-Verkehr mit der Kanzlerin an die Medien weiterzugeben.

Bei den Grünen kommt das Manöver gar nicht gut an. „Dass Gabriel Merkel den Vorschlag per SMS übermittelt hat, war keine gute Idee", sagt Künast im Oktober 2012 in ihrem Büro im Bundestag und schüttelt den Kopf. Zwar war mit Gabriel abgesprochen, dass er der Kanzlerin Gauck als Kandidaten vorschlagen sollte, aber nicht so. Tatsächlich kann man sich über das Vorgehen nur wundern. Gabriel nimmt damit in Kauf, dass Gaucks Kandidatur vom ersten Moment an als taktisches Manöver erscheint. Zudem macht er es der Kanzlerin sehr einfach, den rot-grünen Kandidatenvorschlag abzulehnen. Bei den Grünen argwöhnt man seinerzeit sogar, Gabriel habe möglicherweise gar kein Interesse daran, dass Merkel sich auf Gauck einlässt. Merkel wiederum habe ihrerseits die Präsidentenfrage ausschließlich machtpolitisch behandelt, ist die Grüne Künast überzeugt, und die Nominierung von Wulff genutzt, um einen innerparteilichen Konkurrenten kaltzustellen. „Das war pures Machtkalkül: Sie wollte Wulff loswerden, er war der Letzte, der noch übrig war", sagt Künast. Dabei hätte alles so einfach sein können, meint sie in der Rückschau, schließlich habe Gauck immer gesagt, dass er auch ein Konservativer sei: „Sie hätte ihn einfach für sich reklamieren können." Doch Merkel entscheidet sich anders, und auch bei den Grünen mag man bezweifeln, dass die Entscheidung für Gauck völlig frei von parteitaktischen Überlegungen gewesen ist: Denn nach dem Rücktritt von Christian Wulff im Februar 2012 steht der Name Gauck plötzlich nicht mehr ganz oben auf der grünen Namensliste. Im Juni 2010 entscheiden sich beide politischen Lager, das schwarz-gelbe wie das rot-grüne, die Präsidentenfrage zur Machtfrage zu erklären. Unter diesem Gesichtspunkt ist die Nominierung von Gauck zweifellos ein genialer Schachzug, denn wie kaum ein anderer ist er in der Lage, das Regierungslager zu spalten. Während Angela Merkel die Präsidentenfrage nutzen will, die Handlungsfähigkeit und Geschlossenheit ihres schwarz-gelben Bündnisses unter Beweis zu stellen, ist Rot-Grün entschlossen, den Gegenbeweis anzutreten.

* * *

Am Donnerstagnachmittag ruft Merkel Christian Wulff an. Wulff ist zu diesem Zeitpunkt auf einer Veranstaltung in Cuxhaven. Die Kanzlerin fragt ihn, ob er später am Tag nach Berlin kommen könne. Zuvor informiert Merkel am Mittag ihre Koalitionspartner, CSU-Chef Horst Seehofer und FDP-Chef Guido Westerwelle, dass sie sich für Wulff entschieden habe. Seehofer und Westerwelle stimmen zu. Aus Sicht der Kanzlerin gibt es ein ganzes Bündel guter Gründe, die für Wulff sprechen. Merkel will die Präsidentenwahl nutzen, um einen Kontrapunkt in der Debatte über das desolate Erscheinungsbild ihrer

Koalition zu setzen. Die Wahl von Wulff soll eine Demonstration von Merkels Autorität sein. Wulff ist ein Kandidat mit einem klaren schwarz-gelben Profil, da er in Niedersachsen eine Koalition aus CDU und FDP anführt. In der FDP-Führung gibt es in Gestalt von Philipp Rösler einen starken Verfechter von Wulffs Kandidatur. Rösler und Wulff kennen sich aus Hannover, wo Rösler zunächst Fraktionschef der FDP im Landtag war und dann Wirtschaftsminister im Kabinett Wulff, auch Stellvertreter des Ministerpräsidenten. Die beiden sind befreundet und vertrauen einander.

Mit Wulff präsentiert Merkel im Juni 2010 außerdem einen vergleichsweise jungen Präsidentschaftskandidaten, von dem sie glaubt, dass er das moderne Deutschland verkörpern kann. Wulff gilt als Vertreter der modernen CDU und hat in vielerlei Hinsicht eine Beziehung zu aktuellen gesellschaftlichen Herausforderungen: mit einer Patchworkfamilie im Hintergrund, mit seinen liberalen Positionen beim Thema Integration und Zuwanderung, aber auch mit seiner Wirtschaftskompetenz in Zeiten der Eurokrise. Hinzu kommt, dass er in der Bevölkerung über hohe Sympathiewerte verfügt. Auch die Tatsache, dass Wulff Berufspolitiker ist, spricht aus Merkels Sicht für ihn. Nach dem Rücktritt von Horst Köhler sieht es so aus, als sei das Experiment, einen politischen Quereinsteiger zum Bundespräsidenten zu machen, erst einmal gescheitert. Es spricht einiges dafür, sich für einen Politprofi im Bellevue zu entscheiden, für einen, der mehr Stehvermögen mitbringt als Horst Köhler seinerzeit. Zudem rechnet Merkel damit, dass Christian Wulff ihr keine Probleme machen wird. Zumindest hat er als niedersächsischer Ministerpräsident offene Auseinandersetzungen mit Merkel vermieden, im Unterschied etwa zu Roland Koch in Hessen. Wulff ist für Merkel eine bequeme Lösung. Sehr bald muss die Kanzlerin allerdings feststellen, dass ihre Argumente für Christian Wulff wenig Überzeugungskraft besitzen, vor allem wenn der Gegenkandidat Joachim Gauck heißt.

Vieles von dem, was aus Merkels Sicht für Wulff spricht, wird ihm in den Wochen zwischen Nominierung und Wahl zum Nachteil ausgelegt. Vor allem für die Medien und damit auch in wachsendem

Maße für die Bevölkerung hat der rot-grüne Kandidat wesentlich mehr „Charme". Am Morgen nach der Präsentation des schwarz-gelben Kandidaten laden SPD und Grüne ins Haus der Bundespressekonferenz, um ihrerseits ihren Kandidaten Joachim Gauck als überparteiliche Alternative vorzustellen. Gauck fühlt sich zunächst nicht ganz wohl in seiner Haut. Die Parteichefs von SPD und Grünen eröffnen ihm vor der Pressekonferenz, dass man ihm in den Wochen bis zur Wahl Berater an die Seite stellen werde, den Grünen Andreas Schulze und Johannes Sturm aus der SPD-Parteizentrale. Gauck ist nicht begeistert. Er hat eigene Weggefährten im Sinn, die er um sich haben will, wie David Gill und Johannes Legner, beide unter Gauck Pressesprecher bei der Stasiunterlagen-Behörde. Gauck fühlt sich von den Parteichefs überrumpelt. Doch die zeigen sich großzügig, man werde ihm alle Personalwünsche erfüllen.

Auch in der Pressekonferenz muss Gauck schlucken, denn SPD-Chef Gabriel greift zum parteipolitischen Holzhammer. Mit herabsetzenden Formulierungen beschreibt Gabriel die Vorzüge Gaucks gegenüber Wulff. „Joachim Gauck bringt ein Leben mit in seine Kandidatur, und der Kandidat der Koalition bringt eine politische Laufbahn mit", ein Satz, den jeder selbst ergänzen darf: Wulff bringt kein Leben mit. Gauck ist wenig erfreut darüber, das ist nicht sein Stil. Grünen-Chef Cem Özdemir legt hingegen treffsicher den Finger in die Wunde, indem er meint, dass es einige bei der Union, vor allem in den ostdeutschen Ländern, geben werde, „die sich sehr ernsthaft überlegen werden, ob sie der Parteilogik oder ob sie ihrem Herzen und Verstand folgen wollen". Gauck selbst macht bei seiner Vorstellung eine hervorragende Figur, präsentiert sich als parteiübergreifender Kandidat, der „sehr viel von der Bundeskanzlerin" hält, und gibt Kostproben seines rhetorischen Talents mit Botschaften, die berühren. Der Mutmacher Gauck wendet sich gegen eine „verängstigte, westeuropäische Sorgenmentalität" und stellt fest: „Angst macht kleine Augen, sie ist menschlich, aber sie ist nicht der Ratgeber, der Fantasie, Kraft und Zukunft in uns entstehen lässt." Das klingt ziemlich genau nach dem, was man von einem Bundespräsidenten hören möchte.

Die Medien treffen ihre Wahl

Bis zur Bundesversammlung am 30. Juni gelingt es Joachim Gauck, sich als „Kandidat der Herzen" zu etablieren. Einen wesentlichen Anteil daran hat die Auseinandersetzung, die in den Medien um die Frage geführt wird, wer der bessere Kandidat ist. Dabei wird sehr schnell deutlich, dass die Sympathien der Medien klar aufseiten von Joachim Gauck sind. Der *Spiegel* bezieht klar Position und titelt „Joachim Gauck. Der bessere Präsident". Darin wird Wulff als „Mann ohne Eigenschaften" und ohne Botschaft beschrieben, als „undeutlicher Widersacher von Merkel". Wulff sei einer, der die offene Konfrontation mit der Kanzlerin scheue, sondern lieber hinter ihrem Rücken über sie lästere, sowie jemand, der in seinem Leben wenig anderes gemacht habe als Politik. Im Grunde wird damit auch der Typus des Berufspolitikers insgesamt deklassiert. Demgegenüber überhöht der Spiegel Gauck im Juni 2010 regelrecht. Gauck wird als „unabhängiger, intellektueller Kraftmensch" beschrieben und als „einer der Revolutionäre, die das sozialistische System in die Knie gezwungen haben". Unterm Strich kommt der *Spiegel* seinerzeit zu der Einschätzung, „die Sympathien dürften wohl bei Gauck liegen. Politiker genießen kein hohes Ansehen in der Bevölkerung."

Bemerkenswert ist, dass sich neben dem *Spiegel* auch der überwiegende Teil der konservativen Presse im Juni 2010 auf die Seite von Joachim Gauck und gegen den CDU-Ministerpräsidenten Christian Wulff stellt. Die Gründe dafür sind unterschiedlich. Der Springer-Verlag verfolgt keinen einheitlichen Kurs. Während die *Bild*-Zeitung, die seit Jahren ein enges Verhältnis zu Wulff hat, sich neutral bis pro Wulff positioniert, bekennt sich die *Bild am Sonntag* als erste Zeitung überhaupt eindeutig zu Gauck mit dem Titel „Yes we Gauck", in Anlehnung an den Wahlkampfslogan von US-Präsident Obama. Auch *Die Welt* und die *Welt am Sonntag* schlagen sich auf die Seite von Gauck. Dass die *Bild*-Zeitung sich für einen Wulff-freundlichen Kurs entscheidet, hat gute Gründe. Wulffs Verhältnis zur *Bild*-Zeitung ist nach seinem Rücktritt 2012 wissenschaftlich von der gewerkschaftsnahen Otto-Brenner-Stiftung untersucht worden. Die Fallstudie mit dem Titel „*Bild* und Wulff – Ziemlich beste Partner" von Hans-Jürgen Arlt und Wolfgang Storz arbeitet heraus, wie das Verhältnis zwischen Wulff und *Bild* über Jahre hinweg kein Wässerchen trüben kann, es mit der Berichterstattung über die Hausfinanzierung der Wulffs im Dezember 2011 dann aber zum Bruch kommt. Dass *Bild* sich in den Wochen vor der Präsidentschaftswahl entscheidet, Wulff zu unterstützen, ist aus Sicht des Blattes nur konsequent. Die Studie von Arlt und Storz geht von einer Art „Geschäftsbeziehung" zwischen Wulff und *Bild* aus, die dazu führt, dass *Bild* Wulff über Jahre hinweg „hochjubelt". Bei *Bild* verspricht man sich im Juni 2010 offenbar mehr davon, den absehbar künftigen Präsidenten zu unterstützen und sich dadurch den Zugang zu exklusiven Geschichten aus dem Bellevue zu sichern.

Die *Frankfurter Allgemeine Zeitung* vermeidet eine offene Parteinahme für einen der Präsidentschaftsbewerber, lässt jedoch immer wieder klare Sympathien für Joachim Gauck erkennen, vor allem im Feuilleton, in dem Mitherausgeber Frank Schirrmacher die Linie vorgibt. Gauck ist „der bürgerliche Held, auf den das Land wartet", heißt es dort. Hingegen fremdelt das mediale Flaggschiff des bürgerlich-konservativen Lagers erkennbar mit den Wulffs aus Hannover. Christian Wulff und nicht zuletzt seine Frau vermögen die Rollenerwartung der Zeitung an einen Bundespräsidenten offenbar nicht zu erfüllen. Ein vergleichsweise junger Präsident, dazu ein Karrierist und Emporkömmling, das Lebensmodell Patchworkfamilie, die noch viel jüngere, gar tätowierte Frau an seiner Seite, das alles scheint Christian Wulff für das höchste Amt im Staat nicht gerade zu qualifizieren. Selbst im Politikteil setzt sich die *FAZ* mit dem Tattoo der First Lady auseinander, sogar noch nach der Wahl Wulffs zum Bundespräsidenten. „Wie viel geritzte Haut verträgt das Schloss Bellevue?", fragt die Zeitung am 4. Juli 2010. Selbst wenn der Bundespräsident es „cool" finde, bleibe das Tattoo seiner Frau ein „Import aus der Unterwelt". In einem historischen Exkurs erfährt der Leser schließlich: „Früher hatten Gesellschaften eine Zone der Ausgeschlossenen, in denen Verbrecher,

Sträflinge, Zuhälter, Nutten, Hafenarbeiter, Seeleute, Vagabunden ihr gegenbürgerliches Zuhause hatten; die Mehrheit kam mit dieser Zone normalerweise nicht in Berührung. Dort erkannte man sich an den Tätowierungen. Die Halb- und Unterwelt grenzte sich so von der bürgerlichen Mehrheit ab; die Tätowierungen stellten aber auch sicher, dass keiner in die Mehrheitsgesellschaft abwandern konnte." Und nun sitzt tatsächlich eine Tätowierte im Bellevue.

Die *Süddeutsche Zeitung* hingegen stellt Anfang Juli nüchtern fest, dass Bettina Wulff nicht nur die jüngste, sondern auch die erste tätowierte Präsidentengattin werde – „und das ist gut so", schließlich sei das Tattoo ein „Massenphänomen". Ähnlich klar wie der *Spiegel* positioniert sich die *Süddeutsche Zeitung* zugunsten von Joachim Gauck, weil sie ihn für die bessere Wahl hält. Auch der *Stern* spricht sich für Joachim Gauck aus, genauso wie der *Focus*. Unterm Strich gibt es in den Medien im Juni 2010 eine klare Präferenz für Joachim Gauck. Auffällig ist, dass die Debatte um den besseren Kandidaten in den Medien sehr emotional geführt wird. Es gelingt Gauck regelrecht, die Medien zu verzaubern. Er ist der „Kandidat der Herzen", wie es in zahlreichen Medien heißt, Gauck wird förmlich als Heilsbringer gefeiert. Das ist insofern bemerkenswert, als Joachim Gauck mit seiner Kandidatur im Juni zumindest für die breite Öffentlichkeit mehr oder weniger aus dem Nichts kommt. Er ist schon seit Jahren in den Massenmedien nicht mehr präsent. Nur wenige stellen in diesen Wochen die Frage, woher dieser Gauck-Rausch überhaupt kommt. Bemerkenswert ist auch, dass er nach der Präsidentenwahl bald wieder verpufft. Erst auf dem Höhepunkt der Wulff-Krise im Januar 2012 wird der „Kandidat der Herzen" wieder zum Thema und von den Medien als Alternative zu Wulff präsentiert. Der Gauck-Rausch im Juni 2010 hat zweifellos mit Gauck selbst zu tun, aber nicht nur. Gauck erscheint in vielerlei Hinsicht als ideale Besetzung fürs Bellevue. Allein aufgrund seines Alters, er ist im Juni 2010 bereits 70 Jahre alt, erfüllt er die Rollenerwartung an den Bundespräsidenten als eine Art „Vater der Nation", im Gegensatz zu dem noch vergleichsweise jungen Christian Wulff, der erst 50 ist. Gerade in Krisenzeiten ist das ein Faktor:

Wir leben in einer Zeit der permanenten Krise, nach der Krise am Arbeitsmarkt beschäftigt uns die Krise der Sozialsysteme, aus der Finanzkrise wird eine Eurokrise und schließlich eine Krise Europas, in der die Menschen sich Orientierung wünschen. Diese Sehnsucht schlägt sich auch auf die Rollenerwartung gegenüber dem Bundespräsidenten nieder.

* * *

Doch auch ganz persönliche Faktoren, die mit Joachim Gauck zusammenhängen, spielen eine Rolle: Die Macht des Bundespräsidenten ist die Macht des Wortes und in der Kunst der Rede ist Gauck in einer eigenen Liga unterwegs – im Gegensatz zu Christian Wulff, der allenfalls ein mittelmäßiger Redner ist. Außerdem entspricht er dem weitverbreiteten Wunsch nach einem überparteilichen Präsidenten – er wäre der erste Präsident, der vorher kein Parteibuch gehabt hätte. Gauck bringt die moralische Autorität, die das Amt nach Köhlers Rücktritt dringend braucht, schon mit, er muss sie sich nicht erst erarbeiten. Er erscheint als jemand, der sich das Präsidentenamt als Krönung seines Lebenswerkes verdient hat. Doch die Präferenz für Gauck hat nicht nur mit Gauck zu tun, sondern auch mit der kritischen Distanz zu einer Kanzlerin und ihrer Regierung, die sich permanent mit sich selbst beschäftigt. Dass Merkel nun gerade die Wahl des Bundespräsidenten nutzen will, um ihre angeschlagene Autorität wiederherzustellen, erscheint deplatziert, zumal das Amt selbst nach Köhlers Rücktritt in seiner bisher schwersten Krise steckt.

Merkels Entscheidung für Wulff ist außerdem ein klassischer Fall von Hinterzimmer-Politik, die in Zeiten, in denen ununterbrochen nach mehr Transparenz und Bürgerbeteiligung gerufen wird, einen Politikstil verkörpert, der mehrheitlich abgelehnt wird. Merkel vermittelt den Eindruck, die Frage, wer Bundespräsident wird, wie eine Kabinettspersonalie entscheiden zu können. Selbst die Führung ihrer eigenen Partei bindet die CDU-Chefin in die Kandidatensuche nicht ein. „Die Wahl, die keine ist", titelt der *Spiegel* zwei Tage vor der

Präsidentenwahl und bringt die Wahrnehmung auf den Punkt. Auch die im Laufe des Monats immer wieder gestellte Frage, ob eine Direktwahl des Bundespräsidenten nicht besser wäre, ist Ausdruck dieser Stimmung. Dabei spielt keine Rolle, dass der Vorgang an sich überhaupt nichts Neues ist: Bundespräsidentenwahlen sind in der Geschichte der Bundesrepublik immer wieder partei- und machtpolitisch behandelt worden.

Abgesehen von den Umständen spielt aber auch der Kandidat selbst eine Rolle: Mit Christian Wulff tritt in der Wahrnehmung der Medien einer an, der zwar als Ministerpräsident objektiv die Voraussetzungen erfüllt, Staatsoberhaupt zu werden, sich aber nicht die moralische Autorität erworben hat, die man sich bei einem Bundespräsidenten wünscht. „Christian wer ...?", kommentiert die *Financial Times Deutschland* die Nominierung von Wulff, und die Berliner *tageszeitung* stellt fest, dass Wulff der einzige Kandidat sei, „den gar nichts für dieses Amt qualifiziert". Gleichzeitig wird deutlich, dass der Typus des Berufspolitikers bei einzelnen Medien generell nicht hoch im Kurs steht. Der *Spiegel* spricht vom Duell „Mensch gegen politischen Menschen", bei dem die Sympathien bei Joachim Gauck liegen dürften. Zu Wulffs Nachteil wirkt sich auch aus, dass man trotz der vielen Jahre, die er in der Politik ist, kein Thema mit ihm verbindet. Wulff steht für nichts. Er gilt als farbloser Provinzpolitiker ohne Ecken und Kanten. Dass er tatsächlich einer der erfolgreichsten CDU-Spitzenpolitiker und beliebtesten Politiker überhaupt ist, macht ihn sogar eher verdächtig, da diese Beliebtheit nicht zuletzt auf seine guten Beziehungen zur *Bild*-Zeitung zurückgeführt wird.

Wulff gilt als einer, der das Spiel der medialen Selbstinszenierung beherrscht, der eher durch Schein präsent ist als durch streitbare Inhalte. Er ist einer, der sich mit dem Boulevard eingelassen hat, was den seriösen Journalismus prinzipiell abstößt. Hier gibt es durchaus Parallelen zwischen Wulff und dem Boulevard-Liebling Karl-Theodor zu Guttenberg. Dass Wulff ein Ministerpräsident mit durchaus erfolgreicher Bilanz ist, spielt am Ende keine große Rolle. Die Ablehnung, mit der die Medien ihm im Juni 2010 begegnen, überrascht, verletzt und verunsichert ihn. Joachim Gauck hingegen, der Kandidat der Herzen, erlebt die Wochen bis zur Bundesversammlung wie im Rausch. Trotz der eindeutigen Mehrheitsverhältnisse zugunsten des schwarz-gelben Kandidaten entsteht der Eindruck, als gäbe es einen Präsidentschaftswahlkampf mit offenem Ausgang. Immer wieder müssen sich Gaucks Mitarbeiter in dieser Zeit daran erinnern, dass es zwei Realitäten gibt: die Sympathiewelle in den Medien und bei zahlreichen Begegnungen und Veranstaltungen sowie die machtpolitische Realität in der Bundesversammlung, zwischen denen es keine Übereinstimmung gibt. Im Februar 2012 kann Gauck an die Bekanntheit und die Beliebtheit anknüpfen, die er sich im Juni 2010 erwirbt, er muss niemanden mehr überzeugen, dass er für das Amt geeignet ist. Insofern ist Gauck rückblickend schon Ende Juni 2010 der eigentliche Gewinner des Wettbewerbs um die Präsidentschaft. Wäre die Krise um Christian Wulff aber ausgeblieben, dann wäre seine Kandidatur zu einer Fußnote der Geschichte geworden.

Widerstand im eigenen Lager

Nicht nur die Medien nehmen Anstoß daran, dass die Wahl des neuen Staatsoberhaupts im Juni 2010 zum Gegenstand parteipolitischer Machtfragen wird. Die Diskussion um die Präsidentschaftsbewerber in den Medien wird ganz wesentlich dadurch befeuert, dass Delegierte in den Reihen von Union und FDP in den drei Wochen bis zur Bundesversammlung öffentlich erklären, dass sie Joachim Gauck für den besseren Kandidaten halten. Besonders lebhaft wird in der FDP darüber diskutiert. Hier erklärt mit Holger Zastrow in Sachsen ein führender ostdeutscher Liberaler und Vertrauter von Parteichef Westerwelle, dass er den Kandidaten von Rot-Grün nicht nur besser geeignet findet, sondern auch wählen wird. Auch Bremens FDP-Landeschef Oliver Möllenstädt erklärt öffentlich, für Gauck stimmen zu wollen. Die FDP-Spitze nimmt das letztlich hin. Das öffentliche Bekenntnis einzelner FDP-Politiker zu Gauck führt dazu, dass zumindest in der Öffentlichkeit primär die FDP als Unsicherheitsfaktor für die Wahl von Christian Wulff wahrgenommen wird.

Intern sieht man das bei der Union anders. Den Parteispitzen von CDU und CSU ist sehr bald bewusst, dass man ein Problem hat. Nicht dass die Wahl von Wulff ernsthaft gefährdet wäre, denn dann müssten schwarz-gelbe Delegierte in der Bundesversammlung in Scharen für Gauck stimmen, aber das Ziel, mit der Präsidentenwahl ein klares schwarz-gelbes Signal zu senden, scheint sehr wohl gefährdet. So verzichtet die Union darauf, prominente Nicht-Politiker als Delegierte für die Bundesversammlung zu nominieren, um kein unnötiges Risiko einzugehen. Dabei erinnert man sich an schlechte Erfahrungen bei früheren Bundesversammlungen: So stimmt Gloria von Thurn und Taxis, die 2004 für die CSU an der Bundesversammlung teilnimmt, nicht für den Kandidaten der Union, Horst Köhler, sondern für die SPD-Kandidatin Gesine Schwan. Im Juni 2010 sorgt für Aufmerksamkeit, dass die Thüringer CDU-Politikerin Dagmar Schipanski, Ex-Landtagspräsidentin und selbst einmal CDU-Präsidentschaftskandidatin, von ihrem CDU-Landesverband nicht als Delegierte aufgestellt wird. Schipanski macht ihrem Ärger öffentlich Luft und vermutet, dass sie deshalb nicht an der Bundesversammlung teilnehmen darf, weil sie Sympathien für Gauck hat erkennen lassen.

Am 17. Juni 2010 erscheint ein Aufruf des ehemaligen sächsischen Ministerpräsident Kurt Biedenkopf in der *Frankfurter Allgemeinen Zeitung* mit dem Titel „Gebt die Wahl frei!", mit dem sich ein prominentes CDU-Gesicht, wenn auch aus dem Ruhestand, entschieden gegen den Kurs der Kanzlerin wendet. Biedenkopf stellt zunächst fest, dass bei der Bundesversammlung nicht über die Bundesregierung, sondern über den Bundespräsidenten abgestimmt werde. Einen Fraktionszwang gebe es deshalb nicht. Die Kanzlerin fordert er deshalb auf, die Abstimmung für die schwarz-gelben Delegierten freizugeben. Die Regierung versuche, „sich der Bundesversammlung für die Entscheidung ihrer machtpolitischen Fragen zu bedienen". Den schwarz-gelben Kandidaten Christian Wulff ruft Biedenkopf schließlich auf, zu erklären, dass er keine Stimmen haben wolle, die der Stabilisierung der Regierung gälten. „Das war ein gefährliches Ding", erinnert sich ein Mitglied der CDU-Parteiführung.

Im Adenauer-Haus nimmt man die Sache sehr ernst. Die Kanzlerin selbst soll versucht haben, Biedenkopf von seinem Appell abzubringen. Der Widerspruch wird schließlich auch im Kreis der „Ehemaligen" organisiert: Der frühere Thüringer Ministerpräsident Bernhard Vogel, sein Nachfolger Dieter Althaus sowie Ex-CSU-Chef Erwin Huber machen öffentlich Front gegen Biedenkopf. Die Wahl des Bundespräsidenten sei schon immer parteipolitisch geprägt gewesen, betont Vogel. Und Huber warnt vor „erheblichen Rückwirkungen" für die schwarz-gelbe Koalition, sollte Christian Wulff bei der Wahl durchfallen. Die Präsidentenwahl sei kein „Beauty-Contest", bringt es Huber schließlich bajuwarisch-knackig auf den Punkt. Die Zeitung *Die Welt* konstatiert danach: „Die Mehrheit für Wulff bröckelt und bröckelt." Das ist zwar übertrieben, aber in der Öffentlichkeit entsteht dieser Eindruck zweifellos.

Ex-Bundespräsident Richard von Weizsäcker schließt sich einige Tage später Biedenkopfs Aufruf an. Damit mischen zwei Ikonen der CDU das eigene Lager auf: Weizsäcker, der als Inbegriff des Staatsoberhaupts in der Geschichte der Bundesrepublik überhaupt gilt, und Biedenkopf, ein Ex-Generalsekretär und Ex-Ministerpräsident mit glänzender Bilanz in Sachsen – das wiegt schwer. Im Konrad-Adenauer-Haus wird diese Debatte deshalb als brandgefährlich betrachtet, da die Wortführer über erhebliche Autorität verfügen. Zwei Tage vor der Bundesversammlung erklären Bernhard Vogel und der ehemalige bayerische Ministerpräsident Edmund Stoiber in einem Gastbeitrag für die *Frankfurter Allgemeine*, dass sie „aus freien Stücken und von ganzem Herzen" Christian Wulff unterstützten. Die Auswirkungen dieser Debatte sind zwar nicht messbar, sie machen der Öffentlichkeit aber deutlich, dass bei der Union ordentlich Druck im Kessel ist.

* * *

Joachim Gauck selbst weiß die Situation geschickt für sich zu nutzen. Von Anfang an positioniert er sich konsequent als überparteilicher Kandidat. Schon bei seiner Vorstellung durch die Parteispitzen von SPD und Grünen am 4. Juni 2010 in Berlin bekennt er freimütig, er sei „weder rot noch grün". In einem Interview mit dem *Stern* räumt Gauck Mitte Juni ein, er habe kurz darüber nachgedacht, aus Rücksicht auf Angela Merkel sogar auf eine Kandidatur zu verzichten. „Warum soll ich jene ärgern, die dir eigentlich nahestehen? Das ist doch schade", sagt Gauck in dem Interview und erweckt damit, wie in vielen anderen Äußerungen auch, den Eindruck, als stehe er dem schwarz-gelben Lager im Grunde näher als dem rot-grünen, das ihn nominiert hat. Die beiden Kandidaten behandeln sich dabei durchweg mit Respekt und verzichten auf persönliche Angriffe. Unbemerkt von der Öffentlichkeit kommt es in den Wochen des „Präsidentschaftswahlkampfes" zu einer Begegnung zwischen Wulff und Gauck. Wulff bittet um das Gespräch, es findet unter vier Augen in der Europäischen Akademie in Berlin statt. Beide vereinbaren striktes Stillschweigen darüber und halten sich auch daran.

Gauck gelingt es in den Wochen zwischen Nominierung und Bundesversammlung, sich große Sympathien in der Bevölkerung zu erwerben, während Christian Wulff mit dem Etikett des machtpolitisch motivierten Merkel-Kandidaten und farblosen Berufspolitikers zunehmend blasser erscheint. Eine Umfrage von Infratest dimap Anfang Juni 2010, schon wenige Tage nach der Nominierung, ergibt eine deutliche Präferenz in der Bevölkerung für Gauck: Bei einer Direktwahl des Bundespräsidenten hätten sich demnach 40 Prozent der Bevölkerung für Gauck entschieden und nur 31 Prozent für Wulff, wobei Gauck in Ostdeutschland besonders große Sympathien genießt. Die Kandidatin der Linkspartei, Lukrezia Jochimsen, spielt mit drei Prozent für die Bevölkerung fast keine Rolle, auch in Ostdeutschland nicht. Letztlich geht das politische Kalkül von SPD und Grünen voll auf: Der rot-grüne Kandidat Gauck hat mindestens so sehr ein konservativ-liberales Profil wie ein linkes und spricht dementsprechend auch das schwarz-gelbe politische Lager an. Wie sehr, das zeigt sich nicht nur in den Wochen vor der Bundesversammlung, sondern auch bei der Präsidentenwahl selbst.

Die Präsidentenwahl als Machtfrage

Der 30. Juni 2010 ist ein Mittwoch. Im Reichstag auf dem Gang vor dem Plenum wimmelt es von Journalisten, Fotografen, Kameraleuten und Technikern. Die Fernsehsender sind mit mobilen Sendestudios vor Ort, für die Radiosender sind Produktionsplätze eingerichtet, man sitzt und sendet dicht gedrängt in der Wandelhalle auf der Plenarebene. Auch die Korrespondenten der Nachrichtenagenturen und Zeitungen sind zahlreich vertreten. Bekannte Gesichter unter den Delegierten, die auf dem Weg ins Plenum sind, kommen nur wenige Meter weit, bevor sich ihnen ein weiteres Mikrofon entgegenstreckt. Auch im Plenum geht es deutlich enger zu als sonst. Wie bei jeder Bundesversammlung sind in den Tagen zuvor sämtliche Abgeordneten-Sitze entfernt und durch die doppelte Menge Stühle ersetzt worden. 1.244 Delegierte hat diese 14. Bundesversammlung, die Hälfte von ihnen stellen die Abgeordneten des Bundestages, die andere Hälfte kommt aus den Bundesländern, um ein neues Staatsoberhaupt zu wählen. Christian Wulff betritt den Reichstag als Ministerpräsident von Niedersachsen und alles spricht dafür, dass er ihn als Bundespräsident wieder verlassen wird. Die schwarz-gelbe Koalition aus CDU, CSU und FDP verfügt über eine komfortable Mehrheit von 21 Stimmen in der Bundesversammlung, an der Wahl Wulffs besteht objektiv kein Zweifel. Dennoch liegt Spannung in der Luft: Eine erhebliche, letztlich aber unbekannte Zahl der Delegierten von Union und FDP hegt große Sympathien für den rot-grünen Kandidaten Joachim Gauck. Vor allem bei vielen ostdeutschen Delegierten der schwarz-gelben Koalition steht Gauck hoch im Kurs. Zwar haben einige im Vorfeld öffentlich erklärt, für Gauck stimmen zu wollen, doch wie viele es am Ende sein werden, weiß natürlich niemand, schließlich ist die Abstimmung geheim. Dass Christian Wulff schlussendlich gewählt wird, daran besteht kein Zweifel, da im dritten Wahlgang nur eine einfache Mehrheit der Stimmen nötig ist. Und dass Wulff diese Mehrheit erreicht, steht außer Frage. Dennoch ist die Gemengelage ganz nach dem Geschmack der Medien. Die Bundesversammlung im Juni 2010 hat den „Event-Charakter", den sich die Medien wünschen.

* * *

Die Spannung ist auch deshalb so groß, weil allen Anwesenden klar war, dass nicht nur der neue Bundespräsident zur Wahl steht. Es ist auch ein Votum über die Kanzlerin. In der Bundesversammlung steht nicht nur der künftige Präsident zur Abstimmung, sondern auch die Autorität der Kanzlerin in ihrer eigenen Koalition. In gewisser Weise stellt Merkel an diesem 30. Juni die Vertrauensfrage. Merkels schwarz-gelbe Koalition steht auf dem Tiefpunkt ihres Ansehens. Der *ARD-Deutschlandtrend* von Infratest dimap macht das ganze Elend deutlich: Fast drei Viertel der Bevölkerung wünschen sich demnach eine andere Regierung oder Neuwahlen und geben an, von der Leistung der Regierung enttäuscht zu sein. Die Hälfte traut Angela Merkel nicht mehr zu, die Probleme in den Griff zu bekommen. Zum anderen grummelt es bei vielen schwarz-gelben Delegierten aufgrund der Art und Weise, wie Merkel die Kandidatenfindung betrieben hat. Christian Wulff ist der Kandidat der schwarz-gelben Koalition, vor allem aber ist er Merkels Kandidat. „Selbst Merkels Stellvertreter in der CDU fühlten sich bei der Suche nach einem geeigneten Kandidaten nicht wirklich eingebunden", erinnert sich ein Mitglied der CDU-Führung.

Dass am Ende Joachim Gauck zum Bundespräsidenten gewählt werden könnte, ist dabei nur unter sehr unwahrscheinlichen Voraussetzungen denkbar. Im dritten Wahlgang müsste die Linkspartei geschlossen für Gauck stimmen, was die Linke aber ausgeschlossen hat. Gleichzeitig müsste es in den Reihen von Union und FDP zu einem „Dammbruch" kommen und zwei Dutzend Delegierte für Gauck stimmen. Da eine Wahl Gaucks zweifellos das Ende von Merkels Kanzlerschaft wäre, ist dieses Szenario ziemlich unwahrscheinlich. Die Parteispitzen von Union und FDP gehen deshalb insgeheim davon aus, dass Christian Wulff spätestens im zweiten Wahlgang mit absoluter Mehrheit gewählt wird. Philipp Rösler hat eine Wette laufen, dass es für Wulff im ersten Wahlgang reichen wird. Aufgrund der undurchsichtigen Ausgangslage halten sich aber alle mit Prognosen zurück. Im Gegenteil: Wulff selbst erklärt wenige Tage vor der Bundesversammlung, dass er nicht damit rechnet, im ersten Wahlgang gewählt zu werden. Dass ein dritter Wahlgang nötig werden könnte, glaubt angesichts der komfortablen Mehrheit von Schwarz-Gelb allerdings niemand.

Als Bundestagspräsident Norbert Lammert die Bundesversammlung um 12 Uhr in gewohnt launiger Weise eröffnet, ist keiner der Anwesenden darauf vorbereitet, um 21 Uhr immer noch im Reichstag zu sitzen. Es wird die längste Bundesversammlung in der Geschichte der Bundesrepublik Deutschland. Da es ein heißer Sommertag ist, wird zwischenzeitlich sogar das Wasser knapp. Die ehemalige Ministerpräsidentin von Schleswig-Holstein, Heide Simonis (SPD), erleidet gar einen Schwächeanfall. Als Joachim Gauck gefragt wird, was man ihm in seinem Aufenthaltsraum zu essen servieren soll, ist er völlig irritiert: So lange, entgegnet er verwundert, werde das alles ja wohl nicht dauern.

* * *

Drei Wahlgänge braucht Christian Wulff am 30. Juni 2010, bis er zum Bundespräsidenten gewählt ist. Um 21:15 Uhr verkündet Lammert schließlich das Ergebnis des dritten und letzten Wahlganges. Zu diesem Zeitpunkt haben die Delegierten und mit ihnen die Medien vor den Türen des Plenarsaals über neun Stunden Bundesversammlung in den Knochen. Präsidentenwahlen sind immer langwierige Veranstaltungen, selbst wenn es nur einen Wahlgang braucht. Das liegt zum einen an der großen Zahl der Delegierten. Hinzu kommt, dass jeder einzelne Delegierte namentlich aufgerufen wird, um dann geheim zu wählen. Während in den ersten beiden Wahlgängen die absolute Mehrheit nötig ist, reicht im dritten Wahlgang die einfache Mehrheit der Stimmen aus. Im ersten Wahlgang bekommt Christian Wulff 600 Stimmen und damit 23 weniger als zur absoluten Mehrheit nötig. Das Ergebnis erstaunt, schließlich verfügen CDU, CSU und FDP über eine komfortable Mehrheit von rechnerisch 21 Stimmen „über den Durst". Das heißt, dass unterm Strich rechnerisch 44 Delegierte von Union und FDP dem eigenen Kandidaten die Gefolgschaft verweigern. Joachim Gauck kann 499 Stimmen auf sich vereinigen und damit 42 mehr, als SPD und Grüne über Delegierte verfügen. Die Kandidatin der Linken, Lukrezia Jochimsen, kommt auf 126 Stimmen und damit sogar auf zwei mehr, als es linke Delegierte gibt. Nach dem ersten Wahlgang wird die Sitzung unterbrochen und die Fraktionen ziehen sich zu Beratungen zurück. Bei der Unionsfraktion ruft die Kanzlerin die Delegierten zur Geschlossenheit auf. Ihr Auftritt wird aber von Teilnehmern als kraftlos beschrieben.

Der zweite Wahlgang bringt ein ähnliches Ergebnis wie der erste – wiederum gelingt es Christian Wulff nicht, die absolute Mehrheit der Stimmen auf sich zu vereinigen, wenn auch einige mehr als im ersten Wahlgang. Zur absoluten Mehrheit fehlen immer noch acht Stimmen, das heißt, Union und FDP bleiben zusammen 29 Stimmen unter ihren Möglichkeiten. Joachim Gauck ist zu Tränen gerührt, als ihm mitgeteilt wird, dass ein dritter Wahlgang nötig ist. Die Fraktionen ziehen sich erneut zu Beratungen zurück. Wieder spricht Merkel zu den Unionsdelegierten, diesmal engagierter als nach dem ersten Wahlgang, doch ihren Schlusssatz „Aller guten Dinge sind drei" empfinden viele als unpassend. Dann meldet sich Roland Koch zu Wort. Koch redet den Delegierten kämpferisch ins Gewissen und macht ihnen klar, was auf dem Spiel steht. Er genießt vor allem bei den konservativen Unionsdelegierten hohes Ansehen. Zwar weiß niemand, wer im schwarz-gelben Lager für Gauck stimmt, doch die Parteiführung hat neben den Ostdeutschen in der CDU vor allem auch den konservativen Flügel der Partei in Verdacht, der seit Langem schon mit dem Kurs der Parteichefin unzufrieden ist. Noch

Wochen später schwärmen Unionsabgeordnete im Bundestag von Kochs Auftritt. Er wirkt.

Im dritten Wahlgang schließlich kommt Christian Wulff auf 625 Stimmen und erreicht damit nicht nur die nötige einfache, sondern sogar die absolute Mehrheit der Stimmen, die er in den ersten beiden Wahlgängen verfehlt hatte. Bevor Wulff die Wahl annimmt, unterschreibt er die Rücktrittserklärung als Ministerpräsident von Niedersachsen. Dass er sich entschieden hatte, mit dem Rücktritt bis zur Wahl zu warten, war nicht gerade ein ermutigendes Signal. Dadurch erweckt Wulff den Eindruck, er wolle sich für alle Fälle die Option offen halten, Ministerpräsident in Niedersachsen zu bleiben, sollte es am Ende mit der Präsidentenwahl doch nichts werden. Wulff bezeichnet das einige Monate nach seiner Wahl bei einem Hintergrundgespräch mit Journalisten selbst als Fehler. Dabei will er eigentlich ein anderes Signal geben: Er will den Eindruck vermeiden, als sei die Sache ohnehin schon entschieden. Wulff befürchtet, man könnte ihm das als Arroganz der Macht auslegen. Dass er im dritten Wahlgang sogar die absolute Mehrheit der Stimmen erreicht, spielt bei der Kommentierung der Wahl durch die Medien meist keine Rolle: Im Vordergrund steht, dass trotz der komfortablen schwarz-gelben Mehrheit drei Wahlgänge nötig sind, sodass die Wahl vielfach als Demütigung interpretiert wird, allerdings vor allem für die Kanzlerin. In der *Süddeutschen Zeitung* ist von einem „Zahltag für Merkel" die Rede.

***

Tatsächlich erreicht die Kanzlerin mit der Präsidentenwahl das Gegenteil von dem, was sie wollte: Nicht die Handlungsfähigkeit ihrer Koalition wird eindrucksvoll unter Beweis gestellt, sondern ihr Autoritätsverlust. Über die Motive der Delegierten, die bei Union und FDP zunächst nicht Wulff wählen, kann man nur spekulieren. Bei einigen spielt zweifellos eine Rolle, dass sie Merkel einen Denkzettel verpassen wollen. Diejenigen in der FDP, die sich von Merkel gedemütigt fühlen, und jene in der Union, denen Merkels Kurs nicht passt. Das sind nicht wenige. Andere wiederum stehen Gauck einfach näher als Wulff und sind nicht bereit, nur aus Parteidisziplin ihr Kreuz bei Wulff zu machen. Das gilt vor allem für die schwarz-gelben Delegierten aus Ostdeutschland. „Gauck war einer von ihnen – das regionale Zusammengehörigkeitsgefühl wog für viele mehr als die Parteizugehörigkeit", erklärt ein Mitglied der CDU-Führung. Im Ergebnis ist das Signal dennoch eindeutig: Angela Merkel geht nicht gestärkt, sondern geschwächt aus der Wahl des Bundespräsidenten hervor. Im *ARD-Deutschlandtrend* des Monats Juli ist das unübersehbar: Zwei Drittel der Befragten sehen in der Präsidentenwahl eine Blamage für Angela Merkel. Über drei Viertel sind sogar überzeugt davon, dass Merkel ihre Koalition nicht mehr im Griff hat. Und Christian Wulff selbst?

Der Göttinger Politologe Franz Walter, ein SPD-Mitglied, kann unmittelbar nach der Wahl das Debakel, das die Medien diagnostizierten, nicht erkennen. „Wulff hatte am Ende einen Vorsprung von 131 Stimmen. Da war die Legitimationsbasis der Präsidenten Köhler, Herzog, Rau schmaler. Oder denken Sie an Gustav Heinemann: Der hatte ein Plus von ganzen fünf Stimmen. Wie Herzog musste er in den dritten Wahlgang, beide kamen auf weniger Stimmen als Wulff, beide wurden Präsidenten mit markantem Renommee: Bürgerpräsident der eine, Ruckpräsident der andere", bilanziert Walter in einem Interview mit der *Berliner Zeitung*. Zweifellos ist die Wahl nicht so gelaufen, wie Merkel wollte, sie war aber ganz nach dem Geschmack der Medien. Fest steht, dass Wulff der Verlauf der Bundesversammlung zumindest bei der Akzeptanz in der Bevölkerung nicht schadet. Im *ARD-Deutschlandtrend* von Infratest dimap meinen im Juli bereits erstaunliche 58 Prozent der Befragten, dass mit Wulff am Ende der richtige Kandidat gewählt worden sei. Fast drei Viertel zeigen sich sogar überzeugt, dass Wulff ein guter Bundespräsident werden würde. Besonders gut kommt dabei an, dass mit Wulff ein vergleichsweise junger Präsident ins Amt kommt: 78 Prozent der Befragten geben an, gut zu finden, dass ein jüngerer Kandidat zum Zug kommt.

So schnell die Begeisterung für Joachim Gauck entsteht, so kurz hält sie an: Dass Gauck die bessere Wahl gewesen wäre, glaubt nur noch ein Drittel. Auch sonst kommt Wulff gut an: 82 Prozent der Befragten finden ihn sympathisch, fast genauso viele meinen, er werde Deutschland in der Welt gut vertreten. Die größten Zweifel haben die Befragten, dass Wulff über den Parteien stehen werde, was kein Wunder ist, schließlich ist er bis zum Tag seiner Wahl CDU-Ministerpräsident in Niedersachsen. Wulff ist klar, dass er an seiner Glaubwürdigkeit in diesem Punkt am meisten arbeiten muss. Davon muss er auch den politischen Gegner von gestern überzeugen. Eine besonders schwere Hypothek für den neuen Bundespräsidenten ist die deutliche Ablehnung, mit der die Medien auf seine Kandidatur reagiert haben.

Nach der Wahl, am späten Abend des 30. Juni, hat der neue Bundespräsident noch zwei Termine. Der Eventmanager Manfred Schmidt gibt in Berlin eine Party zu seinen Ehren, zeitgleich warten die Spitzenvertreter der schwarz-gelben Koalition, denen Wulff seine Wahl zum Bundespräsidenten verdankt, im Berliner Nobelrestaurant „Facil" am Potsdamer Platz, um mit dem neuen Staatsoberhaupt zu Abend zu essen. Wulff lässt sie lange warten, er erscheint erst gegen Mitternacht. Dass er vorher noch bei Manfred Schmidt vorbeischaut, weiß man im „Facil" nicht, es ist von privaten Verpflichtungen die Rede. Noch in manch anderer Hinsicht braucht Wulff eine Weile, bis er in seine neue Rolle findet.

Wulffs „Bunte Republik"

Nur zwei Tage nach seiner Wahl wird Wulff am 2. Juli im Bundestag vereidigt. Bei der Eidesformel verhaspelt er sich und muss neu ansetzen. „Das werden Sie jedes Mal wieder hervorholen, wenn es mal nicht so gut läuft – nach dem Motto: Der Anfang war schon holprig", meint er nach einigen Monaten im Amt einmal in einer kleinen Runde mit Journalisten. Bei der Rede, die Wulff im Anschluss an seine Vereidigung hält, dürfte so manch einer im Plenum des Deutschen Bundestag noch einmal wehmütig an die rhetorischen Fähigkeiten des rot-grünen Gegenkandidaten Gauck gedacht haben. Christian Wulff ist kein guter Redner, das wird bei diesem Auftritt einmal mehr deutlich. Dafür kommt das, was er sagt, bei denen, die ihn nicht gewählt haben, ganz gut an. Wie seine Vorgänger auch nutzt der neue Bundespräsident die Rede nach seiner Vereidigung, um die inhaltlichen Schwerpunkte seiner Präsidentschaft zu präsentieren. Um drei Bereiche des öffentlichen Lebens, so kündigt Wulff an, will er sich vor allem kümmern: um den Mut zum Wandel, wobei es ihm besonders um die Herausforderungen der Globalisierung geht, um die Zukunft der Demokratie, also darum, die wachsende Kluft zwischen der Bevölkerung und dem politischen Betrieb zu überwinden, und um den Zusammenhalt der Gesellschaft. Er wolle Verbindungen schaffen zwischen West und Ost, Alt und Jung, Einheimischen und Zugewanderten sowie Menschen mit und ohne Behinderung.

Dass ihm die Zugewanderten besonders am Herzen liegen, macht Wulff mithilfe einer Anekdote deutlich. Er schildert eine persönliche Begegnung mit dem Vater von Aygül Özkan, der Frau, die er in Niedersachsen kurz vor seinem Wechsel nach Berlin zur ersten Ministerin muslimischen Glaubens in Deutschland gemacht hat. Özkans Vater beschreibt er als klassischen Gastarbeiter, als einen Mann, der 40 Jahre in Deutschland hart gearbeitet habe. „Seine Augen strahlten vor Glück", als er erleben darf, wie geachtet und erfolgreich seine Tochter in der deutschen Gesellschaft ist. „Wann wird es selbstverständlich sein, dass jemand mit den gleichen Noten die gleichen Aussichten bei einer Bewerbung hat, egal ob er Yilmaz heißt oder Krause?", fragt Wulff im Bundestag und beantwortet diese Frage so: „Wenn wir weniger danach fragen, wo einer herkommt, als wo er hinwill. Wenn wir nicht mehr danach fragen, was uns trennt, sondern was uns verbindet. Wenn wir nicht mehr danach suchen, was wir einander voraus haben, sondern was wir voneinander lernen können. Dann wird Neues, Gutes entstehen." Der neue Bundespräsident entscheidet sich für inhaltliche Schwerpunkte, bei denen es um gesellschaftliche Herausforderungen von heute und morgen geht. Dabei spricht sich Wulff für eine „bunte

Republik Deutschland" aus und überrascht damit. Er entleiht diesen Begriff bei Udo Lindenberg, der 1989 ein Album „Bunte Republik Deutschland" herausgebracht hat. Wulff gefällt die Formel, sie drückt am besten aus, worum es ihm geht. Im bürgerlichen Lager sorgt er damit durchaus für Irritationen. „Bunte Republik" klingt nach Multikulti und Einwanderungsland, Begriffe, mit denen man bei CDU und CSU bekanntlich nicht allzu viel anfangen kann.

SPD und Grüne hingegen sind angenehm überrascht. Wulff will sich eines gesellschaftlichen Themas annehmen, das vor allem mit Rot-Grün verbunden wird. Zweifellos ist dieser Schwerpunkt nicht ganz frei von taktischen Überlegungen. Will er glaubwürdig unter Beweis stellen, dass er als Bundespräsident über den Parteien steht, dann müssen sich auch diejenigen in den Inhalten seiner Präsidentschaft wiederfinden, die ihn nicht gewählt haben. Das erhöht zudem die Chancen auf eine Wiederwahl in fünf Jahren, denn niemand weiß, wie die Bundesversammlung dann zusammengesetzt sein wird. Es wäre jedoch unangemessen, Wulff ausschließlich taktische Motive zu unterstellen. Tatsächlich hatte er das Thema bereits als Ministerpräsident für sich erkannt. 2005 hielt Wulff bei der Jahresversammlung der Eugen-Biser-Stiftung in der Münchner Hofkirche eine Rede über den „Interreligiösen Dialog als Aufgabe unserer Gesellschaft". Die Rede hätte dem einen oder anderen in der Union einen Hinweis geben können, was da in dieser Richtung von einem Bundespräsidenten Wulff wohl zu erwarten wäre, aber sie fand seinerzeit so gut wie keine Beachtung. Auch ernannte er die Muslimin Aygül Özkan zur Ministerin in Niedersachsen, bevor an einen Wechsel ins Bellevue überhaupt zu denken war.

Von der Leine an die Spree

Der Präsident aus Niedersachsen

Als in Hannover bekannt wird, dass Christian Wulff Bundespräsident werden soll, können sich das einige recht gut vorstellen. „Er hatte sich einen ziemlich präsidialen Stil angewöhnt", erinnert sich jemand, der unter Wulff Minister war. Das kam nicht nur gut an, manch einer war durchaus erfreut, als der Ministerpräsident seine Sachen packte. Unmittelbar, bevor die Präsidentenfrage auf den Tisch kam, hatte Wulff sich in den eigenen Reihen mit einer Kabinettsumbildung im April 2010 ziemlich unbeliebt gemacht. Der Ministerpräsident entschied sich, gleich zwei neue Gesichter von außerhalb zu holen, nämlich die türkischstämmige Aygül Özkan aus Hamburg, die Wulff zur Sozial- und Integrationsministerin machte, und Johanna Wanka aus Brandenburg, die Kultusministerin wurde. Beide Personalentscheidungen waren ein Novum: Mit Özkan wurde die erste Muslimin überhaupt in Deutschland Ministerin und mit Wanka die erste Ostdeutsche Ministerin in einem westdeutschen Bundesland.

Das konnte man durchaus vorbildlich oder eben auch präsidial finden und für einen Ministerpräsidenten mit CDU-Parteibuch setzte Wulff hier tatsächlich Maßstäbe. Vor allem bedeutete es aber, dass so mancher in der CDU Niedersachsen herb enttäuscht wurde. Hinzu kam, dass Wulff seinem Innenminister Uwe Schünemann, bekannt als Hardliner, die Zuständigkeit für das Thema Integration wegnahm. Christian Wulff, so viel steht fest, macht sich im Laufe seines politischen Aufstiegs eine Menge Feinde. Wie viel Neid und Missgunst es gab, wird deutlich, als Bettina Wulff im Sommer 2012 offensiv gegen die Gerüchte über ihr angebliches Vorleben im Rotlichtmilieu vorgeht. In diesem Zusammenhang recherchiert die *Süddeutsche Zeitung*, dass die Gerüchte ihren Ursprung auch in niedersächsischen CDU-Kreisen hatten. Grundsätzlich gelingt es Wulff jedoch, seinen Abschied aus Hannover geordnet und geräuschlos über die Bühne zu bringen: Mit David McAllister, dem CDU-Fraktionschef im Landtag, wird sein politischer Ziehsohn Ministerpräsident. Wulff hatte ihm bereits 2008 den CDU-Landesvorsitz übergeben. Ein Hauen und Stechen um die Nachfolge blieb dadurch aus.

Den „präsidialen" Stil des Ministerpräsidenten interpretierten einige auch als Unlust an der Politik. Gelegentlich kommen Gerüchte auf, er plane einen Wechsel in die Wirtschaft, auf einen lukrativen Vorstandsposten. Zwar soll Wulff tatsächlich Angebote gehabt haben, über einen Ausstieg aus der Politik hat er jedoch nicht ernsthaft nachgedacht. Er wollte Ministerpräsident bleiben und war entschlossen, bei der nächsten Landtagswahl 2013 noch einmal anzutreten. Alles sprach dafür: Christian Wulff ist Anfang 2010 der unbestritten beliebteste Politiker in Niedersachsen. In einer Umfrage von Infratest dimap erreicht Wulff im Januar eine Zustimmung von 77 Prozent, weit vor allen anderen führenden Landespolitikern. Er ist einer der erfolgreichsten Spitzenpolitiker der CDU. Doch als Merkels Angebot kommt, Bundespräsident zu werden, zögert er nicht lange – was gar nicht selbstverständlich ist.

Ein Wechsel ins Bellevue ist politisch betrachtet Ehre und Endstation zugleich. Es ist eine Grundsatzentscheidung, ein Abschied aus einem politischen Amt mit Gestaltungsauftrag, und nicht ohne Risiko für die weitere Lebensplanung: Wulff wird im Juni 2010 gerade 51 Jahre alt und er kann nicht sicher sein, nach fünf Jahren als Bundespräsident noch einmal wiedergewählt zu werden. Bisher sind Altbundespräsidenten überwiegend ältere Herren gewesen, die sich nach Ende einer Amtszeit mit aller Berechtigung in den Ruhestand verabschiedet haben. Christian Wulff wäre nach nur einer Amtszeit im Bellevue vom Rentenalter noch weit entfernt. Dennoch greift er letztlich sofort zu: Die Präsidentschaft ist die Chance seines Lebens und sie fällt ihm quasi in den Schoß. Bundespräsident zu werden bedeutet einen Platz in den Geschichtsbüchern, und zwar in der Geschichte der Bundesrepublik, nicht Niedersachsens. Für Christian Wulff, den Mann aus kleinen Verhältnissen, wird mit der Perspektive, Staatsoberhaupt zu werden, ein Traum wahr.

* * *

Wulff wächst in Osnabrück auf. Die Familie bricht früh auseinander: Wulffs Vater verlässt sie, als sein Sohn zwei Jahre alt ist. Die Mutter erkrankt an Multipler Sklerose, als Christian Wulff 16 ist. Ihr zweiter Mann sucht ebenfalls das Weite, sodass sich der Sohn um die kranke Mutter kümmert und dazu noch um seine jüngere Halbschwester aus der zweiten Beziehung seiner Mutter. Eine glückliche Jugend sieht anders aus. Als Teenager übernimmt Wulff die Vaterrolle in der Familie, die eigentlich nur zu groß sein kann für einen Jugendlichen. Nur ganz vereinzelt hat Wulff öffentlich über seine Jugend und vor allem seine Mutter gesprochen: Nach seiner Nominierung zum Präsidentschaftskandidaten beschreibt er sie in einem Zeitungsinterview als „nicht sehr lebenstauglich", als eine Frau, die sich „über Friseurbesuche und Einkäufe verwirklicht" habe. Aufgrund ihrer Krankheit habe er ihr aber keine Vorwürfe gemacht.

Erfüllung und Erfolg findet er woanders: Christian Wulff entdeckt die CDU für sich. Mit 16 Jahren tritt er in die Partei ein, engagiert sich schon als Schüler und steigt schnell auf. Als 19-Jähriger wird er Landesvorsitzender der Schülerunion in Niedersachsen und schließlich

Bundesvorsitzender der CDU-Nachwuchsorganisation, später wird er Landesvorsitzender der Jungen Union. Nach dem Abitur studiert Wulff Jura in Osnabrück, wird Rechtsanwalt in einer Kanzlei, beruflich bleibt die Politik aber sein Lebensinhalt: Er wird Ratsherr in Osnabrück, schließlich Vorsitzender der CDU-Fraktion im Rathaus und schafft es in den CDU-Landesvorstand. 1994 schließlich gelingt ihm ein erster politischer Durchbruch: Er wird mit 35 Jahren Spitzenkandidat seiner Partei bei der Landtagswahl – und damit Herausforderer von Gerhard Schröder.

Die Aufgabe erweist sich als zu groß, die CDU erleidet bei der Wahl eine klare Niederlage, verliert über fünf Prozentpunkte. Zwar kann sich Christian Wulff damit trösten, dass er es als einziger CDU-Kandidat schafft, der SPD ein Direktmandat wegzunehmen, doch am Wahlergebnis ändert das wenig. Im Landtag übernimmt Wulff den Vorsitz der CDU-Fraktion und zieht vier Jahre später erneut als Spitzenkandidat seiner Partei gegen Schröder in den Wahlkampf – wiederum erfolglos. Das Wahlergebnis 1998 ist regelrecht niederschmetternd: Schröder holt die absolute Mehrheit und damit das Ticket für die SPD-Kanzlerkandidatur. Es wird eng für Christian Wulff, er wird als Verlierer abgestempelt, sein Stuhl wackelt. Eine kleine Gruppe in der CDU-Fraktion versucht zu putschen, doch Wulff hält sich und er beginnt, die Dinge anders anzugehen. Im Frühjahr 1999 engagiert er mit Olaf Glaeseker einen neuen Medienberater in Hannover. „Er hatte keine Ahnung, wie die Medien funktionieren", beschreibt ein ehemaliger Mitarbeiter in Hannover ein zentrales Problem des jungen Christian Wulff. Mit Glaeseker holt er sich einen Vollprofi an Bord, der es in den darauffolgenden Jahren meisterhaft versteht, seinen Chef medial zu inszenieren. Olaf Glaeseker war Ende der 1990er-Jahre als politischer Korrespondent für verschiedene Tageszeitungen in Bonn tätig. Als er sich entscheidet, zu Wulff nach Hannover zu gehen, muss er den Spott seiner Kollegen ertragen, denn dem biederen CDU-Mann prophezeit keiner mehr eine politische Zukunft. Doch Glaeseker gelingt es langsam, aber sicher, seinen Chef neu zu erfinden. Gleichzeitig kommt in Niedersachsen einiges in Bewegung.

* * *

Als Gerhard Schröder 1998 Bundeskanzler wird, löst ihn Gerhard Glogowski als Ministerpräsident in Hannover ab. Glogowski stolpert 1999 über eine Sponsoring-Affäre, in der Wulff als Oppositionsführer konsequent auf die Abteilung Attacke setzt. Er greift Glogowski scharf an und setzt sich selbst als politischer Saubermann in Szene. „Ich glaube, es ist die völlig fehlende Distanz zu Sachen, zu Personen, zu Dingen, die man in der Politik braucht, also eine Grundsensibilität, dass man Dienstliches und Privates relativ strikt trennt, dass man fließende Übergänge mit äußerster Vorsicht behandelt", sagt Wulff 1999 in einem Interview mit dem *Deutschlandfunk*. „Es darf gar nicht erst zur Korruption kommen, sondern es muss der Anschein von Korrumpierbarkeit, von Abhängigkeiten, von Sponsoring von Politik und Politikern vermieden werden." Schließlich muss Glogowski zurücktreten, Sigmar Gabriel rückt nach. Ein Jahr später gehört Wulff zu denen, die den damaligen Bundespräsidenten Johannes Rau auffallend heftig attackieren. Rau wird zu diesem Zeitpunkt von einer Flugaffäre aus seiner Zeit als Ministerpräsident in Nordrhein-Westfalen eingeholt, was Wulff zum Anlass nimmt, den Rücktritt des Bundespräsidenten zu fordern. „Ich leide physisch darunter, dass wir keinen unbefangenen Bundespräsidenten haben", ist einer der Sätze, die man zu dieser Zeit von ihm hört. Als er zehn Jahre später selbst Bundespräsident ist, wird er im Dezember 2011 ebenfalls mit Vorwürfen konfrontiert, die aus seiner Zeit als Ministerpräsident stammen – und mit den Äußerungen von damals. Die markige Kritik an Johannes Rau liegt noch in den Archiven und ist schnell gefunden. Seinerzeit betreibt er das Geschäft eines Oppositionspolitikers, die Äußerungen sollen ihm zu mehr Profil verhelfen, denn Wulff ist entschlossen, ein drittes Mal anzutreten, um Ministerpräsident zu werden. 2003 ist es so weit: Gegen Sigmar Gabriel kann er sich durchsetzen. Tatsächlich erreicht er ein hervorragendes Ergebnis für die CDU und erringt mit 48,3 Prozent die absolute Mehrheit im Landtag. Nach fast zehn Jahren hat Wulff es geschafft: Schlagartig wird aus dem ewigen Verlierer ein Gewinner. Und schlagartig wollen alle etwas von ihm.

„Es gab den Christian Wulff in Osnabrück, danach kam der Christian Wulff in Hannover – das waren zwei unterschiedliche Typen", erinnert sich ein langjähriger Weggefährte von Wulff aus Niedersachsen. Besonders ins Schwärmen gerieten diejenigen, die ihn schon lange kennen, über den Wulff in Osnabrück. Voller Ideen und Ideale sei er gewesen, einer, der etwas bewegen wollte und andere zu begeistern verstand. Der Wulff in Hannover habe sich im Laufe der Jahre stark verändert. „Als er Ministerpräsident wurde, fing er an, sich erst einmal an Gerhard Schröder zu orientieren", mit einem Mal habe Wulff sich mit denselben Leuten umgeben. Auf einmal ist auch Wulff mit Männern wie Carsten Maschmeyer, dem Gründer des Finanzberatungskonzerns AWD, oder RWE-Chef Jürgen Großmann befreundet. „Die sind da, wo die Macht ist – doch Wulff schien zu glauben, dass es um ihn selbst ging." In dieser Zeit lernt Wulff auch David Groenewold kennen, einen jungen Produzenten, der den neuen Ministerpräsidenten für sich und die schillernde Branche der Filmwelt zu begeistern versteht. Die Idee kommt auf, Niedersachsen zu einem Standort für die Branche zu machen. Die beiden freunden sich privat an. Groenewold wird zu einer Vertrauensperson in einer Zeit, als es schließlich privat im Hause Wulff zu kriseln beginnt. Von Oktober 2005 an nutzt Christian Wulff für ein Jahr lang ein Handy, das ihm Groenewold zur Verfügung gestellt hat, gegen Erstattung der Kosten. Im Juni 2006 erfährt die überraschte Öffentlichkeit, dass der Ministerpräsident sich von seiner Ehefrau Christiane trennt, mit der er seit 1988 verheiratet ist. Kurz danach wird bekannt, dass es eine neue Frau im Leben von Christian Wulff gibt.

* * *

Christian Wulff lernt Bettina Körner auf einer dienstlichen Reise nach Südafrika im April 2006 kennen. Sie ist damals Pressereferentin des Reifenherstellers Continental. Die Einzelheiten des Kennenlernens schildert sie detailliert in ihrem Buch „Jenseits des Protokolls". Über die Beziehung ist auch von anderen viel geschrieben worden, vor allem über den Einfluss, den Bettina auf Christian Wulff ausgeübt haben soll. Vielen gilt sie als Erklärung dafür, warum Wulff sich in diesen Jahren verändert hat, als habe diese Frau aus der PR-Branche wie eine Femme fatale dafür gesorgt, dass aus dem bis dahin so bodenständigen Mann ein anderer wird, der den Verlockungen einer Glitzer- und Glamourwelt erlegen sei. Man mag bezweifeln, dass es sich wirklich so verhalten hat. Die Begeisterung für die Filmbranche war bereits deutlich vorher bei Christian Wulff geweckt, auch die Freundschaft zu David Groenewold gab es schon. Womöglich ist es eher so, dass die sehr attraktive und deutlich jüngere Frau einfach besser zu dem Leben passte, das Wulff führen wollte.

In diesem Leben verändert sich viel in jener Zeit. 2008 lässt sich Wulff von seiner Frau Christiane scheiden und heiratet Bettina Körner, die zu diesem Zeitpunkt schwanger ist. Die Hochzeit wird mit wenigen Gästen gefeiert, aber es fällt auf, wer unter den Gästen ist: neben Carsten Maschmeyer auch RWE-Chef Jürgen Großmann. „Auf einmal waren diese Leute offenbar zu so engen Freunden geworden, dass er sie zu seiner Hochzeit einlud", erinnert sich einer, der Wulff schon lange kennt. „Man hatte den Eindruck, er wollte einfach dazugehören." Trauzeuge ist dennoch ein alter Freund, nämlich Egon Geerkens, der auch schon bei der ersten Hochzeit Pate gestanden hatte. Geerkens ist Unternehmer in Osnabrück und war mit Wulffs Vater befreundet. Für Christian Wulff wird er das, was er selbst einen „väterlichen Freund" nennt. Die Trennung von seiner ersten Frau und schließlich die Scheidung sind teuer, Wulff ist finanziell klamm in dieser Zeit, gleichzeitig möchte er seiner neuen Familie etwas bieten: Er will ein Haus kaufen und leiht sich das nötige Geld bei Edith Geerkens, der Ehefrau von Egon. Warum nicht bei Egon selbst, ist eine der Fragen, die später im Zusammenhang mit diesem Kredit eine Rolle spielen werden. Dieser Privatkredit über eine halbe Million Euro bleibt Christian Wulffs Geheimnis, bis er ihn nach hartnäckigen Medien-Recherchen im Dezember 2011 offenlegt. Die Finanzierung seines Hauses wird schließlich zum Auslöser für die Krise, die zu Wulffs politischem Untergang führt. Doch auch andere Vorwürfe, mit denen Christian

Wulff sich im Dezember 2011 konfrontiert sieht, haben ihren Ursprung in jener Zeit.

Ihre Flitterwochen verbringen die Wulffs in Italien, in einer Villa von Wolf-Dieter Baumgartl, damals Aufsichtsratsvorsitzender des Talanx-Versicherungskonzerns, davor dessen Vorstandsvorsitzender. Eine Einladung, die Fragen aufwirft, als im Dezember 2011 die Verbindungen Wulffs zu befreundeten Unternehmern generell zum Thema werden, wie auch Ferien- und Hotelaufenthalte gemeinsam mit David Groenewold, 2007 und 2008 auf Sylt und 2008 beim Oktoberfest in München. Christian Wulff begibt sich bei diesen Urlaubsaufenthalten auf vermintes Gelände, da er sich als politischer Amtsträger dem Vorwurf aussetzt, möglicherweise Dienstliches und Privates zu vermischen. Es besteht gar kein Zweifel, dass Wulff und Groenewold befreundet sind. Doch Groenewold will etwas von der Politik. Die Beziehungen zwischen Politik und Wirtschaft stehen in Deutschland regelrecht unter Generalverdacht. Das kann man zwar beklagen, es ist aber so und jeder politische Amtsträger weiß das. Dieser Bereich ist eine Grauzone, in der es dennoch rote Linien gibt. Christian Wulff verliert in dieser Zeit zunehmend den Instinkt für diese roten Linien. Der Ministerpräsident schließt private Freundschaften mit Unternehmern, die vom Land gefördert werden wollen, und macht sich damit angreifbar.

Hinzu kommen Veranstaltungen wie die Eventreihe Nord-Süd-Dialog, die von 2007 bis 2009 dreimal als gemeinsame PR-Aktion der Länder Niedersachsen und Baden-Württemberg von dem Eventmanager Manfred Schmidt organisiert wird und zu der Stars wie beispielsweise die Schauspielerin Faye Dunaway eingeflogen werden. Wulff und sein Sprecher Glaeseker sind überzeugt davon, dass genau so moderne PR für ein Land funktioniert, man den Menschen auf diese Weise zeigen kann, dass im Land „richtig was los ist". Später allerdings ruft diese PR-Idee die Staatsanwaltschaft auf den Plan. Auch hier geht es um die Schnittstellen zwischen Politik und Wirtschaft und bei Wulffs Sprecher Olaf Glaeseker schließlich konkret um die Frage, ob er im Gegenzug für das Geschäft mit dem Nord-Süd-Dialog auf Kosten des Veranstalters gratis Urlaub machen durfte. Als die Wulffs im Dezember 2009 ein kostenloses Upgrade von Air Berlin für einen Flug nach Miami in Anspruch nehmen, ist auch das instinktlos. Als frisch gebackener Bundespräsident schließlich macht Wulff unmittelbar nach seiner Wahl mit Frau und Kindern erst einmal Urlaub auf Mallorca in einem Anwesen von Carsten Maschmeyer. Er bezahlt zwar dafür, gibt mit der Wahl seines Urlaubsdomizils aber einen weiteren Hinweis darauf, dass ihm als Ministerpräsidenten das Gespür für das, was man macht oder eben doch besser lässt, ein Stück weit verloren gegangen ist.

* * *

Als Ministerpräsident in Hannover allerdings ist Christian Wulff durchaus erfolgreich. Neben einer ordentlichen politischen Bilanz versteht es sein Sprecher Olaf Glaeseker meisterhaft, seinen ehemals so biederen Chef in Szene zu setzen. Eine entscheidende Rolle dabei spielt die *Bild*-Zeitung, vor allem, als es darum geht, den Umbruch im Privatleben des Ministerpräsidenten öffentlich zu machen. Wulff kommuniziert unter der Regie von Olaf Glaeseker die Trennung von seiner Frau Christiane und seine neue Beziehung zu Bettina Körner über die *Bild*-Zeitung. Es ist eine Win-win-Situation: *Bild* berichtet exklusiv, punktet mit Geschichten und Fotos, die sonst keiner hat, was gut für die Auflage ist, und hilft Wulff gleichzeitig damit, die Trennung ohne bemerkenswerten öffentlichen Ansehensverlust zu überstehen. Auch in der Folge inszeniert *Bild* Wulff immer wieder als treu sorgenden Familienvater und erfolgreichen Regierungschef. Hier ist noch einmal auf die im vorigen Kapitel erwähnte Fallstudie „*Bild* und Wulff – Ziemlich beste Partner" von Hans-Jürgen Arlt und Wolfgang Storz zu verweisen. Arlt und Storz vertreten die These, dass seit der Inszenierung der Trennung und der neuen Beziehung quasi eine Art „Geschäftsbeziehung" zwischen Wulff und der *Bild*-Zeitung bestanden hat. Wulff ist ein *Bild*-Liebling, wie es sie immer wieder gab, gibt und vermutlich auch in Zukunft geben wird – das prominenteste Beispiel der jüngeren Vergangenheit ist der CSU-Politiker Karl-Theodor zu Guttenberg, der ebenso wie Wulff als Ministerpräsident über mehrere Jahre konsequent von Bild „hochgejubelt" wurde.

Das gilt auch für den gesellschaftlichen Umgang, den die Wulffs pflegen: Die Freundschaften zu Carsten Maschmeyer oder David Groenewold und die Partys, die man zusammen feiert, werden von *Bild* jahrelang als tolle Glamour-Events beschrieben. So zum Beispiel 2009 Maschmeyers „Große VIP-Party zum 50. Geburtstag" – mit „Promi-Gedränge" – oder die „Maschi-Party" zum Saisonabschluss von Hannover 96. Unter den Gästen befindet sich neben Gerhard Schröder und anderen Spitzenpolitikern auch immer Christian Wulff. Über eine Berlinale-Party von David Groenewold liest man bei *Bild* im Juni 2006: „Es war das bislang intimste und beste Dinner der 46. Berlinale: ‚Ein Abend unter Freunden' von David Groenewold (32, GFP-Fonds) und Thomas Heinze (41) im 19. Stock des Springer Verlags. 293 Gäste, darunter kein Möchtegern, nix Luder, nur Very-Wichtige." Auch der Nord-Süd-Dialog erscheint in bestem Licht und wird 2007 als „VIP-Gipfel" und „Top-Treffen der Wirtschafts-Bosse, Politiker, Topdesigner" gepriesen und im Dezember 2009 heißt es: „Ätsch Hamburg! Ätsch Berlin! Wer hat denn hier die meisten Promis? Keine Frage: Gestern war es wieder einmal Hannover!" Jahrelang wird über Wulff, seine Unternehmerfreunde und das Leben, das sie führen, voller Wohlwollen berichtet. Auch der Urlaub des Bundespräsidenten Wulff im Maschmeyer-Domizil auf Mallorca ist für *Bild* kein Problem, während er in anderen Medien kritisch thematisiert wird: „So normal macht Papa Präsident Urlaub", erfährt der *Bild*-Leser. Als Wulff im Dezember 2011 aufgrund seiner Nähe zu ebendiesen Unternehmerfreunden unter Druck gerät und das Bild des glamoursüchtigen Schnäppchenjägers verbreitet wird, verfährt *Bild* nach dem Motto: Was kümmert mich mein Geschwätz von gestern. Dieser Bruch vollzieht sich nach außen von heute auf morgen, doch er hat eine Vorgeschichte, die sich im Hintergrund abspielt, als Wulff Bundespräsident ist. Davon wird noch die Rede sein.

* * *

Die „Geschäftsbeziehung" zu *Bild* führt dazu, dass Wulff in der Politik das Image der Oberflächlichkeit anhaftet. Dabei kann Christian Wulff in Niedersachsen eine politisch durchaus respektable Bilanz vorweisen. Nach seiner Wahl 2003 nahm Wulff konsequent die Sanierung der Landesfinanzen in Angriff und brachte erfolgreich eine schwierige Verwaltungsreform auf den Weg, die mit harten Einschnitten und großen Widerständen verbunden war. Wulff galt als einer, der einen moderativen Stil pflegte und gut zuhören konnte. Wie gut er die politische Klaviatur beherrschte, bewies er einige Jahre später in seiner zweiten Amtszeit. Die politisch bedeutendste Leistung des Ministerpräsidenten Wulff war die Abwehr der geplanten Übernahme von Volkswagen durch Porsche im Jahre 2008. Dieser politische Erfolg fällt in die Zeit, die zum Jahreswechsel 2011/2012 im Zuge der Krise rückblickend ausschließlich als eine Phase der Gratisurlaube und rauschenden Partys wahrgenommen wird. Es ist jedoch auch die Zeit, in der Wulff in Hannover zu politischer Höchstform auflief. Er schaffte es, die Pläne von Porsche in einem dramatischen Tauziehen, das sich über Monate erstreckte, zu vereiteln, indem er dafür sorgte, dass das Land Niedersachsen seinen traditionellen und einzigartigen Einfluss im Volkswagen-Konzern behielt. Dieser Einfluss beruht auf dem VW-Gesetz, das dem Land quasi ein Vetorecht sichert bei Versuchen, VW zu übernehmen. Porsche hatte zunächst fest darauf gebaut, das VW-Gesetz mithilfe der EU-Wettbewerbshüter in Brüssel kippen zu können. Die einmalige Konstruktion war Brüssel in der Tat ein Dorn im Auge. Zweifellos ist sie fragwürdig und letztlich anachronistisch, politisch jedoch war es die Aufgabe des Ministerpräsidenten, seinem Land diesen Einfluss zu sichern. Wulff schaffte es, innerhalb kürzester Zeit ein neues VW-Gesetz durch den Bundestag zu schleusen, das im November 2008 verabschiedet wurde und dem Land Niedersachsen sein Vetorecht erhielt. Porsche hatte das Nachsehen. Am Ende wurde der Sportwagenhersteller von Volkswagen übernommen.

Bundespolitisch blieb Wulff in vielerlei Hinsicht aber ein unbeschriebenes Blatt, obwohl er als niedersächsischer Ministerpräsident einer von vier stellvertretenden Parteivorsitzenden der CDU war. Dass viele sich im Juni 2010 fragen, warum nun gerade Christian Wulff Bundespräsident werden soll, hat auch damit zu tun, dass er kein bundespolitisches Profil hat. Positiv formuliert würde man sagen, dass Wulff thematisch sehr breit aufgestellt war, die negative Formel sieht so aus: Man verband kein Thema mit ihm. Seiner Popularität tat das keinen Abbruch, denn zur Zeit der Großen Koalition rückt Wulff zwischenzeitlich zum beliebtesten Politiker Deutschlands auf. Gleichzeitig gilt er bis zu seiner Wahl zum Bundespräsidenten als CDU-interner Widersacher von Angela Merkel. Wie Roland Koch, Franz-Josef Jung, Friedrich Merz, Matthias Wissmann oder Günther Oettinger gehört Wulff dem sogenannten Andenpakt an, einer mächtigen Seilschaft von Männern in der CDU, von denen Einzelne immer wieder als potenzielle Konkurrenten der Kanzlerin gehandelt wurden. Im Juni 2010 wird deshalb gemutmaßt, Merkel wolle Wulff zum Bundespräsidenten machen, um auf diese Weise den letzten ernst zu nehmenden innerparteilichen Kontrahenten kaltzustellen, nachdem Merz, Oettinger und Koch bereits entweder ausgeschieden oder „wegbefördert" worden waren.

Im Unterschied zu Merz und Koch war das Verhältnis zwischen Wulff und Merkel jedoch nie von offener Konkurrenz geprägt. Im Gegenteil: Wulff war zwar dafür bekannt, in Hintergrundgesprächen mit Journalisten gelegentlich über Merkel zu lästern, doch als es für Merkel darauf ankam, hielt er zu ihr: Als Wolfgang Schäuble im Februar 2000 im Zuge der CDU-Spendenaffäre als Parteichef zurücktrat, war Wulff der Erste, der sich mit seinem Landesverband für die damalige Generalsekretärin Merkel als neue Parteichefin aussprach und damit die Linie vorgab. Wulff als Konkurrent von Merkel war vor allem eine Inszenierung der Medien, auch wenn sie ihm geschmeichelt haben dürfte. Die Kanzlerschaft aber hat Wulff nie gezielt angestrebt. In einem Interview mit dem *Stern* sagte er im Sommer 2008, anders als Angela Merkel oder Franz Müntefering sei er kein „Alphatier".

Bundeskanzler oder Bundesminister zu werden, reize ihn nicht. „Mir fehlt der unbedingte Wille zur Macht und die Bereitschaft, dem alles unterzuordnen." Das wird ihm seinerzeit vor allem als Koketterie ausgelegt, vermutlich war es das auch, im Kern stimmte die Äußerung aber. Zwar besaß Wulff in Hannover zweifellos einen Willen zur Macht, den er, wenn es darauf ankam, auch eingesetzt hat, dennoch fehlte ihm das letzte Stück Selbstvertrauen, um Kanzler werden zu wollen. Im Kern blieb er immer ein Zauderer und Zweifler – ein Charakterzug, der auch in seiner Amtszeit als Bundespräsident sichtbar werden sollte.

Der Präsidentenflüsterer

Als Olaf Glaeseker mit Christian Wulff nach Berlin kommt, geht ihm ein Ruf wie Donnerhall voraus. „Mephistopheles" wird Glaeseker in Hannover ab und zu genannt, was vor allem an seinem kahlen Schädel und den dunklen Anzügen liegt, die er meist trägt, aber auch daran, dass das, was er seinem Chef einflüstert, Gewicht hat. Glaeseker ist der wohl wichtigste Vertraute aus Hannover, den Wulff mit nach Berlin nimmt, mehr noch als Lothar Hagebölling, der Chef der Staatskanzlei, den der neue Bundespräsident in Berlin zum Chef des Präsidialamts macht. Glaeseker ist Wulffs Kompass in der Medienwelt. Die Hauptstadtpresse ist im Sommer 2010 gespannt auf den neuen Präsidentensprecher, der sich in Hannover als Regierungssprecher einen legendären Ruf erworben hat. Die *Süddeutsche Zeitung* bezeichnet Glaeseker seinerzeit als den „Erfinder" von Christian Wulffs Image und den „Macher" des Präsidenten. In Hannover gelten die beiden als unzertrennlich.

Allerdings ist das Verhältnis zwischen Wulff und Glaeseker keinesfalls spannungsfrei. Zwischen den beiden kommt es in Hannover immer wieder zu heftigen Auseinandersetzungen. Wulff ist häufig wütend über die offene Art, mit der sein Sprecher ihn intern immer wieder kritisiert. Zwar folgt er am Ende meist doch Glaesekers Rat, aber beide haben ein unterschiedliches Verständnis von der Natur ihrer Zusammenarbeit. „Für Wulff war das kein Verhältnis auf Augenhöhe", erinnert sich ein ehemaliger Mitarbeiter der Staatskanzlei, doch Glaeseker nimmt für sich in Anspruch, mit seinem Chef Klartext zu reden. So hält Glaeseker auch nicht mit Kritik hinter dem Berg, als es zum Bruch in Wulffs Familienleben kommt: Für das Image des katholischen Ministerpräsidenten mit CDU-Parteibuch bedeutet die Trennung von Frau und Tochter und schließlich die neue Beziehung zu einer deutlich jüngeren Frau, die dazu bereits ein eigenes Kind hat, eine Belastung. Und für Glaeseker bedeutet sie Arbeit. Es gilt als sein Meisterstück in Hannover, wie er diesen Bruch öffentlich zu inszenieren versteht, ohne dass Wulffs Ansehen dabei nennenswerten Schaden nimmt. Glaeseker sorgt für eine wohlwollende mediale Begleitung der Trennung und gelungene Inszenierung der neuen Beziehung vor allem mithilfe der *Bild*-Zeitung.

Doch als Bettina Körner schwanger wird, kurz bevor in Niedersachsen im Januar 2008 der Landtag neu gewählt wird und bekannt wird, dass Wulff sich scheiden lassen will, um Bettina zu heiraten, kommt es zu einer schweren Auseinandersetzung zwischen Wulff und Glaeseker. Der Sprecher wirft dem Regierungschef vor, dadurch den Wahlsieg aufs Spiel zu setzen. Der Streit führt zu einer nachhaltigen Verstimmung zwischen den beiden, die das Verhältnis verändert: Wulff entscheidet sich, fortan Privates für sich zu behalten. So erfährt Glaeseker nichts von dem Privatkredit, den Wulff aufnimmt, um für seine neue Familie ein Haus zu kaufen. Schon von den Flitterwochen, die Christian und Bettina Wulff nach ihrer Hochzeit 2008 als Gäste im Hause des Talanx-Aufsichtsratschefs Wolf-Dieter Baumgartl in Italien verbringen, erfährt Glaeseker nichts. Genauso wenig sagt Wulff ihm nach seiner Wahl zum Bundespräsidenten, dass er mit seiner Familie auf Mallorca Urlaub in einem Anwesen von Carsten Maschmeyer macht.

Dennoch weiß Wulff, was er an Glaeseker hat. Wulff ist immer wieder begeistert von Glaesekers PR-Ideen, wenn es darum geht, den Ministerpräsidenten wirkungsvoll in Szene zu setzen. Als Lena Meyer-

Landrut aus Hannover 2010 den Eurovision Song Contest in Oslo gewinnt, ist es Glaeseker, der dafür sorgt, dass ihre Maschine zuerst in Hannover landet, damit Wulff sie als Ministerpräsident mit einem Blumenstrauß in Empfang nehmen kann. Lena Meyer-Landruts Ankunft am Flughafen in Hannover wird live im Fernsehen übertragen. Allerdings gibt es durchaus den einen oder anderen in der Staatskanzlei, der Zweifel daran hat, ob die vielen „Showelemente" im Terminkalender des Ministerpräsidenten für dessen politisches Profil von Vorteil sind.

* * *

In Berlin bekommt Glaeseker von den Medien respektvoll das Etikett „Präsidentenflüsterer". Gemeinsam beschließen die Wulffs, Glaeseker und Hagebölling, von der Leine an die Spree umzuziehen. Allerdings ziehen nur die Wulffs tatsächlich nach Berlin, Glaeseker und Hagebölling fahren jedes Wochenende nach Niedersachsen. Im Unterschied zu Lothar Hagebölling allerdings, der vom Chef der Staatskanzlei zum Chef des Präsidialamts „befördert" und als solcher ranghöchster Staatssekretär in der Bundesrepublik wird, verbessert sich Glaeseker mit dem Wechsel nach Berlin nicht wirklich: Während er in Hannover als Regierungssprecher Staatssekretär war, ist dieser Status im Präsidialamt dem Chef des Hauses vorbehalten. Glaeseker hat durch den Wechsel nach Berlin eigentlich nichts gewonnen. Um zu verhindern, dass ihm finanzielle Nachteile entstehen, bekommt er eine Zulage, eine sogenannte „außertarifliche Gewinnungszulage" in Höhe von 2.100 Euro im Monat.

Dem Präsidentensprecher wird im Bellevue schließlich nachgesagt, nie wirklich in Berlin angekommen zu sein. Wer Glaeseker treffen will, verabredet sich am besten zum Mittagessen mit ihm. Er ist ein überaus verbindlicher, interessierter und aufmerksamer Gesprächspartner. Wenn Glaeseker nicht über Wulff redet, erzählt er gerne bei einem Glas Weißwein, wie das Gemüse in seinem Garten zu Hause am Steinhuder Meer gedeiht. In seiner jovialen Art sagt er auch schon mal lachend: „Mein Chef meint immer, der Job ist wie Urlaub." Im Bundespräsidialamt stellt man aber bald fest, dass der Präsidentensprecher nur selten in seinem Büro anzutreffen ist. Die vielen Reisen, die Wulff als Bundespräsident unternimmt, empfindet Glaeseker mit der Zeit eher als lästig. Wie schon in Hannover lässt Wulff ihm auch in Berlin den Spielraum, den er haben will. „Olaf war immer das frei schwebende Teil", erinnert sich ein langjähriger Mitarbeiter von Wulff in Hannover. So ist es auch in Berlin.

Doch Glaeseker fremdelt mit dem präsidialen Apparat und der Apparat mit dem Sprecher, der sich immer den Journalisten in sich erhalten hat. Das war jahrelang zweifellos auch Teil des Erfolgsrezepts, in die Welt des Präsidialamts passt es jedoch nicht. Für einen „Spin Doctor" wie ihn bietet der neue Job seines Chefs nicht allzu viele Entfaltungsmöglichkeiten. Zur Pressestelle des Bundespräsidialamts bekommt Glaeseker keinen richtigen Draht, die exakte Planung von Terminen, Pressebegegnungen sowie die langfristige und wohldosierte Platzierung von Interviews für den Bundespräsidenten langweilen ihn. Er ist kein Planer, Glaeseker hasst es, Mediapläne zu erstellen. Was in Hannover glänzend funktioniert hat, passt in Berlin nicht mehr. In Berlin ist die Öffentlichkeitsarbeit des Bundespräsidenten auf einmal aufwendig wie ein Staatsakt, das Protokoll im Bellevue gibt die Linie vor. Die neue Mannschaft aus Hannover schafft es zunächst nicht, den Schalter umzulegen. „Die haben einfach weitergemacht wie in Hannover", erinnert sich ein langjähriger Mitarbeiter des Bundespräsidialamts: „Das war ziemlich provinziell."

Ein Amt ohne Jobbeschreibung

Auf den ersten Blick könnte man meinen, Bundespräsident zu sein wäre das schönste politische Amt, das Deutschland zu vergeben hat. In gewisser Weise ist es das wohl auch, aber es ist ein ausgesprochen schwieriges Amt. Zu den schönen Seiten gehört, dass der Bundespräsident immer hohe Beliebtheitswerte hat, vermutlich deshalb, weil er nicht für unpopuläre Entscheidungen zuständig ist. Zwar redet das Staatsoberhaupt der Nation schon einmal ins Gewissen, aber mit Hartz-IV-Regelsätzen oder Steuererhöhungen hat es nichts zu tun. Im Gegenteil: Der Bundespräsident ist traditionell angehalten, sich aus dem tagespolitischen Geschäft herauszuhalten. Das ist gar nicht so einfach, denn die Zurückgezogenheit dieses Amtes passt immer weniger in eine sich immer schneller drehende Medienwelt. Schweigt der Bundespräsident, weil er es für besser hält oder den geeigneten Moment, sich zu Wort zu melden, noch abwarten will, sieht er sich schnell mit der Frage konfrontiert, was er denn überhaupt die ganze Zeit mache. Dabei füllt sich der präsidiale Terminkalender wie von selbst. Wie sehr hat allerdings vor allem damit zu tun, wie viel sich der jeweilige Amtsträger zumuten will an öffentlichen Auftritten, die man häufig machen, aber genauso gut auch lassen kann, wie die Eröffnung einer Veranstaltung oder einer öffentlichen Einrichtung. Auch wie viel Input er sich holt, durch Gespräche mit Wissenschaftlern, Kulturschaffenden, aber eben auch mit Vertretern von Wirtschaftsverbänden oder Gewerkschaften, ist ihm letztlich selbst überlassen. Die Bundespräsidenten haben das sehr unterschiedlich gehandhabt. Zu den Regelmäßigkeiten im präsidialen Alltag gehören Gespräche mit Politikern, mit den Vorsitzenden der großen Parteien oder mit Bundestagsausschüssen. Alle sechs Wochen kommt die Kanzlerin ins Bellevue, um mit dem Bundespräsidenten zu sprechen. Das Gespräch findet traditionell immer beim Bundespräsidenten statt, ob im Schloss oder gelegentlich auch in der Dienstvilla in Berlin-Dahlem, nie aber im Kanzleramt, und es ist immer streng vertraulich.

* * *

Vieles von dem, was der Bundespräsident macht, ist genauso einzigartig wie das Amt an sich. Wohl kein anderes politisches Amt in Deutschland ist in diesem Maße von formalen Zwängen, Konventionen und Ritualen geprägt wie dieses. Die Außenpolitik nimmt einen großen Raum im Alltag des Bundespräsidenten ein und an den protokollarischen

Gepflogenheiten und strengen Regeln, die im repräsentativen Teil der internationalen Politik gelten, kann kein Bundespräsident rütteln. Über die Einhaltung dieser Regeln wacht das Protokoll im Bundespräsidialamt. Vieles davon können Außenstehende, die mit dieser Welt nichts zu tun haben, nur kurios finden. Es ist ein ganz eigener Kosmos. Zu diesen Regeln gehört beispielsweise, wo der Bundespräsident Staatsgäste in Schloss Bellevue zu begrüßen und zu verabschieden hat: Handelt es sich um ein anderes Staatsoberhaupt, dann wartet er am Fuß der Treppe von Schloss Bellevue, man begrüßt sich sozusagen auf Augenhöhe. Ist der Besucher jedoch „nur" ein Regierungschef und damit rangniedriger, dann steht der Bundespräsident am oberen Ende der Treppe vor dem Portal, der Gast muss also erst die Treppe heraufkommen. Ein Minister schließlich wird nicht draußen, sondern innerhalb des Schlosses begrüßt. Auch die Dauer der Besuchszeit bemisst sich nach dem Rang des Gastes: Während für ein Gespräch mit einem anderen Staatsoberhaupt protokollarisch eine Stunde vorgesehen ist, muss ein Regierungschef mit 45 Minuten auskommen. Für Gespräche mit Besuchern im Ministerrang wird nur eine halbe Stunde veranschlagt – so will es das Protokoll. Natürlich können Gespräche länger oder kürzer dauern, doch dann bedeutet das auch etwas: Fällt eine Begegnung kürzer aus als vorgesehen, dann ist die Botschaft eindeutig – das Gespräch war frostig. Abweichungen vom Protokoll sind für politische Beobachter deshalb sehr aussagekräftig.

Das wohl eigentümlichste Ritual spielt sich ab, wenn ein neuer Botschafter aus dem Ausland dem Bundespräsidenten sein Beglaubigungsschreiben überreicht. Angesichts der Vielzahl diplomatischer Vertretungen in Deutschland gehört das zu den regelmäßigen Übungen im Terminkalender des Bundespräsidenten. Es ist ein rein formaler Akt, der jedoch sehr wichtig ist, denn erst dann hat der Diplomat sein Amt offiziell angetreten und darf sich Botschafter nennen. Dieses Ritual verlangt, dass der Wagen des neuen Botschafters bei seiner Ankunft im Ehrenhof vor dem Schloss nicht ganz bis zum Portal vorfahren darf, sondern kurz vorher am Seitenflügel anhalten muss. Den letzten Weg bis ins Schloss muss der Diplomat zu Fuß zurücklegen.

Im Schloss wird er vom Protokollchef empfangen und ins obere Stockwerk geführt, wo der Bundespräsident im Langhanssaal wartet. Die Tür zum Saal ist jedoch geschlossen. Der Protokollchef klopft an, öffnet sie und kündigt den Diplomaten an, der daraufhin eintritt und dem Bundespräsidenten sein Beglaubigungsschreiben überreicht. Erst dann ist der neue Botschafter offiziell im Amt. In einem angrenzenden Salon findet im Anschluss ein Gespräch statt, für das 15 Minuten vorgesehen sind. Traditionell tragen der Bundespräsident und der Botschafter einen Cut, ein Kleidungsstück, das sonst weitgehend aus dem gesellschaftlichen Leben verschwunden ist. Der neue Status des Diplomaten findet protokollarisch Ausdruck: Wenn er Schloss Bellevue wieder verlässt, fährt der Wagen vor und erwartet ihn am Fuße der Treppe. Gleichzeitig wird die Fahne seines Heimatlandes vor dem Schloss hochgezogen.

In mancherlei Hinsicht endet die Macht des Bundespräsidenten dort, wo das Protokoll zuständig ist. Abweichungen von den Regeln, über die das Protokoll wacht, sind ausgesprochen selten und nur mit großer Mühe durchzusetzen – auch für ein Staatsoberhaupt. Will der Bundespräsident das Gespräch mit einem Staatsgast bei schönem Wetter nicht im Schloss, sondern draußen im Präsidentengarten führen, dann muss er beharrlich insistieren. Seine ganze Pracht entfaltet das Bellevue, wenn der Bundespräsident zu Ehren eines Staatsgastes zum Staatsbankett lädt. Im Sommer tritt das Wachbataillon der Bundeswehr im Ehrenhof vor dem Schlossportal an, im Großen Saal im ersten Stock werden die Tische prachtvoll eingedeckt mit Porzellan, das der goldene Adler des Bundespräsidenten ziert. Ein Heer von Kellnern mit weißen Handschuhen bedient die bis zu 150 Gäste. Bei Staatsbanketten dieser Größe übernimmt meist ein Sternekoch aus einem Berliner Nobelhotel das Regiment in der Küche des Bellevue. Alles wird liebevoll bis ins kleinste Detail geplant: So wird der Blumenschmuck im Schloss farblich den Nationalfarben des Gastlandes angepasst, als Zeichen der Aufmerksamkeit für den Staatsgast.

Zwar ist all das noch ein gutes Stück entfernt von den Zwängen und Ritualen eines monarchischen Hofprotokolls, dennoch ist es nah daran, und zwar nicht nur, wenn Staatsgäste im Schloss empfangen werden. Wenn der Bundespräsident durch die Säle von Schloss Bellevue schreitet, ist immer dafür gesorgt, dass ein dienstbarer Geist die Türen öffnet. Ist er im Lande, dann weht auf dem Dach von Schloss Bellevue die Standarte, ein schwarzer Adler auf goldenem Grund mit roter Umrahmung, befindet er sich im Ausland, wird sie eingeholt. Letztlich verkörpert der Bundespräsident das letzte bisschen Monarchie, was sich Deutschland erhalten hat.

* * *

Schloss Bellevue, der erste Amtssitz des Bundespräsidenten, befindet sich im Berliner Tiergarten. Bis heute hat auch die Villa Hammerschmidt in Bonn noch den Status einer Präsidentenresidenz, doch verbringt der Bundespräsident hier nur wenige Tage im Jahr. Schloss Bellevue ist, verglichen mit den Residenzen gekrönter europäischer Häupter, bescheiden. Es hat ein Hauptgebäude und zwei Seitenflügel, die zusammen zur Straße hin ein „U" bilden, das den sogenannten Ehrenhof einrahmt. Das Schloss wurde Ende des 18. Jahrhunderts für den preußischen Prinzen Ferdinand, den jüngeren Bruder von Friedrich dem Großen, gebaut und war ein Wohnschloss. Die Bundespräsidenten haben es jedoch überwiegend nicht zum Wohnen genutzt, mit Ausnahme von Roman Herzog, der als Einziger in seiner Amtszeit im Bellevue gewohnt hat. Am Ende hatte er jedoch die Nase voll. Herzog soll seinem Nachfolger Johannes Rau dringend abgeraten haben, ins Schloss einzuziehen: „Warm Wasser haben Sie nie, kalt Wasser manchmal, Abwasser immer", soll der scheidende dem neuen Bundespräsidenten gesagt haben. Alle anderen „Berliner" Bundespräsidenten entscheiden sich dafür, in einer Dienstvilla zu wohnen. Bei Köhler und Wulff ist es ein Haus in der Pücklerstraße in Berlin-Dahlem.

Da das Bellevue als Wohn- und nicht als Lustschloss konzipiert war, verfügt es über wenige große Säle, die sich für aufwendige gesellschaftliche Ereignisse eignen. Der Große Saal im oberen Teil des Hauptgebäudes, in dem Staatsbankette stattfinden und die Mitglieder

der Bundesregierung ernannt oder entlassen werden, ist erst bei der Rekonstruktion des Schlosses in den 1950er-Jahren entstanden, indem mehrere Räume zusammengelegt wurden. Ursprünglich hat es ihn nicht gegeben. Den Saal schmücken zwei moderne Wandgestaltungen von gewaltiger Größe in relativ schrillen Farben, sogenannte „Kissenbilder" des Künstlers Gotthard Graubner, die Richard von Weizsäcker in Auftrag gegeben hat und die vor Ort entstanden sind. Das gesellschaftliche Leben im ursprünglichen Schloss fand im Langhanssaal statt, der sich ebenfalls im Obergeschoss des Schlosses befindet. Die Akustik ist dort jedoch so schlecht, dass er sich für gesellschaftliche Anlässe, bei denen Reden gehalten werden, nur bedingt eignet. Kleinere Essen im Schloss finden häufig im Schinkelsaal statt, der an den Großen Saal angrenzt und deutlich kleiner und intimer ist. Schloss Bellevue wurde im Krieg fast vollständig zerstört. Die Salons I und II im Obergeschoss wurden im Unterschied zum übrigen Teil des Gebäudes, wo der Originalzustand wiederhergestellt wurde, im Stil der 1950er-Jahre restauriert und stehen unter Denkmalschutz. Das Amtszimmer des Bundespräsidenten befindet sich im Erdgeschoss auf der Rückseite des Schlosses mit Blick auf den Park. Hier empfängt der Bundespräsident die meisten Gesprächspartner, hier steht auch der offizielle Präsidentenschreibtisch mit der Standarte daneben. Das eigentliche Arbeitszimmer des Bundespräsidenten liegt jedoch neben dem Amtszimmer – Besucher haben hier in der Regel keinen Zutritt.

**

Während der Verwaltungsapparat des Bundespräsidenten, das Bundespräsidialamt, in einem anderen Gebäude etwa 150 Meter vom Schloss entfernt untergebracht ist, sitzen die Mitarbeiter seines Persönlichen Büros mit dem Staatsoberhaupt im Schloss. Sie verwalten den Terminkalender des Bundespräsidenten, organisieren seinen Alltag, arbeiten ihm direkt zu und sind ständig in seiner unmittelbaren Nähe. Im „PB" laufen alle Fäden zusammen. Spricht man über den Bundespräsidenten, ist meist nur von „0-1" die Rede, in Anlehnung an das Kennzeichen der Präsidentenlimousine. Zwischen Schloss und Bundespräsidialamt gibt es eine gewisse Atmosphäre des „Die da drüben". Das Präsidialamt ist allein schon räumlich deutlich weiter weg vom Bundespräsidenten als das Persönliche Büro, auch wenn die Distanz bequem innerhalb weniger Minuten zu Fuß zurückgelegt werden kann. Doch es gibt keinen unterirdischen Verbindungsgang, sodass der Weg unabhängig von den Witterungsverhältnissen unter freiem Himmel zurückgelegt werden muss. Es kommt vor, dass die Mitarbeiter in den einzelnen Referaten des Präsidialamts das Staatsoberhaupt wochenlang nicht zu sehen bekommen oder nur in der Kantine des Präsidialamts, die von den Bundespräsidenten jedoch in unterschiedlichem Maße genutzt wird.

Im Präsidialamt arbeiten rund 175 Mitarbeiter, die in einem modernen, ovalen Bau mit einer Fassade aus schwarz-polierten Steinen untergebracht sind. Innen herrscht eine elegante, weiße, aber auch kühle Atmosphäre, die nicht jedem Mitarbeiter gefällt. An der Längsseite im Erdgeschoss gegenüber dem Eingang sind Büsten der ehemaligen Bundespräsidenten ins Mauerwerk eingelassen. Im Präsidialamt spiegeln sich die Aufgaben des Bundespräsidenten in den einzelnen Abteilungen wider: Die mit Abstand größte ist die Abteilung für Zentrale Angelegenheiten, wo unter anderem die Liegenschaften verwaltet werden, zu der aber auch die Juristen gehören, die die Gesetze prüfen, die Bundestag und Bundesrat verabschiedet haben, die Abteilung Innenpolitik, die dem Bundespräsidenten zu allen Themen und Terminen innerhalb Deutschlands zuarbeitet, und schließlich die Abteilung Außenpolitik für alle Fragen der internationalen Politik. Auch die Pressestelle, bestehend aus fünf Mitarbeitern, ist hier untergebracht.

Chef des Bundespräsidialamtes ist ein Staatssekretär, der sein Büro ebenfalls im Präsidialamtsgebäude hat. Christian Wulff macht Lothar Hagebölling, den Chef seiner Staatskanzlei in Hannover, zum Leiter des Bundespräsidialamtes. Hagebölling ist wie Wulff Jurist und der Prototyp des loyalen, preußischen Beamten. In der zweiten Hälfte der

1980er-Jahre war er persönlicher Referent und Büroleiter des niedersächsischen Ministerpräsidenten Ernst Albrecht. Unter Gerhard Schröder hatte er einen Posten im niedersächsischen Finanzministerium, wurde dort 2003 mit dem Beginn der schwarz-gelben Landesregierung unter Wulff Staatssekretär und übernahm dann im Jahre 2006 die Leitung der Staatskanzlei in Hannover. Auf Hagebölling wartet im Sommer 2010 keine leichte Aufgabe. Den Mitarbeitern steckt noch der Schock von Horst Köhlers Rücktritt in den Gliedern. Seit Monaten gärt es außerdem im Amt: Im Herbst 2009 trat Gert Haller, Köhlers langjähriger Amtschef, völlig überraschend wegen einer schweren Erkrankung von seinem Posten zurück. Haller war Köhlers engster Vertrauter, sein Korrektiv und dazu ein Behördenchef, der von den Mitarbeitern des Amtes akzeptiert, von vielen sogar regelrecht verehrt wurde. Schon ein halbes Jahr später verstarb Haller.

Neuer Amtschef wurde der Leiter der Abteilung Innenpolitik, Hans-Jürgen Wolff. Wolff entpuppte sich als Fehlbesetzung, er führte sich auf wie die Axt im Walde. Das bekam vor allem der Präsidentensprecher, Martin Kothé, zu spüren. Spätestens als Kothé sich frustriert verabschiedete, wurde offensichtlich, dass es im Bundespräsidialamt schwerwiegende Probleme gab. Kothé blieb nicht der Einzige, der sein Heil in der Flucht suchte. Der Bundespräsident mischte sich nicht ein, Köhler ließ seinen Amtschef gewähren. Als Köhler zurücktrat, war das Präsidialamt eine Großbaustelle, das Amt brauchte einen Neuanfang. Es gehört zu den Verdiensten von Lothar Hagebölling, dass ihm dieser Neuanfang innerhalb kurzer Zeit gelingt.

* * *

Nach dem Rücktritt von Horst Köhler sowie auch zwei Jahre später, als Christian Wulff zurücktritt, wird in den Medien und auch vereinzelt im Bundestag die Frage aufgeworfen, ob das Amt überhaupt gebraucht wird. Über die Leichtfertigkeit, mit der über Sein oder Nichtsein eines bewährten Verfassungsorgans sinniert wird, kann man sich nur wundern. Das gilt auch für die Überlegung, den Bundespräsidenten direkt von der Bevölkerung wählen zu lassen. Derlei Gedankenspiele lassen völlig außer Acht, dass sich die Statik der Verfassung damit grundlegend ändern würde. Ein direkt gewählter Bundespräsident besäße die höchste demokratische Legitimation, da er der einzige politische Amtsträger wäre, der durch eine Direktwahl ins Amt käme. Nicht einmal der Bundeskanzler wird direkt gewählt. Dass ein Bundespräsident aus dieser Tatsache eine völlig andere Rolle als bisher ableiten könnte, liegt auf der Hand. Letztlich würde eine Direktwahl ihm eine ähnliche Legitimation verleihen, wie sie der Reichspräsident in der Weimarer Republik hatte. Die Väter und Mütter des Grundgesetzes haben sich bewusst für einen weitgehend auf repräsentative Aufgaben beschränkten Bundespräsidenten entschieden. Die Machtbalance zwischen den Verfassungsorganen ist fein austariert und hat sich in der Geschichte der Bundesrepublik bewährt. Ein Organ zu entfernen oder grundlegend zu verändern, würde diese Balance mit einiger Sicherheit stören.

Die politische Bedeutung des Bundespräsidenten ist eher gering. Gerne wird er als Staatsnotar bezeichnet, da die „Ausfertigung" von Gesetzen, die Bundestag und gegebenenfalls Bundesrat beschlossen haben, zu seinen Aufgaben gehört. Er prüft Gesetze dahin gehend, ob sie verfassungsmäßig zustande gekommen sind, bevor er sie unterschreibt. Das ist kein Automatismus: Vereinzelt kommt es vor, dass Bundespräsidenten ihre Unterschrift verweigern, doch können sie das nur aufgrund von verfassungsmäßigen Bedenken tun und nicht, weil sie inhaltlich mit einem Gesetz nicht übereinstimmen. Auch die Ernennung und Entlassung des Bundeskanzlers sowie – auf seinen Vorschlag – auch der Mitglieder der Bundesregierung gehört zu den Aufgaben des Bundespräsidenten, doch bestimmen sie naturgemäß nicht seinen Alltag. Es handelt sich vielmehr um formelle Akte, die der Bundespräsident nicht verweigern kann. Letztlich hat er einen Minister zu entlassen, wenn der Kanzler es so entschieden hat. In ganz seltenen Fällen sieht das Grundgesetz vor, dass der Bundespräsident wirkliche politische Bedeutung und Entscheidungsspielraum hat: dann nämlich, wenn er über die vorzeitige Auflösung des Bundestages zu entscheiden hat. So kann er den Bundestag auflösen, wenn bei der Wahl eines Kanzlers selbst im dritten Wahlgang keine absolute Mehrheit zustande kommt, was in der Geschichte der Bundesrepublik noch nie der Fall war. Auch wenn der Kanzler die Vertrauensfrage stellt und das Vertrauen des Bundestages nicht mehr hat, löst der Bundespräsident den Bundestag auf, um Neuwahlen herbeizuführen. Das war bisher dreimal in der Geschichte der Bundesrepublik der Fall, und in allen drei Fällen wurde die Vertrauensfrage fingiert gestellt, um die Auflösung des Bundestages bewusst herbeizuführen. Zuletzt entschied sich Gerhard Schröder 2005 für diesen Weg, um den Weg für Neuwahlen freizumachen. All das sind Ausnahmefälle unserer Demokratie, mit dem Alltag des Bundespräsidenten haben sie nichts zu tun.

* * *

Pflicht dominiert den Terminkalender des Staatsoberhaupts, Kür hingegen und seine vornehmste Aufgabe ist die große Rede. Sie findet sich nicht im Grundgesetz unter der ohnehin schmalen Aufgabenbeschreibung des Bundespräsidenten, aber sie ist dennoch das, was vor allem auch von ihm erwartet wird, sie ist sein Werkzeug, um sich politisch Gehör zu verschaffen, um Kritik zu üben oder neue Impulse und Orientierung zu geben. Das Staatsoberhaupt soll dem Land, seinen Menschen und der Politik Denkanstöße liefern, Debatten anstoßen, es soll mahnen und versöhnen. Roman Herzog wird der Satz zugeschrieben: „Da der Bundespräsident nichts zu sagen hat, muss er reden." Tut er das nicht, wird schnell gefragt, was er eigentlich macht. Allerdings verpufft die Wirkung der meisten Präsidentenreden schnell. Wenige sind wirklich in Erinnerung geblieben, wie Richard von Weizsäckers Rede zum 8. Mai 1985 oder auch die sogenannte „Ruck-Rede" von Roman Herzog. Am Ende kann ein Bundespräsident froh sein, wenn ein einzelner Satz dauerhaft mit seiner Amtszeit in Verbindung gebracht wird.

Die Erwartungen an das Amt sind also meist gewaltig, die Amtszeit früherer Bundespräsidenten wird oft verklärt, so wenig auch in

Erinnerung geblieben sein mag. Auf einen neuen Bundespräsidenten wartet keine tagespolitische Herausforderung, anders als bei einem Regierungschef. Eine Präsidentschaft ist kein Selbstläufer. Ein Bundespräsident muss sich seine Themen suchen. All das macht das Amt am Ende zu einem sehr schwierigen Amt, und alle Amtsträger haben Zeit gebraucht, sich in diesem Amt zurechtzufinden, für sich die Frage zu beantworten, was sie mit diesem Amt eigentlich anfangen wollen. Christian Wulff geht es im Sommer 2010 nicht anders. Die Ausgangslage ist schwierig: das Amt an sich steht nach dem Rücktritt von Horst Köhler unter besonderer Beobachtung, Wulff übernimmt es in einer Ausnahmesituation. Hinzu kommt, dass vor allem die Medien seiner Kandidatur ablehnend begegnet sind, Wulff die Medien und weite Teile der Bevölkerung also erst davon überzeugen muss, dem Amt gewachsen zu sein. Als besonders schwierig für den neuen Bundespräsidenten erweist sich der Wechsel vom Amt des Ministerpräsidenten, in dem er einen Gestaltungsauftrag hatte, in die rein repräsentative Funktion des Bundespräsidenten. Die ersten hundert Tage zeigen, dass Wulff den Ministerpräsidenten nicht in Hannover gelassen hat.

Hundert schwierige Tage

Christian Wulff meint, seinen Job als Ministerpräsident noch bis zum letzten Tag voll ausfüllen zu müssen. Das hält ihn davon ab, sich gedanklich voll auf die neue Aufgabe zu konzentrieren. So zieht er die geplante Sommerreise, die er sich als Ministerpräsident im Juni quer durch Niedersachsen vorgenommen hat, neben all den Vorstellungsrunden, die er als Präsidentschaftskandidat in Landtagen und Bundestagsfraktionen zu absolvieren hat, wie geplant durch. Das führt dazu, dass Wulff nur eine ungefähre Idee hat, was er mit dem Amt anstellen will. Auch die kurze Rede nach der Wahl und die Antrittsrede nach der Vereidigung wenige Tage später entstehen eher nebenbei. Auf dem Höhepunkt der Krise, als Wulff *ARD* und *ZDF* Anfang Januar 2012 ein Interview gibt, beklagt er, bei seinem Amtsantritt keine „Karenzzeit" gehabt zu haben. Der Satz fliegt ihm um die Ohren, da Wulff in diesem Moment für ein schlechtes Krisenmanagement kritisiert wird und niemand hören will, dass er es von Anfang an schwer gehabt habe. Dabei hatte er in der Tat im Vergleich zu seinen Vorgängern ausgesprochen wenig Zeit, sich auf das Amt vorzubereiten. Geht die Amtszeit eines Bundespräsidenten zu Ende, der nicht zur Wiederwahl antritt, hat der absehbare Nachfolger meist mehrere Monate, um sich intensiv auf das neue Amt vorzubereiten. Wulff ist nach dem völlig unerwarteten Rücktritt Horst Köhlers einen Monat später Bundespräsident und muss seine Amtsgeschäfte in Niedersachsen übergeben. Dass er diese Zeit nicht ausschließlich dafür nutzt, sondern auch noch meint, eine Sommertour machen zu müssen, ist sein Fehler – es bleibt dennoch eine kurze Vorbereitungszeit. Zudem muss Wulff in die völlig neue Rolle des Staatsoberhaupts hineinfinden.

Wie schwierig diese Rolle auszufüllen ist, ist den meisten jedoch nicht bewusst. Allerdings wird gerade in einer Ausnahmesituation, wie sie nach Köhlers Rücktritt besteht, erwartet, dass derjenige, der sich bereit erklärt, das Amt zu übernehmen, sich diese Aufgabe auch zutraut und sie auszufüllen versteht. Insofern musste Wulff im Sommer 2010 klar sein, dass er die von ihm in dem Fernsehinterview angesprochene „Karenzzeit" nicht haben würde. Umso mehr, als der überwiegende Teil der Medien ihn als Bundespräsident nicht wollte, er also im Gegenteil unter besonderem Zugzwang stand. Der Druck war dabei durchaus unverhältnismäßig: Bei Wulff wurde nach drei Monaten im Amt bereits gefragt, ob da noch etwas komme, andere Bundespräsidenten konnten ein halbes Jahr im Amt sein, ohne dass diese Frage gestellt wurde.

Der Umzug der Familie mit kleinen Kindern bedeutet zunächst einmal eine Menge Aufwand. Die Wulffs verlagern ihren Hauptwohnsitz von Großburgwedel nach Berlin, behalten aber ihr Einfamilienhaus. In Berlin bezieht die Familie die große, repräsentative Dienstvilla des Bundespräsidenten in der Pücklerstraße in Dahlem. Das Leben darin ist speziell. Im Erdgeschoss sitzen Beamte des Bundeskriminalamts und beobachten das Geschehen rund um das Anwesen auf Bildschirmen. Die Fenster dürfen aus Sicherheitsgründen nicht geöffnet werden, sobald der Bundespräsident im Haus ist. Horst Köhler war 2004 der erste Bundespräsident, der hier einzog, als Nachmieter von Gerhard Schröder, der die Villa als Dienstwohnung nutzte, bevor er in die Einliegerwohnung im Kanzleramt zog. Seit Roman Herzog wohnte kein Bundespräsident mehr im Bellevue und auch für die Wulffs kommt ein Leben im Schloss nicht infrage. Die Dienstvilla in der Pücklerstraße ist knapp hundert Jahre alt, im Sommer 2010 steht eine aufwendige Renovierung an. Das Dach ist undicht und die Privatwohnung für das Staatsoberhaupt im ersten Stock alles andere als kinderfreundlich. Dementsprechend dauert es einige Zeit, bis das Haus renoviert und umgebaut ist und die Wulffs mit ihren beiden Kindern, dem siebenjährigen Leander aus Bettina Wulffs erster Ehe, und ihrem gemeinsamen Sohn, dem zwei Jahre alten Linus, einziehen können. Wulffs Tochter Annalena, sie ist 17 Jahre alt und wohnt in Osnabrück bei ihrer Mutter, bekommt ein Zimmer unterm Dach. Erst im Januar 2011 ist es so weit. Christian Wulff übernachtet bis dahin gelegentlich im Schloss oder pendelt nach Hannover.

* * *

Die ersten hundert Tage im Amt galten früher einmal als Schonzeit für jemanden, der sich in seiner neuen Aufgabe erst orientieren muss. Davon kann heute keine Rede mehr sein. Mittlerweile werden in den Medien 100-Tage-Bilanzen gezogen, in denen es eher darum geht, was bereits erreicht wurde. Bei Wulff geht es nach der kritischen Haltung der Medien zu seiner Kandidatur zunächst vor allem um die Frage, ob er dem Amt gewachsen ist. Wulff lässt sich in seinen ersten hundert Tagen im Amt zwei Mal auf das Glatteis der Tagespolitik locken, auf das er sich als Bundespräsident besser nicht begibt. Wulffs tagespolitische Fettnäpfe heißen Adolf Sauerland und Thilo Sarrazin.

Zunächst erwischt er jedoch noch einen anderen: Carsten Maschmeyer. Nach den Strapazen rund um die Bundespräsidentenwahl gönnt sich Familie Wulff vom 15. bis 26. Juli einen Urlaubsaufenthalt auf Mallorca. Die Wulffs entscheiden sich für eine Villa, die Carsten Maschmeyer gehört. Zwar bezahlt der frisch gebackene Bundespräsident für den Aufenthalt auf Mallorca, dennoch schlägt die Wahl der Herberge Wellen in den Medien. Auch im politischen Betrieb der Hauptstadt ruft sie Kopfschütteln hervor. Wulff macht sich damit angreifbar, erweckt er doch den Eindruck mangelnder Distanz zu einem prominenten Unternehmer mit ausgesprochen schlechtem Ruf. Manch einem in der Union, der Wulff in der Bundesversammlung nur mit wenig Begeisterung gewählt hat, ist nicht zuletzt seine Freundschaft zu Maschmeyer ein Dorn im Auge. Es sind jedoch vor allem die Medien, die Wulff kritisieren, so der *Spiegel*, der die Reise „anrüchig" findet. Die Politik hat kein Interesse daran, den gerade erst gewählten Bundespräsidenten in Bedrängnis zu bringen. Dennoch ist man auch in der Union intern entsetzt über die Instinktlosigkeit des neuen Staatsoberhaupts. Zu denen, die Wulff verteidigen, gehört Ex-Kanzler Gerhard Schröder, der selbst mit Maschmeyer befreundet ist. In einem Interview mit der *Welt am Sonntag* nennt Schröder es vermessen, dass man Wulff nun „einen Strick daraus zu drehen versucht, und irgendwas von Einflussnahmen und gefährlicher Nähe schreibt". Schröder weiter: „Als würde Christian Wulff irgendein Gesetz, das der Bundestag durchgewunken hat, nicht abzeichnen, nur weil er in Maschmeyers Villa einen Urlaub verbracht hat, für den er ja sogar bezahlt hat. Überhaupt finde ich es wirklich kleinkariert, wie man gegenwärtig mit dem Bundespräsidenten umgeht."

Nach dem schrecklichen Unglück bei der Love-Parade in Duisburg am 24. Juli 2010, bei dem 21 Menschen zu Tode kamen, beendet Wulff seinen Mallorca-Urlaub frühzeitig, um an der Trauerfeier in Duisburg teilnehmen zu können. Duisburgs Oberbürgermeister Adolf Sauerland sieht sich seit der Tragödie mit Rücktrittsforderungen konfrontiert, weigert sich aber, mit seinem Rücktritt die politische Verantwortung für die Katastrophe zu übernehmen. Darauf angesprochen, sagt Wulff in einem Interview mit der *Bild am Sonntag*: „Zwar hat jeder als unschuldig zu gelten, dessen Schuld nicht erwiesen ist. Doch unabhängig von konkreter persönlicher Schuld gibt es auch eine politische Verantwortung. Das alles wird der Oberbürgermeister genau abwägen müssen." Die Worte des Bundespräsidenten werden als indirekte Rücktrittsaufforderung verstanden. Dem Ministerpräsidenten Wulff hätte man das zugestanden, dem Bundespräsidenten hingegen wird die Einmischung zu Recht vorgeworfen.

* * *

Anfang September kommt das Ehepaar Wulff nach Dresden, als der Bundespräsident dem Freistaat Sachsen seinen Antrittsbesuch abstattet. Ein Reporter des Nachrichtensenders *N24* nutzt die Gunst der Stunde und bittet Wulff um eine Äußerung zum Fall Sarrazin. Thilo Sarrazin hat mit seinem Buch „Deutschland schafft sich ab" einen Sturm der Entrüstung ausgelöst, vor allem, weil er sich mit seinen Aussagen über angeblich genetisch minderwertige Migranten in gefährliche Nähe von Rassetheorien begeben hatte. Die Bundesbank prüft deshalb, ob sie ihr Vorstandsmitglied Sarrazin entlassen kann. „Ich glaube, dass jetzt der Vorstand der Bundesbank schon einiges tun kann, damit die Diskussion Deutschland nicht schadet – vor allem auch international", sagt Wulff dem Fernsehreporter in Dresden. Präsidentensprecher Olaf Glaeseker steht hinter Wulff, als dieser den O-Ton spendet, und blickt betreten zu Boden. Wulff tappt in eine Falle: Die Bemerkung gibt der Bundesbank und der Öffentlichkeit einen ziemlich deutlichen Hinweis, was der Bundespräsident von der Bundesbank erwartet – nämlich, dass sie Sarrazin in den Ruhestand versetzen soll. Das allerdings ist mit der Unabhängigkeit der Bundesbank nur schwer in Einklang zu bringen, umso mehr, als der Bundespräsident einen möglichen Rausschmiss Sarrazins aus dem Bundesbank-Vorstand anschließend neutral zu prüfen hat. Die Äußerung fällt Wulff voll auf die Füße. Als Erster meldet sich Berlins Innensenator Ehrhart Körting (SPD) zu Wort und spricht nach dem Skandal um Sarrazin von einem „zweiten Skandal". Auch in der CDU gehen einige auf Distanz zu Wulff. Die Politik dürfe keinesfalls Druck auf den Vorstand der Bundesbank ausüben, „um bestimmte Entscheidungen herbeizuführen", meint etwa der CDU-Finanzexperte Leo Dautzenberg.

Kurz danach gibt Bundesbankchef Axel Weber bekannt, Sarrazin entlassen zu wollen, und der Bundespräsident bekommt den Antrag auf den Tisch. Die Sache ist brisant und ein Novum in der Geschichte der Bundesbank. Wulff bittet zunächst die Bundesregierung um eine Stellungnahme. Im Bundespräsidialamt ist man entschlossen, die Angelegenheit schnell zu einem Abschluss zu bringen mit dem Ziel, dass Sarrazin anschließend nicht den Rechtsweg beschreitet. Der Ausgang eines solchen Verfahrens wäre völlig unkalkulierbar. Am 8. September 2010 setzen sich drei Beamte des Bundespräsidialamtes mit Sarrazins Anwalt Stefan Eiden an einen Tisch und handeln die Bedingungen für die Entlassung aus. Am Tag darauf werden die Verhandlungen mit einem Vertreter der Bundesbank fortgesetzt, allerdings ist der Deal zu diesem Zeitpunkt schon unter Dach und Fach. Sarrazin bekommt dieselbe Pension zugesprochen, auf die er Anspruch gehabt hätte, schiede er regulär aus dem Vorstand der Bundesbank aus.

Dass das Bundespräsidialamt nicht nur vermittelt, sondern die Verhandlungen mit Sarrazin führt, sickert an die Medien durch und löst neue Empörung aus. Für den Bundespräsidenten hingegen steht im Vordergrund, dass die Affäre Sarrazin schnell abgeräumt wird und es nicht zu einer juristischen Auseinandersetzung um die Entlassung Sarrazins kommt. Wulff zieht die Verhandlungen um Sarrazins Ausscheiden aus dem Bundesbank-Vorstand an sich. Die Kritik, er habe damit eine Rolle eingenommen, die ihm nicht zustehe, berührt ihn nicht. In gewisser Hinsicht handelt Wulff auch hier so, wie er es als Ministerpräsident getan hätte. Für ihn steht das Ergebnis im Vordergrund, er will den Wirbel um Sarrazin beenden. Nicht zuletzt darum geht es ihm auch am 3. Oktober 2010, als Wulff mit seiner Rede zum Tag der deutschen Einheit die durch Sarrazins Buch entflammte, unselige Debatte über die Migranten in Deutschland in eine neue Richtung lenkt.

Ein neuer Stil im Bellevue

Am Nachmittag des 11. Oktober startet ein Airbus der Luftwaffe mit dem Bundespräsidenten und seiner Frau Richtung Moskau. Den Staatsbesuch in Russland hat Wulff von seinem Vorgänger Horst Köhler „geerbt". Die Wulffs werden von einer großen Delegation begleitet, darunter eine Wirtschaftsdelegation und acht mitreisende Journalisten aus Berlin. Bis dahin hat Christian Wulff eine Reihe von kurzen Antrittsbesuchen im benachbarten europäischen Ausland hinter sich gebracht, die Russlandreise ist jedoch die erste große Reise des neuen Bundespräsidenten. Für die Berliner Medienvertreter ist sie die erste Möglichkeit, das neue Präsidentenpaar einige Tage am Stück aus nächster Nähe zu beobachten. Die Wulffs geben sich als „Präsidentenpaar zum Anfassen": Die gesamte Delegation und alle Medienvertreter werden an Bord der Regierungsmaschine kurz nach dem Start persönlich mit Handschlag begrüßt. Nachdem Wulffs Vorgänger Horst Köhler seine Kontakte zu den Medien stets auf ein Mindestmaß beschränkt hat, sucht Christian Wulff den Kontakt zu den Journalisten, ist aufgeschlossen und verbindlich im Umgang. Der neue Bundespräsident gibt sich bodenständig, jovial und zugewandt.

Das Programm der Reise ist eng gestrickt: Zunächst geht es zum offiziellen Teil des Staatsbesuchs nach Moskau, anschließend in die Provinz zu einem Besuch in Twer, der Partnerstadt von Wulffs Heimatort Osnabrück. Die nächste Station ist St. Petersburg und zum Schluss macht der Präsident noch einen Abstecher nach Uljanowsk. Besuche in der Provinz gehören zu einem „runden" Staatsbesuch dazu. Auf allen Stationen der Reise sind zahlreiche Begegnungen mit verschiedensten Gesprächspartnern vorgesehen. Neben politischen Gesprächen im Kreml steht in Twer ein Besuch bei einem Frühwarnzentrum für Waldbrände an, das mit deutscher Unterstützung aufgebaut worden ist. In Uljanowsk besucht der Bundespräsident eine Niederlassung von Fresenius. Wulff versteht sich als Bundespräsident nicht zuletzt auch als Türöffner für die deutsche Wirtschaft im Ausland. Er hat immer eine große Wirtschaftsdelegation dabei, die meist ihr eigenes Programm hat, um die Besuche zur Kontaktpflege in den Gastländern zu nutzen. Wulff gilt als gut informiert und interessiert an Details, häufig geht es auf seinen Reisen auch um die Lösung konkreter Probleme einzelner Branchen oder Unternehmen. Man kann Präsidentenreisen „gemütlicher" gestalten, als Christian Wulff das tut. Doch Wulff sucht eine aktive Rolle, er will im Ausland etwas erreichen. „Er hat immer, auf allen seinen Reisen, das Maximum an Programm gemacht, was möglich war", erinnert sich ein Diplomat im Auswärtigen Amt, der Wulff auf seinen Auslandsreisen begleitet hat.

In Moskau ist die gesamte Delegation im Ritz Carlton untergebracht, eine der Luxusherbergen in der Moskauer Innenstadt, nur einen Steinwurf entfernt vom Kreml. Gleichzeitig mit den Wulffs ist Arnold Schwarzenegger aus Kalifornien zu Gast, zu diesem Zeitpunkt noch Gouverneur des „Sunshine State" und mit einer Gruppe von amerikanischen Investoren nach Moskau gereist. Man kennt und mag sich: Im März 2009 hatte „Arni" die Computermesse CeBit in Hannover eröffnet, ein halbes Jahr später besuchte der niedersächsische Ministerpräsident Wulff dann den Gouverneur Schwarzenegger in Kalifornien. In Moskau kommt es zu einer weiteren Begegnung. Der Bundespräsident muss zur Kenntnis nehmen, dass die Moskauer Medien den Besuch von Arnold Schwarzenegger aufregender finden als den des deutschen Bundespräsidenten – zumindest beherrscht Schwarzenegger die Berichterstattung. Der Gast aus Deutschland sieht dagegen blass aus – in Moskau ist außerdem bekannt, dass der deutsche Präsident im Vergleich zum russischen wenig zu melden hat, man weiß, dass in Deutschland die Kanzlerin das Sagen hat.

Der Kreml zeigt dennoch, wie wichtig man den Besuch aus Deutschland nimmt, und die Wulffs werden mit viel Aufmerksamkeit vom russischen Präsidentenpaar empfangen. Fünf Stunden lang dauert die Visite im Kreml, was ungewöhnlich lang ist. Während der Bundespräsident mit dem russischen Präsidenten spricht, wird Bettina Wulff von Swetlana Medwedewa empfangen. Die unglaubliche Pracht der historischen Säle im Kreml beeindruckt den neuen Bundespräsidenten: Christian Wulff ist überwältigt. Mit dem Besuch in Moskau erschließt sich für Wulff eine neue Welt, als Bundespräsident hat er plötzlich Zugang zu den Mächtigsten der internationalen Politik, begegnet ihnen auf Augenhöhe. Der protokollarische Pomp eines Staatsbesuchs macht wohl jedem Staatsoberhaupt die Einzigartigkeit seiner Position bewusst, doch der Besuch in Russland ist für Wulff in dieser Hinsicht ein Schlüsselerlebnis. Es ist die erste Weltmacht, die er als Bundespräsident besucht, und Wulff kommt schnell auf den Geschmack: Nach dem Besuch im Kreml spricht er mit leuchtenden Augen von der Begegnung mit Medwedew, er ist regelrecht euphorisch. Das Zusammentreffen mit Putin hingegen, „unter" Medwedew Regierungschef, schildern Mitglieder der deutschen Delegation im Anschluss als kühl und unangenehm. Als Wulff das Gespräch auf die Themen Demokratie, politische Kultur, Meinungsfreiheit und Menschenrechte in Russland lenken will, habe Putin ihn abblitzen lassen. Dennoch setzt Wulff hier Akzente: Er trifft sich am zweiten Tag seines Aufenthalts in Moskau mit Vertretern der russischen Zivilgesellschaft. Die Bundestagsabgeordneten, die Wulff auf seiner Russlandreise begleiten, sind angetan vom Auftreten des neuen Bundespräsidenten und auch seiner Frau. „Die beiden machen das ganz hervorragend", sagt die Grünen-Abgeordnete und Menschenrechtsexpertin Marieluise Beck in Moskau.

* * *

Allerdings muss Wulff die Erfahrung machen, dass bei Präsidentenreisen ins Ausland zwar alles aufgeboten wird, was das protokollarische Zeremoniell zu bieten hat, sich das Interesse der Medien daheim allerdings in Grenzen hält. So wird über den Besuch im Kreml und die Begegnungen mit Medwedew und Putin kaum berichtet, während eine Russlandreise der Kanzlerin die Schlagzeilen beherrschen würde. Dass eine lächerliche Kuriosität am Rande der Reise die Medien am Ende mehr interessiert als die politischen Gespräche, die der Bundespräsident führt, ärgert ihn maßlos. Nach dem ersten, politisch und protokollarisch bedeutendsten, Tag des Besuchs ist im Presseecho im wahrsten Sinn des Wortes der Wurm drin.

Aufhänger ist eine kleine Geschichte am Rande des offiziellen Mittagessens, das für das deutsche Präsidentenpaar im prächtigen Alexandersaal des Kreml gegeben wird. Nach dem Essen behauptet der Gouverneur der Region Twer, der auch geladen ist, in seinem Salat einen Wurm entdeckt zu haben, und verbreitet ein Foto davon, das er während des Essens mit seinem Handy macht, anschließend über Twitter. Der Kreml ist verärgert, und man erzählt sich, der Gouverneur soll den Witz auf Kosten der Kreml-Küche bereut haben. Der Bundespräsident jedenfalls, der von der Geschichte auch erst im Nachhinein erfährt, muss erleben, wie die lustige Fußnote über den Wurm im Kreml-Salat ganz nach dem Geschmack der Medien ist. Es ist schließlich die neue First Lady, die das mediale Interesse noch einmal zu wecken versteht: Im weiteren Verlauf der Reise rückt die Präsidentengattin in den Fokus der Berichterstattung. Die mitgereisten deutschen Journalisten aus Berlin sind begierig auf Geschichten rund um Bettina Wulff, die sich so deutlich von ihren „Vorgängerinnen" unterscheidet, allein schon aufgrund ihres Alters.

* * *

Nach dem Besuch in Twer fährt die gesamte Delegation mit dem „Sapsan", einem Schnellzug ähnlich dem ICE in Deutschland, nach St. Petersburg. Die Zugfahrt des Bundespräsidenten soll dem Sapsan zu mehr Popularität verhelfen, schließlich handelt es sich um ein Produkt der Firma Siemens. Während der Zugfahrt spricht zunächst der Bundespräsident mit den Journalisten, setzt sich an einen der Tische mit zwei Sitzplätzen zu jeder Seite, die Journalisten nehmen ebenfalls um den Tisch Platz oder stehen in den Sitzreihen davor und dahinter. Wulff schildert seine Eindrücke von der Reise, beantwortet Fragen zu den Gesprächen, die er geführt hat. Er erzählt lebhaft und bereitwillig, man spürt, wie sehr ihm seine neue Rolle gefällt. Gelegentlich merkt man aber auch, dass er noch nicht ganz hineingefunden hat. Als es um die inhaltlichen Schwerpunkte geht, die er sich für seine Präsidentschaft gesetzt hat, fallen ihm zunächst von den drei nur zwei ein, er steht kurz auf dem Schlauch, bis ihm einer der Journalisten den dritten souffliert. „Gut, dass Sie dabei sind", sagt Wulff. Der Moment ist eher komisch als peinlich. Als Wulff sich nach einer halben Stunde wieder zurückziehen will, fragen die Journalisten ihn, ob sie nicht auch einmal mit seiner Frau sprechen könnten.

Wenig später kommt Bettina Wulff vorbei und gesellt sich dazu, setzt sich an den Tisch, an dem ihr Mann gesessen hat. Sie ist wohl die Jüngste in der Runde, die Fragen drehen sich darum, wie sie den Besuch im Kreml erlebt hat, wie sie ihre neue Rolle überhaupt empfindet und ob sie eingebunden war in die Entscheidung, nach Berlin zu gehen. „Klar war ich aufgeregt", sagt sie erfrischend offen, als sie vom Besuch im Kreml erzählt. Zu ihrer neuen Rolle lässt sie eine gewisse Distanz erkennen und räumt ein, dass sie mit dem Begriff „First Lady" nichts anfangen könne. Sie wirkt dabei selbstbewusst, aber dennoch scheu, man ahnt, dass es für eine 37-jährige Frau und Mutter kleiner Kinder eine enorme Umstellung sein muss, jetzt die Ehefrau des Staatsoberhaupts zu sein. Für ihren Mann habe sich mit dem neuen Amt viel geändert, sagt sie und fügt hinzu: „Für mich aber auch." Es wirkt dennoch so, als würde sie die Aufmerksamkeit durchaus genießen. Nach etwa einer Viertelstunde gesellt sich Christian Wulff erneut dazu und stellt sich in den Gang neben ihren Sitz. Er ist unübersehbar neugierig zu erfahren, wie das Gespräch läuft, und vielleicht auch ein wenig skeptisch, was sie möglicherweise alles erzählen könnte. Die beiden frotzeln ein wenig, wirken wie ein Paar, das sich auf Augenhöhe begegnet. Selbstbewusst sagt sie ihm, über die Schulter hinweg: „Bis jetzt bin ich eigentlich ganz gut zurechtgekommen."

Man ahnt nicht, wie wenig Bettina Wulff ihre Rolle als First Lady genießt, das zumindest ist das Bild, das sie ein halbes Jahr nach dem Rücktritt ihres Mannes vermittelt. In einem Buch, das sie im September 2012 auf den Markt bringt, erweckt sie den Eindruck, als habe sie ihre Zeit im Bellevue als Qual und die ständige öffentliche Aufmerksamkeit als Zumutung empfunden. Die erschreckende Offenheit, in der sie das bekennt, erstaunt all diejenigen, die sie als Präsidentengattin erlebt haben und in dieser Zeit eine andere Wahrnehmung hatten. Man hat durchaus den Eindruck, dass Bettina Wulff Gefallen an ihrer Rolle hat. Allerdings gibt es hin und wieder dezente Hinweise darauf, dass die First Lady die Freude, die ihr Mann an seiner neuen Rolle empfindet, nicht teilt. Gelegentlich, wenn auch nur kurz und ganz am Rande, lässt Christian Wulff durchblicken, dass seine Frau mit ihrer neuen Umgebung in der Hauptstadt fremdelt. Seine Frau tue sich mit Berlin noch ein bisschen schwer, sie vermisse ihre Familie und ihre Freunde, erwähnt der Bundespräsident einmal, als er mit Journalisten während einer Auslandsreise plaudert.

Doch auch Bettina Wulff selbst gibt gelegentlich Einblicke in ihre Gemütslage, etwa beim Bundespresseball im November 2011. Wie immer sitzen der Bundespräsident und seine Frau am Ehrentisch im Ballsaal des Hotel Intercontinental in Berlin. Der Präsident und die First Lady sind traditionell die Ehrengäste auf jedem Bundespresseball. Hier feiern sich die Hauptstadtpresse und die politische Prominenz, die Herren im Smoking, die Damen im Abendkleid. Beim Smalltalk am Rande des Ehrentisches lässt Bettina Wulff durchblicken, dass sie den Abend nicht wirklich genießt. Später soll Nena auftreten, darauf freut sie sich, aber den ganzen Abend am Tisch zu sitzen, findet sie wenig aufregend. Auch gebührt es der Respekt den anderen Gästen am Ehrentisch gegenüber, dort sitzen zu bleiben. Es scheint, als könnte sie dem Abend durchaus etwas abgewinnen, aber nicht auf diese Weise. Doch das bleiben einzelne Beobachtungen am Rande. Grundsätzlich vermittelt die Frau des Bundespräsidenten nicht den Eindruck, ihre Rolle als Martyrium zu empfinden.

Als First Lady engagiert Bettina Wulff sich vor allem für benachteiligte Kinder. Sie übernimmt die Schirmherrschaft der „Deutschen Kinder- und Jugendstiftung", hinzu kommen die Schirmherrschaften für das UN-Kinderhilfswerk UNICEF und das Müttergenesungswerk, die schon alle Präsidentenehefrauen vor ihr übernommen haben. Sie entschließt sich außerdem, die Stiftung „Eine Chance für Kinder", die sie in Niedersachsen unterstützt hat, auf Berlin auszudehnen. Die Stiftung fördert den Einsatz von Familienhebammen, die vor allem sozial schwache, oft süchtige oder auch alleinerziehende, sehr junge Mütter unterstützen.

* * *

Der neue Bundespräsident ist ein Workaholic. Nicht nur auf Reisen, auch in Deutschland absolviert Wulff ein enormes Arbeitspensum. Dabei verlangt er dem präsidialen Apparat einiges ab. Er packt sich seinen Terminkalender ähnlich voll wie seinerzeit als Ministerpräsident in Niedersachsen: Im Vergleich zu seinem Vorgänger Horst Köhler nimmt er deutlich mehr Termine wahr. Das stößt im Amt nicht nur auf Begeisterung. Nach einigen Monaten hört man vereinzelt ein leises Stöhnen. Es gebe keinen Anlass, ständig und überall so viele Termine wahrzunehmen, beklagen sich gelegentlich die Mitarbeiter. Wulff habe in dieser Hinsicht den Schalter nicht umgelegt und verhalte sich immer noch wie ein Ministerpräsident. Besonders die Abteilung Innenpolitik im Präsidialamt mosert intern über die hohe Arbeitsbelastung. Zwar freuen sich die Menschen, wenn der Bundespräsident eine Veranstaltung mit seiner Anwesenheit ehrt, in vielen Fällen nimmt jedoch kaum jemand Notiz davon. Der Aufwand aber ist immer enorm: für die Sicherheitsbeamten, die Pressestelle und letztlich für den Bundespräsidenten selbst, der sich in zahlreichen „Kann"-Terminen aufzureiben und den Blick für das Wesentliche zu verlieren droht.

Das Amtsverständnis des neuen Bundespräsidenten wird deshalb innerhalb des präsidialen Apparates sehr unterschiedlich wahrgenommen: Während man Wulff in der großen Abteilung Innenpolitik distanziert begegnet, steht der neue Bundespräsident in der kleineren Abteilung Außenpolitik hoch im Kurs, da er außenpolitischen Themen gegenüber sehr aufgeschlossen ist und gerne auf Reisen geht. Vor allem aber die engsten Mitarbeiter, das Persönliche Büro, schätzen die Arbeit mit dem Präsidentenpaar. Der Bundespräsident selbst gibt sich bodenständig und geht mit seinen engsten Mitarbeitern gerne in der Kantine des Präsidialamts essen. Wenn die Kinder im Schloss sind, spielen die

Mitarbeiter des „PB" im Flur mit ihnen Ball. Bei einem Besuch der Kanzlerin geht einmal die Tür auf, und die Kinder stürmen ins präsidiale Amtszimmer. Angela Merkel soll das amüsant gefunden haben. Manch einer im Bellevue zieht gar Vergleiche zu den Kennedys.

Wulff und die Türken

„Der Islam gehört inzwischen auch zu Deutschland"

Kenan Kolat gehört zu denen wenigen, die im Sommer 2012 sofort bereit sind, über Christian Wulff zu sprechen. Kolat ist ein kleiner, quirliger Mann. Er sitzt an einem runden Tisch in seinem Berliner Büro in den Räumen der Türkischen Gemeinde, an seinem Türschild steht „Bundesvorsitzender". Über das Verhältnis von Deutschen und Türken und die Sicht der Deutschen auf den Islam zu reden, ist sein Job. Das kann er stundenlang. Die deutsche Sprache, stellt Kolat fest, sei die einzige Sprache der Welt, die zwischen Einwanderung und Zuwanderung unterscheide. „Man kommt dazu, aber nicht rein." Er nimmt ein Buch zur Hand, in dem Wörter aufgelistet sind, die aus dem Arabischen kommen und seit Langem schon zur deutschen Alltagssprache gehören, wie zum Beispiel „Alkohol", sagt er schmunzelnd. Kolat lernte Christian Wulff kennen, als dieser noch Regierungschef in Hannover war. Sie begegneten sich bei einem Empfang, den Kolats Verband in Hannover gab, etwa zwei

Jahre, bevor Wulff Bundespräsident wird. Wulff sei das Verhältnis zu den Migranten ganz anders angegangen als andere Ministerpräsidenten. Mit der Ernennung von Aygül Özkan zur Sozialministerin in Niedersachsen habe er gezeigt, „dass er nicht nur redet, sondern seinen Worten auch Taten folgen lässt", erinnert sich Kolat. „Er hat damit ein Zeichen gesetzt."

So sei das auch gewesen, als Wulff Bundespräsident wurde. Als Wulff Mitte Februar 2012 zurücktritt, gehört Kolat zu denen, die den Rücktritt öffentlich bedauern. Das tut er im Sommer 2012 immer noch. „Er war kein klassischer Bundespräsident, er war im positiven Sinne nicht so präsidial, denn er hat mit allen gesprochen, war sehr nah bei den Menschen, an den jungen, den Migranten, die immer sehr schnell merken, ob sich jemand für sie interessiert." Mit Wulff habe es eine große Identifikation aufseiten der türkischen Migrantinnen und Migranten gegeben. „Er hat nicht nur gesprochen, sondern auch gehandelt. Zum ersten Mal hatten wir das Gefühl, er ist auch unser Bundespräsident." Auch Johannes Rau habe sich schon um das Thema Integration verdient gemacht, fährt Kolat fort. „Rau war ein guter Bundespräsident, aber der Funke kam bei Wulff rüber. Wulff war ein Motivator und nicht nur ein Mahner." Kolats Frau ist SPD-Politikerin und Senatorin in Berlin. Die Zuneigung der Türken kommt nicht von ungefähr. Die Grundlage dafür legt Wulff 2010 am Tag der deutschen Einheit.

* * *

Am 3. Oktober sitzt die gesamte politische Prominenz der Bundesrepublik in der „Bremen Arena". Der 20. Jahrestag der deutschen Einheit wird gefeiert, und man hätte sich sicherlich einen schöneren Ort dafür vorstellen können, doch in diesem Jahr ist das Bundesland Bremen an der Reihe, die Feier auszurichten, und die Bremer haben sich dafür entschieden, den Festakt in der „Arena" zu veranstalten. Eröffnet wird die Feier mit einer Ouvertüre von Schostakowitsch, am Ende ertönt Beethovens „Fidelio" und zwischendurch findet ein buntes Programm statt, das verdeutlichen soll, wie bunt es in Deutschland zugeht.

Höhepunkt der Feier ist die Rede zum Tag der deutschen Einheit – es spricht der Bundespräsident. Die Erwartungen im Vorfeld sind enorm. Es ist Christian Wulffs erste große Rede, er ist ziemlich genau hundert Tage im Amt. Der Zeitpunkt ist also erreicht, an dem die Medien bilanzieren, wie der neue Präsident sich so anstellt. Der Eindruck der ersten hundert Tage ist nicht der beste: Der Mallorca-Urlaub im Maschmeyer-Anwesen sowie die Äußerungen zur Love-Parade und zum Fall Sarrazin haben eher den Eindruck vermittelt, dass Christian Wulff noch mehr Ministerpräsident ist als Bundespräsident. Der *Spiegel* stellt am 20. September 2010 fest, dass Wulff sich mit seinem neuen Amt schwertue. Er habe noch nichts Bemerkenswertes gesagt, so die Bilanz nach nicht einmal 100 Tagen im Amt, der sich die Frage anschließt: „Kann seine Rede am Tag der Einheit die Wende bringen?"

Wulff weiß, dass von seiner Rede zum 3. Oktober abhängen wird, wie sein Start im Amt beurteilt wird. Die Macht des Bundespräsidenten ist die Macht des Wortes – jetzt ist es so weit. Wulff spricht rund 30 Minuten. Zunächst dankt er den Menschen, die für die Wiedervereinigung gekämpft haben, vor allem den Ostdeutschen. Er spricht vom Wunder von Leipzig, das die Menschen dort möglich gemacht hätten, indem sie sich ohne Blutvergießen von der Diktatur befreit hätten. Nach der Wiedervereinigung seien es dann vor allem die Ostdeutschen gewesen, „die den allergrößten Teil des Umbruchs geschultert haben, damit unser Land wieder zusammenfand. (...) Mit einer unglaublichen Bereitschaft zur Veränderung. Das ist bis heute nicht ausreichend gewürdigt worden." Wulff richtet den Blick dann von der Vergangenheit in die Gegenwart, auf die Herausforderungen, vor denen Deutschland 20 Jahre nach der Wiedervereinigung steht. Die Aufgabe sei, „mit dem Mut zur Veränderung neuen Zusammenhalt zu finden in Deutschland, in einer rasant sich verändernden Welt."

Er kommt damit auf den eigentlichen Schwerpunkt seiner Rede. Wulff stellt fest, dass Deutschland offener und „der Welt zugwandter" geworden sei, um dann seinerseits aber mehr Offenheit einzufordern. „Das Land muss Verschiedenheit aushalten. Es muss sie wollen".

Gleichzeitig dürften zu große Unterschiede den Zusammenhalt nicht gefährden. „Vielfalt schätzen, Risse in unserer Gesellschaft schließen", das sei die Aufgabe der „deutschen Einheit" heute. Der Ruf der Einheit „Wir sind das Volk" müsse heute „eine Einladung an alle sein, die hier leben". Den Muslimen in Deutschland sagt er schließlich: „Wenn mir deutsche Musliminnen und Muslime schreiben: ‚Sie sind unser Präsident', dann antworte ich aus vollem Herzen: Ja, natürlich bin ich Ihr Präsident! Und zwar mit der Leidenschaft und Überzeugung, mit der ich der Präsident aller Menschen bin, die hier in Deutschland leben." Wulff vermeidet es, auf die Sarrazin-Debatte einzugehen, streift sie aber mit der Bemerkung: „Weil diese Menschen mit ausländischen Wurzeln mir wichtig sind, will ich nicht, dass sie verletzt werden in durchaus notwendigen Debatten. Legendenbildung, Zementierung von Vorurteilen und Ausgrenzung dürfen wir nicht zulassen." Die Zukunft gehöre den Nationen, fährt Wulff fort, die offen seien für kulturelle Vielfalt, für neue Ideen und für die Auseinandersetzung mit Fremden und Fremdem. In diesem Zusammenhang zitiert er auch Johannes Rau, der zehn Jahre vorher schon appelliert habe, „ohne Angst und ohne Träumereien" in Deutschland zu leben.

Wulff fordert auch die Migranten auf, ihren Beitrag zu leisten, indem er feststellt, es sei Konsens, „dass man Deutsch lernen muss, wenn man hier lebt", und dass in Deutschland deutsches Recht und Gesetz zu gelten hätten. Allerdings gebe es Nachholbedarf, vor allem bei Integrations- und Sprachkursen für die ganze Familie, bei Unterrichtsangeboten in Muttersprachen, aber auch bei islamischem Religionsunterricht. Er kommt dann zur Kernaussage seiner Rede: Es gehe um ein Verständnis von Deutschland, bei dem sich die Zugehörigkeit nicht auf den Pass, die Familiengeschichte oder den Glauben verenge. „Das Christentum gehört zweifelsfrei zu Deutschland. Das Judentum gehört zweifelsfrei zu Deutschland. Das ist unsere christlich-jüdische Geschichte. Aber der Islam gehört inzwischen auch zu Deutschland."

***

Dieser Satz verfehlt seine Wirkung nicht. „Ihm war von vornherein klar, dass das Widerspruch hervorrufen würde", erinnert sich ein enger Mitarbeiter Wulffs. Die Provokation durch die Zuspitzung und die Unschärfe der Formulierung ist durchaus kalkuliert. In den Tagen danach kommt eine Debatte in Gang, in der Wulff viel Lob und Kritik erhält, aber auch angegriffen wird. Vor allem in der eigenen politischen Familie verursacht der Satz, auf den die Aussage der Rede schließlich reduziert wird, manchem erhebliche Schmerzen. Die Kanzlerin äußert sich zunächst unmittelbar nach der Einheitsfeier in Bremen nichtssagend freundlich. „Ich glaube, dass die Frage, was bedeutet ein Volk, vom Bundespräsidenten sehr schön in die Zukunft beantwortet wurde." In den folgenden Tagen bricht sich dann aber in der Union eine Art Leitkulturdebatte Bahn. Zunächst distanziert sich vor allem die CSU von Wulffs Aussage über den Islam. „Unsere Grundwerte gründen klar in einer christlich-abendländischen Tradition", stellt der bayerische Innenminister Joachim Herrmann fest und sieht „überhaupt keinen Anlass, den Islam in unsere Werteordnung zu integrieren". Die bayerische Sozialministerin Christine Haderthauer (CSU) meint, die Aussage könne missverstanden werden, und Hans-Peter Friedrich, Chef der CSU-Landesgruppe im Bundestag, bekennt offen: „Dass der Islam Teil unserer Kultur ist, unterschreibe ich nicht."

Dann melden sich auch in der CDU kritische Stimmen zu Wort. Wolfgang Bosbach, der Vorsitzende des Bundestagsinnenausschusses, meint, der Islam sei zwar inzwischen Teil der Lebenswirklichkeit in Deutschland, „aber zu uns gehört die christlich-jüdische Tradition". Schließlich gibt Volker Kauder, der Chef der Unionsfraktion im Bundestag, dem Grummeln in seiner Herde Ausdruck, indem er feststellt, die Rede Wulffs habe dazu geführt, „dass erklärende Interpretationen notwendig geworden sind". Dass einer aus den eigenen Reihen, den man gerade erst zum Bundespräsidenten gemacht hat, sich inhaltlich „rot-grün" positioniert, ist für viele in der Union eine bittere Pille. Bei einer Sitzung des CDU-Präsidiums meint ein Teilnehmer nüchtern: „Das haben wir jetzt davon."

Die Kanzlerin meint schließlich, die Aussage des Bundespräsidenten zurechtrücken zu müssen, allerdings ohne Wulff dabei zu widersprechen. Drei Tage nach Wulffs Rede betont Merkel auf einer CDU-Regionalkonferenz in Wiesbaden, dass in Deutschland „ganz eindeutig das Grundgesetz und nicht die Scharia" gelte und bezeichnet die christlich-jüdischen Werte als „prägende Kraft unserer Kultur", wofür sie jede Menge Applaus bekommt. Zwei Wochen später macht Merkel sich dann zwar Wulffs Satz bei einer weiteren CDU-Regionalkonferenz in Lübeck zu eigen, schränkt aber ein, dass es nicht „den" Islam gebe. Die Kanzlerin versucht erkennbar, der unionsinternen Kritik an Wulff die Spitze zu nehmen. Bei SPD, Grünen und Linken punktet Wulff mit seiner Rede. Einerseits beobachtet man mit Genugtuung, wie die Union selbst das größte Problem mit „ihrem" Bundespräsidenten hat. Andererseits muss die Opposition im Bundestag erleben, dass sie gar nicht anders kann, als dem „konservativen" Bundespräsidenten zuzustimmen. So meint Jürgen Trittin genüsslich, dass Wulff die Konservativen „mit ein paar Grundwahrheiten" konfrontiert habe. Und der Chef der Linksfraktion, Gregor Gysi, findet Wulffs Aussagen „nicht so schlecht". Es gelingt dem neuen Bundespräsidenten mit seiner Rede zum 3. Oktober 2010, den parteipolitischen Stallgeruch loszuwerden.

* * *

Auch in den Medien provoziert die Rede sehr unterschiedliche Kommentare. Das konservative Spektrum reagiert zurückhaltend bis ablehnend: Vor allem die *Frankfurter Allgemeine Zeitung* kann mit der Islam-Umarmung des Bundespräsidenten wenig anfangen und kommentiert die Rede zum Tag der deutschen Einheit in Grund und Boden. Wulff wolle „alle und alles miteinander versöhnen" und habe kein Sensorium dafür, „wie sehr sich die alteingesessene Bevölkerung vom vorrückenden Islam bedroht fühlt". Andere wiederum versöhnt die Rede mit dem neuen Präsidenten. Der Berliner *Tagesspiegel* stellt fest, dass Wulff viele Vorurteile über ihn und das Amt „mit einem Streich" widerlegt habe. Und in der *Süddeutschen Zeitung* heißt es: „Er beherrscht zwar die Kunst der großen Rede nicht, aber er hat zum zwanzigjährigen Jubiläum der Einheit eine gute, respektable Rede gehalten; sie war zwar nicht rhetorisch, aber inhaltlich reichhaltig. Das Land kann sich hinter seinen Gedanken versammeln."

Mit seiner Rede zum Tag der deutschen Einheit gelingt es Wulff, der belastenden Debatte um die Thesen von Sarrazin ein Ende zu setzen oder ihr zumindest eine neue Richtung zu geben. Von nun an wird über Wulffs Satz „Der Islam gehört inzwischen auch zu Deutschland" diskutiert und nicht mehr über Sarrazins „Juden-Gen" und andere Biologismen in seinem Buch „Deutschland schafft sich ab". Jens Böhrnsen (SPD), als Bürgermeister von Bremen ist er am 3. Oktober Gastgeber der Einheitsfeier, sieht in der Rede des Bundespräsidenten deshalb einen „wichtigen Kontrapunkt zu der Debatte, die Sarrazin angestoßen hat". Die Muslime sind dankbar dafür. Kenan Kolat, der Chef der türkischen Gemeinde in Deutschland, sagt im Oktober 2010 ungeschminkt: „Nach diesen langen und unsäglichen Diskussionen in den letzten Wochen denke ich, dass Wulff auch unser Präsident geworden ist." Im Sommer 2012 wundert sich Kolat immer noch über das Echo, das Wulffs Satz zum Islam zwei Jahre vorher ausgelöst hat. „Wulff hat am 3. Oktober Selbstverständlichkeiten gesagt, dennoch war es eine Revolution. Der Islam war immer in Europa, Wulff hat die Realität geschildert. Die Debatte zeigt, dass die Gesellschaft in Deutschland noch nicht vorbereitet ist, ein Einwanderungsland zu sein. Es war gut, dass Wulff das gesagt hat, denn es war eine Art Gegenpol zur deutschen Leitkulturdebatte."

* * *

In vielerlei Hinsicht ist Wulffs Rede zum 3. Oktober ein Befreiungsschlag für den Präsidenten. Nach den ersten 100 Tagen, in denen er überwiegend kritisch wahrgenommen worden ist, gelingt es Wulff, die Stimmung zu drehen, auch wenn es viel Widerspruch zu seiner Rede gibt. Nach der Rede zum 3. Oktober ist Wulff Bundespräsident. Sie beendet auch die unterschwellige Diskussion um den Sinn des Amtes, die mit dem Rücktritt von Horst Köhler aufgekommen ist. Es gibt wieder einen Präsidenten, der tut, wofür das Amt da ist: Er bringt gesellschaftliche Debatten in Gang, die nötig sind. Unabhängig davon, wie man zu der Rede zum 3. Oktober inhaltlich steht, ist nicht zu bestreiten, dass Wulff mit dem ziemlich banalen Satz „Der Islam gehört inzwischen auch zu Deutschland" eine große Wirkung erzielt. „Das war ein Satz ohne Hinterland", erinnert sich die Grüne Renate Künast im Oktober 2012, also gut zwei Jahre später. „Aber ich war doch angenehm überrascht. Der Satz hat bei einem Teil der Gesellschaft etwas ausgelöst, bei denen, die noch nicht so weit waren – das Entscheidende war, dass es einer von der CDU gesagt hat."

Die interpretationsbedürftige Vereinfachung, die Wulff dabei unmittelbar nach seiner Rede zum Vorwurf gemacht wird, ist letztlich der Grund, dass die Debatte überhaupt entsteht. Joachim Gauck hat diesen Satz im Mai 2012 als neuer Bundespräsident in einem Interview mit der *Zeit* für sich abgelehnt und neu formuliert. Auf die Frage, wie er sich ausgedrückt hätte, antwortet Gauck: „Ich hätte einfach gesagt, die Muslime, die hier leben, gehören zu Deutschland." Gaucks Satz kann wohl jeder unterschreiben – aber hätte er eine vergleichbare Debatte ausgelöst? Wohl kaum.

Man kann geteilter Meinung sein, ob Wulffs Rede zum 3. Oktober nun das Attribut „groß" verdient oder nicht. Ein guter Redner, auch das wird am 3. Oktober deutlich, ist er nicht. Bei Wulff läuft man immer Gefahr, die Kernaussage zu verpassen, weil er es nicht beherrscht, sie rhetorisch in Szene zu setzen. Wulffs Stimme, Betonung, aber auch Gestik sind nicht die eines großen Redners. „Christian Wulff ist ein Präsident, der mit schlechter Rhetorik Gutes sagt", stellt der Innenpolitik-Chef der *Süddeutschen Zeitung*, Heribert Prantl, im Oktober 2010 fest. Das trifft es ziemlich genau. Seit dem 3. Oktober 2010 ist Christian Wulff untrennbar mit dem Satz „Der Islam gehört inzwischen auch zu Deutschland" verbunden, es ist der Satz seiner Präsidentschaft. Das ist, trotz der kurzen Zeit im Amt, nicht mehr und nicht weniger, als der Bevölkerung von den meisten anderen Bundespräsidenten vor ihm in Erinnerung geblieben ist.

Christian Wulff allerdings bleibt nicht primär für diesen Satz in Erinnerung, sondern wegen der kürzesten Präsidentschaft in der Geschichte der Bundesrepublik, die dazu mit einem Desaster endet. In den Monaten nach seiner Islam-Rede wird Wulff immer wieder vorgeworfen, anschließend sei zu seinem Kernanliegen „Integration" nichts mehr gekommen. Doch das würde bedeuten, die Wahrnehmung des Präsidenten auf seine Reden zu beschränken. Die Türken zumindest haben eine andere Wahrnehmung.

Wulff und Gül – eine Präsidentenfreundschaft

Hüseyin Karsioglu hat zwei Fotos auf einem kleinen Tischchen in seinem Büro in der türkischen Botschaft in Berlin, auf denen er mit einem Bundespräsidenten abgebildet ist. Das eine zeigt ihn mit Joachim Gauck bei einem Besuch im Bellevue, das andere mit Christian Wulff. Es ist entstanden, als Karsioglu beim Bundespräsidenten war, um sein Beglaubigungsschreiben als neuer türkischer Botschafter zu überreichen. Wulff und der türkische Botschafter tragen einen Cut. Karsioglu spricht lange über Wulff, zwei Stunden lang, dann geht er an seinen Rechner, um nach Fotos zu suchen, die er selbst gemacht hat während des Staatsbesuchs der Wulffs im Oktober 2010 in der Türkei. Karsioglu erlebt den Besuch aus nächster Nähe mit, denn zu diesem Zeitpunkt ist er noch nicht als Botschafter in Berlin, sondern Büroleiter des türkischen Präsidenten Abdullah Gül. Die beiden Präsidenten, sagt Karsioglu, hätten eine ganz besondere Beziehung gehabt. „Normalerweise sagt man immer, dass ein Verhältnis auf dieser Ebene freundschaftlich ist. Aber es war mehr als das, es war herzlich." Das habe man an der Körpersprache gemerkt und an den sehr langen Unterhaltungen, die die beiden miteinander geführt hätten. Wulff habe dabei durch seine große Offenheit beeindruckt. „Er hatte eine strategische Vision von der Zukunft Europas, dass die Dinge sich von Konfrontation zu Kooperation der Kulturen und Religionen entwickeln müssen. Ich hatte das Gefühl, er war ein Friedensmensch." Wulffs Verhalten in der Türkei und sein Ton seien überzeugender gewesen als bei vielen anderen deutschen Politikern. „Er war ehrlicher." Die Rede, die Wulff vor seinem Türkeibesuch am 3. Oktober 2010 gehalten hat, sei in der Türkei sehr wohlwollend aufgenommen worden. „Was er gesagt hat, war die Anerkennung der Realität und ein Zeichen der Zuwendung zu anderen Kulturen. Das wurde sehr geschätzt, zumal er in der CDU war."

Dabei setzt Wulff sich bei seinem Besuch in der Türkei vom 18. bis 22. Oktober 2010 durchaus kritisch mit den Türken und vor allem der Situation der Christen in der Türkei auseinander. Am 19. Oktober hält Wulff eine Rede vor dem türkischen Parlament, als erster Bundespräsident. Dabei nimmt er kein Blatt vor den Mund: Wulff lobt die Leistungen der türkischen Einwanderer in Deutschland, um dann aber auch die Probleme bei der Integration zu benennen, wie „Machogehabe" oder Bildungs- und Leistungsverweigerung. „Durch multikulturelle Illusionen wurden diese Probleme regelmäßig unterschätzt." Sätze wie diesen sagt Wulff zweifellos auch, um dem Grummeln in CDU und CSU über seine Rede zum 3. Oktober zu begegnen. Den zentralen Satz des Anstoßes, „Der Islam gehört inzwischen auch zu Deutschland", nimmt Wulff in Ankara wieder auf, indem er ihn auf die Christen in der Türkei ummünzt: „Das Christentum gehört zweifelsfrei zur Türkei", sagt der Bundespräsident zu den türkischen Parlamentariern, deshalb „erwarten wir, dass Christen in islamischen Ländern das gleiche Recht haben, ihren Glauben öffentlich zu leben, theologischen Nachwuchs auszubilden und Kirchen zu bauen." Schließlich weist er der Türkei den Weg nach Europa: Die Türkei könne zeigen, „dass Islam und Demokratie, Islam und Rechtsstaat, Islam und Pluralismus kein Widerspruch sein müssen".

Die Situation der Christen in der Türkei ist ein zentrales Thema des Besuchs. Neben der Rede vor dem türkischen Parlament bildet ein Gottesdienst in Tarsus einen weiteren Höhepunkt der Türkeireise. Hier ist der Apostel Paulus geboren, der Gottesdienst soll deutlich machen, wie sehr die Wurzeln des Christentums in Anatolien liegen, wie sehr das Christentum zur Türkei gehört: Ein evangelischer und ein katholischer Pfarrer nehmen teil, so wie die Bischöfe der Armenier, der syrisch-orthodoxen und des ökumenischen Patriarchats, und der Gottesdienst wird auf Deutsch, Griechisch, Arabisch, Armenisch und Aramäisch gehalten. Der Besuch in Tarsus soll die Aufmerksamkeit auf die Situation der Christen in der Türkei lenken, die sich vor allem vollständige Rechtssicherheit wünschen, wie der evangelische Pfarrer den mitgereisten Journalisten vor Ort sagt. Die Realität sieht anders aus – sie ist von staatlicher Willkür geprägt. Das bezeugt auch die Kirche, in der der Gottesdienst stattfindet: 1943 beschlagnahmt der türkische Staat das Gotteshaus, seitdem ist die Kirche ein Museum. Nach dem Gottesdienst verweist der Bundespräsident im Gespräch mit türkischen Journalisten darauf, dass es in Deutschland muslimischen Religionsunterricht gebe und dass Imame ausgebildet würden: „Das wünschen wir uns auch in der Türkei." Die Türken nehmen die Kritik hin. „Man hat ihm überhaupt nichts übel genommen", erinnert sich Hüseyin Karsioglu. „Von einem Freund und einem Menschen mit ehrlicher Ausstrahlung nimmt man Kritik an und schätzt sie." In Tarsus hängen überall Plakate mit einem Bild des deutschen Präsidenten und der Aufschrift „Willkommen Herr Bundespräsident". In den Medien wird Wulff „Das lächelnde Gesicht Deutschlands" genannt.

* * *

Teil des Erfolgs ist die persönliche Beziehung, die sich zwischen Wulff und dem türkischen Präsidenten Abdullah Gül herausbildet. So wie Wulff in seiner Rede zum 3. Oktober betont, er sei auch der Präsident der Muslime in Deutschland, bezeichnet sich Gül bei einem gemeinsamen Auftritt mit Wulff auch als Präsident der Christen und Juden in der Türkei. Der türkische Präsident nutzt den Besuch aus Deutschland auch für ein mutiges Signal an das türkische Militär: Zum ersten Mal überhaupt schreitet Gül die Ehrenformation nicht alleine ab, sondern in Begleitung seiner Frau. Das in der Türkei sehr mächtige Militär hat sich lange dagegen gewehrt. Gül nutzt den Besuch des Bundespräsidenten und seiner Frau, um sich gegenüber dem Militär durchzusetzen. Besonders wichtig ist Gül, dass das deutsche Präsidentenpaar ihn in seine Heimatstadt Kayseri begleitet. Die Wulffs fliegen mit dem türkischen Präsidenten in seiner Maschine in die aufstrebende Industriestadt in Kappadokien.

Ein Jahr später kommt Gül zu einem Gegenbesuch nach Deutschland. „Es war so, als wenn sich zwei alte Freunde treffen", charakterisiert Karsioglu das Zusammentreffen. Der Besuch hat viele persönliche Momente: Zum Auftakt machen die Wulffs mit dem türkischen Präsidentenpaar eine Bootsfahrt auf dem Wannsee mit abschließendem gemeinsamen Abendessen im kleinen Kreis. Anschließend entschließen sich die Präsidenten spontan, in ein türkisches Restaurant nach Kreuzberg zu fahren, ein Albtraum für die Sicherheitskräfte und das Protokoll, die nichts weniger schätzen als spontane Abweichungen vom vereinbarten Programm. Am Ende trinken die Präsidentenpaare bei „Hasir" in Kreuzberg gemeinsam Tee. Die Einladung in Güls Heimatstadt Kayseri erwidert Wulff, indem er den türkischen Präsidenten nach Osnabrück mitnimmt. Bei einem gemeinsamen Mittagessen stellt Wulff dem Gast aus der Türkei auch seine Tochter Annalena vor, die ihn ein Jahr zuvor auf einer Reise nach Israel begleitet hat.

Gedenken für die NSU-Opfer

Im November 2011 wird bekannt, dass eine rechtsextremistische Mörderbande jahrelang ungestört und ungesühnt durch Deutschland gezogen ist. Auf das Konto dieser rechten Terrorzelle geht eine Mordserie in den Jahren 2000 bis 2006: Acht der neun Opfer waren Türken oder türkischstämmige Deutsche, ein Opfer war griechischer Abstammung. Über Jahre wurde in die falsche Richtung ermittelt, die Täter im Bereich der türkischen organisierten Kriminalität gesucht, zum Teil wurden die Angehörigen der Opfer selbst verdächtigt. Die

Mordserie und das Ausmaß des rechtsextremistischen Terrors schockieren, dabei zeichnet sich ab, dass es bei Polizei und Verfassungsschutz dramatische Ermittlungspannen gegeben hat. Die Politik entscheidet sich, der Opfer mit einer gemeinsamen Trauerfeier von Bundespräsident, Bundestag und Bundesregierung zu gedenken. Der Entschluss fällt zwar noch im November, doch die Suche nach einem Termin dauert bis in den Dezember, und von vornherein ist klar, dass die Gedenkfeier einige Wochen auf sich warten lassen wird. Man einigt sich schließlich auf den 23. Februar 2012. Dem Bundespräsidenten dauert das zu lange. Im Bellevue will man nicht bis zur offiziellen Gedenkfeier warten, sondern vorher schon ein Zeichen setzen. Noch im November entschließt sich Wulff, die Familien der Opfer ins Schloss Bellevue einzuladen. Die Idee stößt zunächst auf Zurückhaltung: Die türkischen Verbände wenden ein, dass ein Besuch bei den Opferfamilien eher den Sitten und Gebräuchen entsprechen würde, als sie ins Bellevue zu bitten. Am Ende setzt sich der Vorschlag dennoch durch: Die Familien der Opfer werden ins Bellevue eingeladen. Gleichzeitig wird vereinbart, dass die Veranstaltung unter Ausschluss der Öffentlichkeit stattfinden soll.

Es gelingt dem Bellevue, den genauen Zeitpunkt der Veranstaltung bis zum Schluss geheim zu halten und so sicherzustellen, dass keine Medien vor Ort sind. Am Abend des 23. November treffen Angehörige aller neun Opfer der Mordserie unbeobachtet im Bellevue ein. Sie werden vom Bundespräsidenten und führenden Vertretern der Politik erwartet wie Bundesinnenminister Hans-Peter Friedrich, Justizministerin Sabine Leutheusser-Schnarrenberger sowie allen Fraktionschefs der im Bundestag vertretenen Parteien. Die Tische sind festlich eingedeckt und an jedem Tisch sitzt ein Politiker als Ansprechpartner für die Angehörigen. Die Grüne Renate Künast ist eine von ihnen: „Ich fand das eine sehr gute Idee, nicht bis zu einem Festakt zu warten", erinnert sie sich im Oktober 2012. Den Abend schildert sie als sehr ergreifend, die Gespräche mit den Opferfamilien hätten sie sehr berührt. „Ich selbst habe an dem Abend erst richtig begriffen, wie sehr das Leiden dieser Familien weitergeht. Das haben wir alle unterschätzt."

Der Bundespräsident sitzt mit den Angehörigen der Mordopfer in Kassel und Wiesbaden an einem Tisch. Wulff hält im Laufe des Abends eine kleine Ansprache, in der er einräumt: „Wir haben alle versagt." Die Opferfamilien hätten nicht nur den Verlust erlitten, sondern seien auch kriminalisiert worden. Während der Ansprache versagt ihm die Stimme.

Anfang Februar 2012, als die Planungen für die nationale Gedenkfeier immer konkreter werden, hat sich die persönliche Situation des Bundespräsidenten grundlegend verändert. Im Bellevue belastet Wulff die Vorstellung, die Präsidentenkrise könnte die Trauerfeier überschatten. Gleichzeitig liegt ihm sehr viel daran. Zum Teil wird in den Medien gemutmaßt, er könnte die Veranstaltung nutzen, um aus den Negativschlagzeilen herauszukommen. „Das hat ihn sehr getroffen", erinnert sich ein ehemaliger Mitarbeiter. Der Rücktritt am 17. Februar beendet alle Spekulationen darüber. Als die Gedenkfeier am 23. Februar 2012 im Konzerthaus auf dem Berliner Gendarmenmarkt stattfindet, hält nicht der Bundespräsident die Rede, sondern die Kanzlerin. Der wohl bewegendste Moment während der Veranstaltung ist, als Ismail Yozgat spricht, dessen Sohn zu den Mordopfern gehört. Er erzählt, wie sein Sohn Halit am 6. April 2006 in Kassel erschossen wurde. „Mein Sohn starb in meinen Armen." Yozgat versäumt es nicht, sich in seiner Ansprache auch bei Christian Wulff zu bedanken: „Wir sind seine Gäste. Wir bewundern ihn."

Wulff und die Juden

Am 16. November 2011, knapp einen Monat, bevor der erste Bericht über die Finanzierung seines Hauses in der *Bild*-Zeitung erscheint, ist die Welt für Christian Wulff noch in Ordnung. Wulff sitzt im Glashof des Jüdischen Museums in Berlin. An diesem Abend wird der Leo-Baeck-Preis verliehen, die Auszeichnung, die der Zentralrat der Juden in jedem Jahr vergibt. Einige ehemalige Preisträger sitzen im Publikum: die Schauspielerin Iris Berben, Friede Springer und zahlreiche Vertreter von Politik, Wirtschaft und Kultur und natürlich des jüdischen Lebens in Deutschland. Der Zentralrat hat sich entschlossen, in diesem Jahr den amtierenden Bundespräsidenten auszuzeichnen. Das hat es auch früher schon gegeben, auch Roman Herzog bekam den Leo-Baeck-Preis, als er noch im Amt war, aber erst gegen Ende seiner Amtszeit. Johannes Rau war ebenfalls Preisträger, sogar schon, bevor er Bundespräsident wurde, und Richard von Weizsäcker wurde geehrt, als er schon nicht mehr Staatsoberhaupt war. Wulff ist erst seit anderthalb Jahren Bundespräsident und dennoch hat sich der Zentralrat entschieden, ihm den Preis zu verleihen. Der Präsident des Zentralrats der Juden, Dieter Graumann, hält die

Festrede und erzählt, dass Wulff ein wenig beschämt gewesen sei, als er ihm den Preis angetragen habe. Das war noch ein halbes Jahr vorher, im April 2011. Wulff habe damals erwidert: „Ist das nicht zu früh? Ich habe doch noch gar nichts geleistet."

Die Juden sind anderer Ansicht und am Ende stimmt Wulff zu. „Sie haben uns in Ihrer noch immer jungen Amtszeit schon jetzt wirklich und nachhaltig beeindruckt", fährt Graumann mit seiner Laudatio fort. Wer eine Zustimmungsrate von 80 Prozent habe, der müsse „wohl doch einiges richtig machen". Auch die Juden in Deutschland fühlten sich durch ihn „würdig und glaubwürdig repräsentiert". Graumann kommt schließlich auf die Rede zum 3. Oktober 2010 zu sprechen, die ja nicht jedem gleich und gleichermaßen gut gefallen habe, betont er spitz. „Uns aber schon." Mit dem Satz „Das Judentum gehört zweifelsfrei zu Deutschland" habe Wulff als „erster Mann im Staat" das ausgesprochen, worauf das Judentum in Deutschland fast 1.700 Jahre lang gewartet habe. Dass Wulff in diesem Zusammenhang auch auf die Muslime zugegangen sei, habe man „couragiert und eindrucksvoll" gefunden. Auch für seinen Besuch in Israel lobt Graumann den Bundespräsidenten, der diesen sehr würdig gestaltet habe, „ganz ohne spektakuläre Reden, aber mit viel Verständnis und Gefühl".

* * *

Fast ein Jahr vor der Verleihung des Leo-Baeck-Preises, am 27. November 2010, fliegt der Bundespräsident nach Israel. Es ist die erste Reise, die er selbst initiiert hat, die er nicht von seinem Vorgänger „geerbt" hat. Auch diesmal hat Wulff eine große Wirtschaftsdelegation dabei. Indes fehlt Bettina Wulff, an ihrer Stelle hat der Bundespräsident seine Tochter aus erster Ehe, die 17-jährige Annalena, mitgenommen. Annalena geht in Osnabrück noch zur Schule, besucht dort die 12. Klasse und hat freibekommen, um ihren Vater nach Israel zu begleiten. Sie spielt eine zentrale Rolle bei der Israelreise ihres Vaters, sie ist sozusagen das Leitmotiv. Wulff möchte die Erinnerung an den Holocaust und die besondere deutsche Verantwortung für Israel symbolisch an die nächste Generation weitergeben. Annalena „leitet" eine Jugend-Delegation mit acht Schülern, die die Präsidentenreise begleiten. Es sind Schüler, die sich in besonderer Weise mit Israel oder dem Holocaust beschäftigt haben. Dabei steht die Präsidententochter erwartungsgemäß von Anfang an im Zentrum der medialen Aufmerksamkeit. Schon bei einem Empfang in der deutschen Botschaft am Abend nach der Ankunft in Tel Aviv stellt sie sich den Fragen von Journalisten.

Am Tag darauf steht der Höhepunkt der Reise an: Der Bundespräsident besucht gemeinsam mit seiner Tochter und Israels Präsident Shimon Peres die Holocaust-Gedenkstätte Yad Vashem in Jerusalem. Man spürt, dass Annalena der Besuch nicht leichtfällt: Die intensive Konfrontation mit dem Holocaust ist schon emotional genug, nun steht sie in dieser Situation auch noch im Fokus des Medieninteresses. Am Mahnmal für die ermordeten Kinder werden Namen verlesen. Annalena steht hinter ihrem Vater, als Christian Wulff ins Gästebuch schreibt: „Die unfassbaren Verbrechen der Schoa sind Deutschland und den Deutschen eine dauernde Verpflichtung, für das Existenzrecht Israels einzutreten." In der Halle der Erinnerung entstehen schließlich die Fotos, die die zentrale Botschaft des Besuchs transportieren sollen: Annalena steht zur einen Seite ihres Vaters, Shimon Peres zur anderen. „Ich glaube, dass jeder sehr ergriffen ist, der die Gelegenheit hat, hierher zu kommen", sagt die junge Frau nach ihrem Besuch in Yad Vashem. Jeder müsse das seinen Kindern erzählen, „damit nichts in Vergessenheit gerät".

Das Konzept der Reise geht auf. Die mitgereisten deutschen Journalisten sind sehr angetan von der Tochter des Bundespräsidenten, die *Bild*-Zeitung stellt Annalena in den Mittelpunkt ihrer Berichterstattung über die Reise und spricht von der „First Tochter". Auch dem israelischen Präsidenten gefällt die Art und Weise, wie Wulff seinen Besuch gestaltet. Dass Peres den Bundespräsidenten nach Yad Vashem begleitet, ist nicht selbstverständlich. Es sei ein Besuch der besonderen Art, meint Peres, „weil es sich um einen besonderen Präsidenten handelt". Wulff sei der erste Bundespräsident, der nach dem Zweiten Weltkrieg geboren sei. „Seine Zukunft ist größer als seine Vergangenheit."

Anders als seine Vorgänger Horst Köhler und Johannes Rau spricht Wulff nicht in der Knesset. Das hat vor allem protokollarische Gründe. Israels Präsident Peres ist erst im Januar 2010 in Deutschland gewesen, für die Entgegnung des Staatsbesuchs ist es noch zu früh, deshalb kommt Wulff nicht zu einem offiziellen Staatsbesuch nach Israel. Es ist vielmehr ein Antrittsbesuch. Doch auch sonst verzichtet Wulff auf eine große Rede, etwa an einer Universität. Er setzt erkennbar auf Nummer sicher, ist sehr bedacht darauf, keine Fehler zu machen. Es bleibt seine einzige Reise nach Israel, doch die Erinnerung an den Holocaust bleibt ihm ein wichtiges Anliegen.

* * *

Zum Holocaust-Gedenktag, am 27. Januar 2011, besucht der Bundespräsident Auschwitz. Wulff ist der erste Bundespräsident, der hier eine Rede hält. „Erinnerung, Gedenken und Trauer sollen das Leben nicht lähmen, sollen Zukunft nicht versperren, sondern gerade möglich machen. Was die Opfer erleiden mussten, ist unfassbar, unsagbar, unbeschreiblich. Deutsche müssen dafür ewig einstehen", sagt der Bundespräsident bei der Gedenkfeier. Dieter Graumann hört zu, während Wulff in Auschwitz spricht. Als er ihm im November den Leo-Baeck-Preis verleiht, beschreibt er seine Gefühle an jenem Tag. „Bei all dem heftigen Schmerz, der mich dort förmlich überflutete, war es für mich auch ein ganz besonderes Gefühl, wenn der ‚erste Mann' im Deutschland von heute ausdrücklich dort gemeinsam trauert mit der wiederum ganz neuen jüdischen Gemeinschaft in Deutschland, gerade in Auschwitz."

Wulff hat die Verleihung des Leo-Baeck-Preises als große Ehre empfunden. Allerdings gibt es im Juni 2012, einige Monate nach dem Rücktritt des Bundespräsidenten, ein unerfreuliches Nachspiel. Der Preis ist mit 10.000 Euro dotiert. Bei Preisen dieser Art an politische Amtsträger ist es üblich, dass diese das Preisgeld spenden, meist in Absprache mit der Organisation, die den Preis verliehen hat. Im Juni 2012 berichtet der *Spiegel*, dass Wulff das Preisgeld erst sieben Monate nach der Preisverleihung an ein Krankenhaus in Israel überwiesen habe. Zuvor habe sich die Staatsanwaltschaft bei der Sichtung der Konten über den Betrag gewundert und daraufhin beim Bundespräsidialamt Rücksprache gehalten. Tatsächlich liegt das Geld bis Juni 2012 auf dem Konto von Christian Wulff. Was immer dazu geführt haben mag, ob Wulff im Zuge der Krise, die ihn kurz nach der Preisverleihung mit voller Wucht erwischt, einfach vergessen hat, sich um die Angelegenheit zu kümmern, ist unklar. Der Vorfall sorgt zwar nicht für sehr viel Aufmerksamkeit in den Medien, dafür aber für Kopfschütteln, unter anderem im politischen Berlin, vor allem aber auch bei denen, die Wulff auch nach seinem Rücktritt noch wohlgesonnen sind. Der Zentralrat der Juden hält sich nach Bekanntwerden der Angelegenheit zurück. Auch im September 2012 heißt es auf Nachfrage, es gelte das, was Dieter Graumann im November 2011 bei der Preisverleihung gesagt habe.

Der Präsident sucht seine Rolle

Was macht eigentlich …?

„Das Amt des Bundespräsidenten ist wunderschön, aber doch auch ziemlich kompliziert", sagt Dieter Graumann, der Präsident des Zentralrats der Juden, als er Christian Wulff den Leo-Baeck-Preis verleiht. Es sei ein Amt mit eingebauter Enttäuschungs-Automatik. „Der Bundespräsident soll eine Art Ersatz-Kaiser sein, aber die Politik doch besser nicht weiter groß stören. Er soll Dirigent in großer Pose sein, aber den Ton und die Musik sollen und wollen doch andere vorgeben. Äußert er sich, heißt es rasch, das sei doch gar nicht seine Sache. Äußert er sich aber nicht, wird wiederum schnell gestichelt: Lebt er überhaupt noch?" Graumann beschreibt damit ziemlich genau die Erfahrung, die so ziemlich alle Bundespräsidenten im Laufe ihrer Amtszeit machen. Christian Wulff macht sie in der ersten Hälfte des Jahres 2011.

Irgendwann zu Beginn des Jahres verliert Christian Wulff den Schwung aus den Monaten zuvor. Auch wenn der Start ins Amt holprig gewesen ist, kann sich die Bilanz am Ende des Jahres 2010 sehen lassen. Die Monate Oktober bis Dezember sind von zahlreichen öffentlichen Auftritten geprägt, vor allem von den Reisen in die Türkei und nach Israel, und von der Debatte, die seine Rede zum 3. Oktober auslöst. Mit dem Beginn des Jahres 2011 schaltet Wulff mindestens einen Gang zurück. Manches bedingt einander: Zu Beginn seiner Amtszeit, vor allem aufgrund der besonderen Umstände durch den Rücktritt Köhlers, ist das Interesse an dem neuen Bundespräsidenten und allem, was er macht und sagt, besonders hoch. Ende 2010 hat Wulff den Nachweis erbracht, dem Amt gewachsen zu sein, für viele zumindest. Nachdem sich die Medienlandschaft fast unisono im Vorfeld der Präsidentschaftswahl für Gauck ausgesprochen hat, beurteilen die Medien Wulff am Ende des Jahres überwiegend positiv. Vor allem mit seinem Eintreten für die Muslime in Deutschland kann der neue Bundespräsident punkten. Neben den Medien macht auch der politische Gegner von früher seinen Frieden mit Wulff. SPD, Grüne und selbst die Linke arrangieren sich mit dem Staatsoberhaupt, schließlich setzt es auf Themen und vertritt Positionen, die auch die ihren sind. Wulff schafft es, ein solides Fundament für seine Präsidentschaft zu legen, auf dem er nun aufbauen könnte. Doch der Bau will nicht vorankommen.

Christian Wulff verliert sich in den ersten Monaten des Jahres 2011 im Alltagsgeschäft der Pflicht und vernachlässigt dabei die Kür. Der Terminkalender ist prall gefüllt mit dem, was ein Bundespräsident so machen kann, das meiste davon spielt sich allerdings unterhalb der öffentlichen Wahrnehmungsschwelle ab. Wulff erscheint mit dem, was er macht, nicht mehr auf dem Radar der überregionalen Medien und damit auch nicht der Öffentlichkeit. Er findet zunehmend Gefallen an den repräsentativen Aufgaben des Amtes, macht Antrittsbesuche in den Bundesländern, alles Dinge, die wichtig sind und zweifellos zu seinen Aufgaben gehören, die aber nur die interessieren, die selbst daran teilnehmen. Wulff lässt dabei nicht nach in seinem Arbeitseifer, im Gegenteil: Die Klagen im Bundespräsidialamt über die Flut von Terminen, die der Bundespräsident wahrnimmt, werden eher lauter. Die Termindichte nach einem Jahr im Amt, im Juni 2011, ist durchaus beeindruckend: Rund 400 Termine absolviert Christian Wulff bis dahin, gibt 25 Empfänge und 30 Essen im Bellevue, begibt sich auf 26 Auslandsreisen und macht seinen Antrittsbesuch in 15 Bundesländern. Der Apparat ächzt und stöhnt, während die Medien beginnen, die Frage zu stellen: „Was macht eigentlich der Bundespräsident?"

* * *

„Still ruht das Schloss" – so ist Mitte April 2011 ein Artikel im *Spiegel* überschrieben, der den Auftakt bildet für eine zunehmend kritische Auseinandersetzung mit der nach Einschätzung der Medien mangelnden Präsenz des Bundespräsidenten. Mit einigem Unterhaltungswert, aber auch unübersehbarer Geringschätzung beschreibt der *Spiegel* den präsidialen Alltag und wie Wulff sich darin eingerichtet habe: Dass er nach neun Monaten im Amt immer noch schwanger gehe mit der Frage, was er mit dem Amt eigentlich wolle. Präsidentensprecher Glaeseker bemüht sich in den darauffolgenden Tagen und Wochen in Einzelgesprächen mit Journalisten, das Bild zu korrigieren. Der Artikel sei weniger Kritik als vielmehr eine Aufforderung an Wulff, dem man ja eigentlich mehr zutraue, interpretiert Glaeseker in diesen Gesprächen den Spott des *Spiegel*. Dabei arbeitet er sich intern selbst an seinem Chef ab. Glaeseker drängt Wulff zu mehr Präsenz in der Öffentlichkeit, vor allem dazu, Interviews zu geben. „Der Bundespräsident ging allen Interviewanfragen aus dem Weg", erinnert sich ein ehemaliger Mitarbeiter des Präsidenten. „Er fand immer einen Grund dagegen." Was bremst den Präsidenten, der doch selbstbewusst aufbauen könnte auf dem Fundament, das er bis Ende 2010 geschaffen hat?

Christian Wulff sorgt sich ständig, wie das, was er sagen will, verstanden oder missverstanden werden könnte. Interviews, so fürchtet er, könnten am Ende auf Kernaussagen reduziert werden, die er so gar nicht gemeint hat. Da Wulff das vermeiden will, gibt er monatelang lieber gar keine Interviews. Hinzu kommt die Sorge, man könne ihm eine Einmischung in die Tagespolitik vorwerfen, aus der der Bundespräsident sich traditionell heraushalten soll. Eine wichtige Rolle spielt dabei die Tatsache, dass 2011 ein Superwahljahr ist. Mit sieben Landtagswahlen erlebt das Land eine Aneinanderreihung von Urnengängen in seltener Dichte: Hamburg wählt am 20. Februar, Sachsen-Anhalt am 20. März, Baden-Württemberg und Rheinland-Pfalz nur eine Woche später, Bremen am 22. Mai, Mecklenburg-Vorpommern am 4. September und schließlich Berlin am 18. September. Dabei sind die Aussichten für CDU und FDP vor allem nach dem Wendemanöver der Kanzlerin Mitte März in der Energiepolitik mit ihrem hastig vorangetriebenen Atomausstieg alles andere als rosig.

Als besonders schmerzhaft erweist sich das Ergebnis in Baden-Württemberg, wo die CDU seit 1953 ununterbrochen den Ministerpräsidenten stellt und nun die Staatskanzlei für den ersten grünen Regierungschef räumen muss. Dabei werden die Landtagswahlen maßgeblich vom bundespolitischen Umfeld beeinflusst. Nach der Nuklearkatastrophe von Fukushima infolge des schweren Erdbebens in Japan am 11. März vollzieht Angela Merkel eine atemberaubende Kehrtwende in der Energiepolitik, die an Mut und Risikobereitschaft so ziemlich alles in den Schatten stellt, was die Kanzlerin bisher aufgeboten hat. Merkel, der immer vorgeworfen wird, den Dingen so lange wie möglich ihren Lauf zu lassen und Entscheidungen auszusitzen, setzt plötzlich alles auf eine Karte.

Die Kanzlerin verfolgt die Ereignisse in Fukushima an diesem 11. März während eines EU-Gipfels in Brüssel im Fernsehen und beschließt, sich in puncto Atomenergie neu zu erfinden. Bereits am 14. März verkündet sie ein Atommoratorium, das zu einer sofortigen vorläufigen Stilllegung der ältesten Atommeiler in Deutschland führt. Außerdem werden alle Atomkraftwerke einer grundlegenden Sicherheitsüberprüfung unterzogen. All das nur ein halbes Jahr, nachdem die schwarz-gelbe Koalition den rot-grünen Atomausstieg mit einer Verlängerung der Laufzeiten für Atomkraftwerke rückgängig gemacht hat. Im politischen Betrieb der Hauptstadt traut man seinen Ohren nicht. Bei Union und FDP brennt daraufhin die Luft. Merkels Kehrtwende stößt bei weiten Teilen der Partei, vor allem in der CDU/CSU-Bundestagsfraktion, aber auch beim Koalitionspartner FDP auf Skepsis und Widerstand. Die Medien sehen darin vor allem ein wahltaktisches Manöver. Die Kanzlerin hingegen argumentiert, dass seit Fukushima nichts mehr sei, wie es vorher war, und man „nicht einfach zur Tagesordnung übergehen" könne. Die Glaubwürdigkeitslücke dieser Argumentation ist schnell gefunden: Was ein Erdbeben in Japan mit der Sicherheit von Atomkraftwerken in einem weitgehend erdbebenfreien Land zu tun haben soll, vermag die Kanzlerin nicht zu erklären. Im Kanzleramt ist man aber überzeugt davon, dass Fukushima ein einschneidendes Ereignis von derart großer Bedeutung ist, dass mit Atomkraft in Deutschland keine Wahlen mehr zu gewinnen sind. Merkel will SPD und Grünen das zentrale Wahlkampfthema für die nächste Bundestagswahl wegnehmen.

Bereits am Tag nach Verkündigung des Atommoratoriums meldet sich Bundestagspräsident Lammert zu Wort und bezweifelt öffentlich, dass die Bundesregierung ohne Zustimmung des Bundestages die vorläufige Stilllegung von sieben Atommeilern im Alleingang beschließen könne. Lammert ist in der CDU. Hans-Jürgen Papier, der Ex-Präsident des Bundesverfassungsgerichts, spricht gar von „illegalen Maßnahmen". Die Stilllegung verstoße gegen das geltende Atomgesetz und könne nur mit einer Gesetzesänderung verfügt werden. Doch Merkel lässt sich nicht beirren. In Windeseile treibt die Kanzlerin eine Energiewende voran: Zunächst setzt sie eine Ethikkommission „Sichere Energieversorgung" ein, geleitet vom früheren CDU-Bundesumweltminister und UN-Klimaschutzdirektor Klaus Töpfer und dem Präsidenten der Deutschen Forschungsgemeinschaft Matthias Kleiner, die Ende Mai ihren Abschlussbericht vorlegt.

Bereits eine Woche später beschließt das Bundeskabinett die nötigen Gesetzesvorhaben zur Energiewende. Darin wird die endgültige Abschaltung der bereits vorläufig stillgelegten älteren Atommeiler beschlossen, genauso wie ein Fahrplan zum Atomausstieg bis zum Jahre 2022. Im Gegenzug soll der Ausbau der erneuerbaren Energien massiv vorangetrieben werden. Ende Juni beschließt der Bundestag mit breiter Mehrheit die Energiewende. Kurz vor der Sommerpause peitscht die

Regierung damit ein Megaprojekt durch Bundestag und Bundesrat, ohne dass die Abgeordneten eine reelle Chance hätten, auch nur zu lesen, worüber sie abstimmen sollen. Nicht wenige von ihnen fühlen sich zu bloßen Abnickern degradiert. Gleichzeitig kommt die Eurokrise wieder in Fahrt. Nach Griechenland und Irland im Jahre 2010 schlüpft das krisengeschüttelte Portugal unter den Euro-Rettungsschirm EFSF: Anfang April beschließt ein EU-Gipfel ein Rettungspaket in Höhe von rund 80 Milliarden Euro. Mitte Mai stimmt der Bundestag zu. Bei vielen Abgeordneten macht sich das ungute Gefühl breit, nicht mehr zu wissen, worüber man eigentlich entscheidet und welche Folgen die getroffenen Entscheidungen haben könnten, während man zu Hause im Wahlkreis den Kopf dafür hinhalten muss.

* * *

All das, so die weitverbreitete Auffassung in den Medien und auch im politischen Betrieb der Hauptstadt, schreit nach einer Wortmeldung des Bundespräsidenten. Doch Christian Wulff weicht den politisch hochbrisanten Themen lange aus. Zur Energiewende und zur Eurokrise schweigt der Präsident. Dabei kann keine Rede davon sein, dass Wulff die Lust an seinem Amt verloren hätte. Im Gegenteil: Der Bundespräsident besucht die japanische Botschaft, um der Tsunami-Opfer zu gedenken, er eröffnet die Landesbühnentage in Detmold und empfängt den ungarischen Präsidenten Schmitt, den belgischen König Albert sowie Königin Beatrix der Niederlande, im April dann Bill Gates und NATO-Generalsekretär Rasmussen, um nur einige der offiziellen Termine aufzuzählen, die dem Präsidialamt eine Pressemitteilung wert sind. Die eine oder andere davon sorgt für Heiterkeit in den Redaktionen: Drei Tage, nachdem die Kanzlerin ihr Atommoratorium bekannt gibt, teilt das Bundespräsidialamt der Öffentlichkeit mit, dass das Amtszimmer des Bundespräsidenten neue Gemälde schmücken. Man erfährt, dass der Bundespräsident seine Gäste seit Kurzem unter einem Gemälde von Canaletto „zum Gespräch empfängt". Korrespondierend mit Canalettos „Dresden vom linken Elbufer unterhalb der Augustbrücke" habe sich der Bundespräsident die „Italienische Landschaft" von Adolf Friedrich Harper ausgesucht, die über dem Schreibtisch im Amtszimmer hänge.

Ende April reist das Präsidentenpaar nach Mexiko, Costa Rica und Brasilien. Bei der Reise wird deutlich, dass Wulff die Kritik der Medien am „schweigenden Präsidenten" nicht unberührt lässt. Nach ein paar Tagen stellt er einen der mitreisenden Journalisten aus Berlin am Rande eines Hintergrundgesprächs an Bord der Regierungsmaschine zur Rede, warum er denn bisher noch nichts über die Reise geschrieben habe. Wulff ist hörbar nervös und angespannt. So verbindlich er im Umgang mit den Medienvertretern normalerweise ist, so misstrauisch kann er sein. Die Episode sorgt kurzzeitig für Kopfschütteln in der Journalistengruppe. Die Situation macht deutlich, dass er unter Strom steht.

Tatsache ist, dass die Präsidentenreise durch Lateinamerika kaum Beachtung in den Medien findet. Das ist frustrierend, da Auslandsreisen für den Bundespräsidenten keine Vergnügungsreisen sind. Wulff spürt in diesen Wochen, dass das, was er macht, wenig wahrgenommen wird, gleichzeitig meint er aber, das Übrige, was von ihm erwartet wird, nicht leisten zu können. Er will auf Nummer sicher gehen in dieser Phase der Wahlen und politischen Wendemanöver und schweigt deshalb lieber. „Er hat befürchtet, dass man ihm das am Ende als unangemessene Einmischung auslegen könnte", erinnert sich ein ehemaliger Mitarbeiter. „Mit der Zeit aber fiel das, was wir gemacht haben, und das, was erwartet wurde, immer mehr auseinander."

Für Irritationen sorgt schließlich, dass Wulff die traditionelle Berliner Rede in diesem Jahr nicht selber hält, sondern einen Gastredner einlädt: Am 17. Juni spricht in der Berliner Humboldt-Universität der polnische Präsident Komorowski. Dagegen wäre sicherlich nichts einzuwenden, schließlich gibt es mit dem 20. Jahrestag des deutschpolnischen Freundschaftsvertrages einen guten Anlass und Polen übernimmt zwei Wochen später erstmalig die EU-Präsidentschaft. Die Beziehungen zu Polen liegen Wulff sehr am Herzen, den deutschen Nachbarn im Osten besucht er mehrfach. Und dennoch: Als ahne man schon die Reaktionen auf diese Ankündigung, weist das Bundespräsidialamt vorsorglich darauf hin, dass auch schon Roman Herzog ausländische Staatsgäste eingeladen hat, die Berliner Rede zu halten: 1998 den finnischen Präsidenten Martti Ahtisaari und ein Jahr darauf UN-Generalsekretär Kofi Annan. Seine berühmte „Ruck-Rede", so erklärt Präsidentensprecher Olaf Glaeseker Journalisten in persönlichen Gesprächen, habe Herzog außerdem erst im dritten Amtsjahr gehalten.

Doch das ändert wenig am Gesamteindruck: Da Wulff sich sonst jedoch auch nicht zu Wort meldet, entsteht der Eindruck, der Bundespräsident habe zu den aktuellen Fragen, die Politik und Gesellschaft beschäftigen, entweder nichts zu sagen oder er drücke sich davor. Dementsprechend fallen die Kommentare im Umfeld der Berliner Rede aus. Die Zeitung *Die Welt* kommentiert: „Der Bundespräsident fällt durch Schweigen auf", Wulff gehe der ersten eigenen Berliner Rede „aus dem Weg" und erwecke so den Eindruck, als habe er „nichts zu sagen". *Spiegel Online* berichtet über den „sprachlosen Präsidenten", der sich nicht mehr „dem Druck der Medien und der Öffentlichkeit" aussetzen wolle. In der Tat vergibt Wulff mit der Berliner Rede eine Chance, weiter an Profil zu gewinnen und an den Erfolg seiner Rede zum Tag der deutschen Einheit ein Jahr zuvor anzuknüpfen. Und das zu einem Zeitpunkt, wo die Medien Bilanz ziehen: Ende Juni ist Wulff ein Jahr im Amt, es ist absehbar, dass die Medien sich zu diesem Anlass mit Wulffs Leistungsbilanz auseinandersetzen werden.

Mitte Juni veröffentlicht die *Bild am Sonntag* eine Umfrage des Meinungsforschungsinstituts emnid, wonach sich 78 Prozent der Menschen wünschen, der Bundespräsident möge sich zu aktuellen Fragen der Politik wie Eurokrise und Atomausstieg häufiger zu Wort melden. Seiner Beliebtheit tut das dennoch keinen Abbruch: Über 80 Prozent sind der Ansicht, dass Wulff Deutschland gut repräsentiere. Auch die Politik meldet sich zu Wort und ermutigt Wulff, sich mehr einzumischen. CSU-Chef Seehofer bescheinigt dem Bundespräsidenten, sein Amt „sehr, sehr gut" zu führen, äußert aber gleichzeitig die Hoffnung, dass Wulff „mit zunehmender Amtsdauer stärker das Wort auch in aktuellen Debatten ergreifen" werde. Auch SPD und Grüne finden lobende Worte, geben dem Bundespräsidenten aber gleichzeitig einen Schubser: Mit seinen Äußerungen zum Islam habe Wulff eine wichtige Debatte angestoßen, stellt die Grüne Renate Künast fest und wünscht sich, „dass der Bundespräsident sich häufiger auch in andere gesellschaftspolitische Debatten einmischt". SPD-Fraktionschef Steinmeier lobt Wulff ebenfalls für seine Akzente beim Thema Integration und für seine Auslandsreisen in die Türkei und nach Israel. Die Zurückhaltung des Staatsoberhaupts in den aktuellen Fragen der Politik wird im Juni 2011 zunehmend zum Thema, wobei die öffentlichen Stellungnahmen noch wohlwollend sind. Nach einem Jahr im Amt wird Wulff ermutigt, sein Schneckenhaus zu verlassen und an das anzuknüpfen, was ihm in der Zeit zwischen Oktober und Dezember 2010 gelungen ist.

Der Präsident rüffelt die Kanzlerin

Der Präsident und seine Berater beschließen, den ersten Jahrestag seit der Wahl zu nutzen, um aus der Defensive zu kommen und „klare Kante" zu zeigen. Das Bellevue pariert die Medienkritik und die Anstupser aus der Politik mit einer Reihe von Interviews in ausgewählten Medien: Einem Zeitungsinterview mit der *Zeit*, einem Fernseh- und einem Hörfunkinterview mit der *ARD* und einem Online-Interview mit *Bild.de*. Sorgsam achtet das Bellevue darauf, dass die Inszenierung des präsidialen Paukenschlags gelingt. Peinlich genau wird verfügt, wann die einzelnen Interviews erscheinen, obwohl Wulff sie zum Teil bereits Tage vorher gegeben hat. Der Aufschlag soll ein Ass werden. Dafür soll nicht nur das Timing sorgen, sondern auch der Inhalt: Wulff meldet sich überraschend kritisch zu Wort. Gegenstand der präsidialen Kritik ist letztlich die Bundesregierung, ohne dass Wulff sie beim Namen nennt: Der Bundespräsident macht sich zum Anwalt des Bundestages und beklagt in allen Interviews, die er rund um den 30. Juni gibt, eine „Aushöhlung des Parlamentarismus", die er sowohl im Zuge der Energiewende als auch beim Kampf gegen die Eurokrise feststellt. Parlamente müssten stärker an Entscheidungen teilhaben, fordert Wulff und stellt fest, „dass heute zu viel in kleinen ‚Entscheider'-Runden vorgegeben wird, was dann von den Parlamenten abgesegnet werden soll". Das wiederum führe dazu, dass es heute nicht nur Politikverdrossenheit bei den Bürgerinnen und Bürgern gebe, sondern auch „Politikerverdrossenheit", da Politiker verdrossen seien über ihre Rolle und ihren schwindenden Einfluss. „Sowohl beim Euro als auch bei Fragen der Energiewende wird das Parlament nicht als Herz der Demokratie gestärkt und empfunden. Dort finden die großen Debatten nicht mit ergebnisoffenem Ausgang statt, sondern es wird unter einigen wenigen etwas vereinbart und durch Kommissionen neben dem Parlament vorentschieden."

Im Kern ist es eine kritische Auseinandersetzung mit Angela Merkels Politikstil. Gleichzeitig lobt Wulff die Grünen für ihre Debattenkultur: Dass sie zur Frage der Energiewende einen Parteitag abgehalten und dabei um ihre Position gerungen hätten, findet der Bundespräsident vorbildlich. Im Kanzramt ärgert man sich über die Wortmeldung des Präsidenten und empfindet sie als Nachtreten. Schließlich kommt die Kritik aus dem Bellevue genau an dem Tag, an dem der Bundestag über die Gesetze zur Energiewende abstimmt. Im Umfeld der Kanzlerin heißt es kopfschüttelnd: „Was soll das und vor allem jetzt, wo die Sache gelaufen ist?" Ein Grund für den präsidialen Tadel ist, dass Wulff mit seinen Bedenken gegen die Energiewende lange nicht durchgedrungen ist, als die Sache noch nicht gelaufen ist. Der Ärger im Bellevue beginnt schon unmittelbar zu Beginn der Energiewende. Als die Kanzlerin ihr energiepolitisches Wendemanöver einleitet, erfährt Wulff davon aus den Medien. Am Donnerstagabend, bevor am Tag darauf in Japan die Erde bebt, sind Angela Merkel und ihr Mann beim Präsidentenpaar in der Dienstvilla in Berlin-Dahlem zum Abendessen. Die Welt ist noch in Ordnung, von der Eurokrise einmal abgesehen. Am Freitag, dem 11. März 2011, verfolgt Angela Merkel beim EU-Gipfel in Brüssel, wie die

Nuklearkatastrophe in Fukushima ihren Lauf nimmt. Bis Samstag ist sie in Brüssel, am Sonntag schließlich telefoniert Merkel mit Wulff. Dass sie sich energiepolitisch neu erfinden will, verschweigt Merkel, auch von ihren Plänen für ein Atommoratorium erwähnt die Kanzlerin nichts, obwohl sie sie am Tag darauf bekannt geben wird. Wulff ärgert sich deshalb über die Kanzlerin. „Er hätte erwartet, dass er von Merkel einen Hinweis bekommt", erinnert sich eine Mitarbeiterin des Präsidialamts. „Zumal, wenn man ohnehin miteinander telefoniert."

* * *

In diesem Sommer 2011 reitet der Bundespräsident noch eine weitere Attacke gegen die Kanzlerin. Am 24. August 2011 kommen in der Inselhalle in Lindau am Bodensee 17 Wirtschaftsnobelpreisträger und gut 350 überwiegend junge Ökonomen aus der ganzen Welt zusammen. Der Bundespräsident ist da, um die Veranstaltung mit einer Rede zu eröffnen. Die Gäste dürften auf eine freundliche, präsidiale Begrüßung eingerichtet sein, es gibt keinerlei Hinweise darauf, dass Wulff etwas anderes vorhaben könnte. Doch der Bundespräsident will ganz und gar keine launige Eröffnungsrede halten, er ist vielmehr nach Lindau gekommen, um sich intensiv mit der Eurokrise auseinanderzusetzen. Zunächst nimmt Wulff dabei die Regierungen in Schutz, die auf einer „unsicheren Grundlage" entscheiden und dennoch „mutig führen" müssten, da viele der Maßnahmen gegen die Eurokrise auch in der Wissenschaft „höchst umstritten" seien.

Was folgt, ist jedoch eine Generalabrechnung mit den Ursachen der Krise, mit denen, die dafür verantwortlich sind, und schließlich mit dem Krisenmanagement der Regierenden. Als die Krise ausbrach, stellt Wulff fest, sei man 2008 dem Finanzsektor und den Banken mit dem Geld der Steuerzahler zu Hilfe geeilt, um mit allen Mitteln den Kollaps zu verhindern und die Weltwirtschaft zu stabilisieren. „Ich möchte hier daran erinnern, dass das mit dem Vorsatz geschah, den Patienten Weltwirtschaft aber auch baldmöglichst zu therapieren. Doch immer noch ist der Bankensektor labil, sind die Staatsschulden in den größten

Volkswirtschaften auf Rekordniveau und die fundamentalen Probleme für Wachstum und Wettbewerbsfähigkeit so präsent wie zuvor. Es wurde mehr Zeit gewonnen als Zeit genutzt, um den Patienten zu therapieren." Man habe weder die Ursachen der Krise beseitigt noch könne man sagen, die Gefahr sei erkannt oder gebannt. „Wir sehen tatsächlich eine Entwicklung, die an ein Dominospiel erinnert: Erst haben Banken andere Banken gerettet, dann haben Staaten Banken gerettet, dann rettet eine Staatengemeinschaft einzelne Staaten. Wer rettet aber am Ende die Retter?"

Über Jahre hinweg habe man in vielen Ländern Probleme mit immer mehr Schulden beseitigt, dieses Geld aber nicht in Bildung und Ausbildung oder zukunftsweisende Forschung investiert, fährt Wulff fort. Diese „Politik mit ungedeckten Wechseln auf die Zukunft" sei nun an ihr Ende gekommen. „Es muss ein Ende haben, sich an der jungen Generation zu versündigen. Wir brauchen stattdessen ein Bündnis mit der jungen Generation." Die Politik müsse ihre Handlungsfähigkeit zurückgewinnen, sie dürfe sich nicht von Banken, Ratingagenturen und sprunghaften Medien am „Nasenring durch die Manege führen lassen". Wie schon bei seiner Kritik an der Umsetzung der Energiewende pocht Wulff darauf, dass „die Entscheidungen im Übrigen immer von den Parlamenten getroffen werden" müssten. Wulff ruft alle europäischen Staaten auf, sich an die selbst gesetzten Regeln zu halten. Auch Deutschland habe die einst in Maastricht beschlossenen Stabilitätskriterien verletzt. Schließlich mahnt Wulff, dass die Europäische Zentralbank „schnell zu den vereinbarten Grundsätzen zurückkehren" müsse. Den massiven Aufkauf von Anleihen einzelner Staaten durch die EZB halte er „für politisch und rechtlich bedenklich". Im Frühjahr 2010 hatte die EZB zum ersten Mal beschlossen, in großem Umfang Staatsanleihen kriselnder Euroländer aufzukaufen, zunächst griechische, dann irische und portugiesische. Im Sommer 2011, also unmittelbar bevor Wulff sich mit seiner Kritik zu Wort meldet, folgte eine zweite Runde, bei der Anleihen von Spanien und Italien gekauft wurden. Wulffs Kritik in Lindau ist auch ein Angriff auf die Kanzlerin, denn die Staats- und Regierungschefs der EU hatten das Manöver der EZB gebilligt.

Im Kanzleramt empfindet man Wulffs Kritik als deplatziert. Bereits am Tag darauf macht die Kanzlerin deutlich, dass sich Kritik an der EZB verbiete, die Bank fälle ihre Entscheidungen unabhängig. Bundesfinanzminister Wolfgang Schäuble gibt dem Bundespräsidenten einen gut gemeinten Rat mit auf den Weg: „Wir sind alle gut beraten, wenn wir die Unabhängigkeit der Notenbank respektieren und ihre Entscheidungen akzeptieren und sie nicht kritisieren", weist Schäuble Wulff in seine Schranken. Das Echo fällt ziemlich deutlich aus, vor allem, wenn man sich bewusst macht, dass die Bundesregierung den Bundespräsidenten normalerweise auch nicht kommentiert oder gar kritisiert. Wulff hingegen hält seine Rede zur Eurokrise in Lindau für die beste in seiner Amtszeit.

Bemerkenswert ist, dass der Bundespräsident seine Kritik auf die EZB konzentriert und sich damit selbst angreifbar macht. Hinzu kommt, dass die Rede sehr rückwärtsgewandt ist: Wulff kritisiert Entwicklungen, die lange Zeit zurückliegen und nicht mehr zu ändern sind. Zum Teil wirkt Wulffs Kritik auch fehl am Platze: Denn die mangelnde Reformbereitschaft, die er den europäischen Regierungen unterstellt, lässt völlig außer Acht, dass Länder wie Griechenland, Portugal und Irland zu diesem Zeitpunkt bereits massive Sparanstrengungen mit zum Teil schweren sozialen Einschnitten unternommen haben.

Die Kritik in den Medien merkt zum Teil an, dass Wulff keine Lösungsvorschläge für die Krise präsentiert habe. Das allerdings dürfte als Bundespräsident kaum seine Aufgabe sein. Ein gutes Thema für den Bundespräsidenten wäre die Frage gewesen, welchen geistigen und politischen Wert Europa eigentlich für Deutschland hat, statt sich am Krisenmanagement der europäischen Regierungen abzuarbeiten. Dass Wulff das tut, dürfte auch damit zu tun haben, dass er in dieser Frage mit der Kanzlerin über Kreuz ist, mit seinen Bedenken bei ihr aber nicht durchgedrungen ist. Wulff und Merkel haben hier ihre zweite große Meinungsverschiedenheit, während Wulff Bundespräsident ist. Grundsätzlich ist Wulffs Lindauer Rede ein Beispiel für eine Bundespräsidentenrede, die die Nachrichten am selben Tag und die Schlagzeilen der Zeitungen am folgenden Tag beherrscht, danach aber keine Rolle mehr spielt. Nachdem monatelang eingefordert wurde, der Präsident möge sich zur Eurokrise äußern, verpufft die Wortmeldung weitgehend. Das Internet ist übrigens voll mit kruden Verschwörungstheorien, wonach Wulffs Kritik an der Eurorettung der eigentliche Grund für seinen Sturz sei. Dafür gibt es allerdings keinerlei Hinweise.

Wulff und die Medien

Im Juni 2011, als sich der Tag nähert, an dem Christian Wulff ein Jahr im Amt ist, ziehen die Medien Bilanz. Sie fällt sehr unterschiedlich aus. Manches davon ist bissig, vieles kritisch, einiges wohlwollend. Die *Financial Times Deutschland* geht bereits zehn Tage vor dem Stichtag besonders hart mit dem Bundespräsidenten ins Gericht und überschreibt ihren Artikel mit „Das Mauerblümchen". Am Ende seines ersten Amtsjahres habe Christian Wulff „viel gesagt und wenig bewegt". Der *Tagesspiegel* wirft die Frage auf: „Wozu hat dieses Land überhaupt einen Präsidenten, wenn der den Menschen noch nicht einmal in krisenhaften Zeiten wie diesen etwas zu sagen hat?" Die *Frankfurter Allgemeine Zeitung* schließlich stellt fest: „Er kam, sah und störte nicht weiter." In den Interviews, die Wulff zum 30. Juni 2011 gibt, geht er auf diese Kritik ein. Seine Aufgabe sei es nicht, „wie ein Schiedsrichter mit roten und gelben Karten über den Platz der Tagespolitik zu laufen". Manche stimmen ihm durchaus zu. In der *Welt am Sonntag* liest man: „Würde sich der Präsident aber in all jenen Fragen positionieren, wäre der Vorwurf berechtigt, er mische sich in die Tagespolitik ein. Wulffs erkennbares Bemühen, sich nicht zu jedwedem Thema zu verbreiten, ist äußerst wohltuend." Auch die *Süddeutsche Zeitung* kommt zu dem Schluss, dass Wulff sein erstes Jahr im Amt „ordentlich" bewältigt habe. Auch bei seinen Vorgängern habe es nach einem Jahr fast immer geheißen, der Präsident habe seine Rolle noch nicht gefunden. Von Christian Wulff könne man das aber nicht sagen: „Er hat sie gefunden, füllt sie freilich noch nicht aus; aber Letzteres kann man nach erst einem Jahr auch nicht erwarten."

Christian Wulff stand nach seiner Wahl vor der zentralen Herausforderung, die Medien davon zu überzeugen, dass er dem Amt gewachsen ist, nachdem sich nahezu die gesamte Medienlandschaft vor seiner Wahl im Juni 2010 für Gauck als den besseren Präsidenten ausgesprochen hatte. Wulff hat das verletzt und dauerhaft verunsichert. Er nimmt diese Unsicherheit mit ins Amt und legt sie letztlich nie mehr ab. Während es ihm schnell gelingt, die Herzen der Bevölkerung für sich zu gewinnen, bleibt sein Verhältnis zu den Medien bei aller Verbindlichkeit im Umgang mit Journalisten angespannt. Bei der Bevölkerung steigt seine Beliebtheit von Monat zu Monat und erreicht bis zum Ausbruch der Krise im Dezember 2011 Traumwerte mit Zustimmungsraten von 80 Prozent. Selbst seine Aussagen zum Islam am 3. Oktober 2010 schaden Wulffs Sympathiewerten nicht, obwohl zwei Drittel der Bevölkerung sie in Umfragen ablehnen.

Gleichzeitig gelingt es Wulff mit dieser Rede und gelungenen Auslandsreisen, vor allem in die Türkei und nach Israel, sich auch Respekt zumindest bei einem Teil der Medien zu verdienen. Viele sind am Ende positiv überrascht, zumal sich vereinzelt durchaus Ernüchterung über Joachim Gauck eingestellt hat, etwa als er Thilo Sarrazins Thesen als „mutig" bezeichnete oder sich abfällig über die kapitalismuskritische Occupy-Bewegung äußerte. Wulff sonnt sich in seinen hohen Beliebtheitswerten. Im Kern glaubt er, als Bundespräsident auf die Medien nicht mehr angewiesen zu sein, schon gar nicht auf jene, die ihn für nicht würdig befunden hatten, Präsident zu werden und die auch spürbar auf Distanz bleiben, als er im Amt ist. In Wulffs Umfeld wird es als schweres Versäumnis des Bundespräsidenten wahrgenommen, dass es ihm nicht gelingt, sich den Respekt einiger zentraler Leitmedien zu erarbeiten, vor allem des *Spiegel* und der *Frankfurter Allgemeinen Zeitung*. „Medienstrategisch war das ein schwerer Fehler", erinnert sich eine ehemalige Mitarbeiterin. Weder der *Spiegel* noch die *FAZ* bekommen ein Interview mit dem Bundespräsidenten. Auch ein weiteres Leitmedium geht leer aus: die *Bild*-Zeitung.

* * *

Mit dem Wechsel ins Bellevue beginnt zwischen Wulff und der *Bild*-Zeitung ein schleichender Prozess der Entfremdung. In den Wochen vor der Wahl zum Bundespräsidenten wahrt *Bild* wohlwollende Neutralität, obwohl der Mainstream ganz klar zugunsten von Gauck verläuft. Man kann davon ausgehen, dass *Bild* sich dafür eine Gegenleistung erwartet, vor allem in Gestalt von Exklusivgeschichten aus dem Bellevue. Das für beide Seiten gewinnbringende Verhältnis soll unter neuen Vorzeichen fortgesetzt werden, doch Wulff beginnt, *Bild* zu verstören. Eines der ersten Interviews, das Wulff als Bundespräsident gibt, bekommt nicht die *Bild*-Zeitung, sondern die *Bild am Sonntag*. Warum, bleibt Wulffs und Glaesekers Geheimnis: Schließlich handelt es sich um zwei eigenständige Zeitungen unter dem Dach von Springer, die eher in einem Spannungsverhältnis zueinander stehen. Während *Bild* Wulffs Kandidatur wohlwollend begleitet hatte, titelte die *Bild am Sonntag* „Yes we Gauck". Aus der Perspektive von *Bild* war Wulff ihr etwas schuldig.

Doch je länger Wulff Bundespräsident ist, desto mehr reift in *Bild* die Erkenntnis, dass der ehemalige Liebling die „Geschäftsbeziehung" aus Hannover aufgekündigt hat. *Bild* wartet vergeblich auf Exklusivgeschichten aus dem Schloss, selbst ein Interview bekommt die Zeitung nicht. Dabei bringt man weiter schöne und bunte Geschichten über den Bundespräsidenten und seine Frau, bei jeder sich bietenden Gelegenheit setzt *Bild* das Präsidentenpaar in Szene. Präsidentengeschichten verkaufen sich gut, doch Exklusivgeschichten würden sich noch besser verkaufen. Doch Wulff „liefert" nicht: Letztlich ist er der Ansicht, dass Bundespräsident und *Bild* nicht zusammenpassen. Umso intensiver beginnt man bei *Bild* an einer Geschichte zu recherchieren, für die sich auch schon andere interessierten, und die den Bundespräsidenten absehbar in erhebliche Schwierigkeiten bringen könnte – sollten die Gerüchte stimmen, dass ein bekannter Unternehmer in Hannover ihm bei der Finanzierung seines Hauses in Großburgwedel geholfen hat? *Bild* beginnt, ganz im Hintergrund, langsam aber sicher, die Exklusivität in Sachen Wulff neu zu definieren.

Schon kurz nach dem Wechsel ins Bellevue bekommen die Wulffs einen Hinweis darauf, dass *Bild* auch anders kann. Bettina Wulff beschreibt eine Szene in ihrem Buch, die sich im September 2010, also kurz nach der Wahl zum Bundespräsidenten, ereignet haben soll: *Bild*-Chefredakteur Kai Diekmann habe sie bei einem Besuch im Schloss auf den Kopf zu gefragt, was an den Rotlicht-Gerüchten über sie dran sei. Bettina Wulff schildert, wie schockiert sie darüber gewesen sei. Tatsächlich recherchiert nicht nur die *Bild*-Zeitung in der Angelegenheit, sondern verschiedene Medien. Dass Diekmann es Bettina Wulff gegenüber offen ausspricht, kann man dreist, aber auch ehrlich finden. Tatsächlich hat die *Bild*-Zeitung nie etwas über diese Gerüchte geschrieben. Da die Recherchen aller Medien im Sande verlaufen, erfährt die Öffentlichkeit nichts. Im Bellevue hingegen weiß man sehr wohl davon. Das Ganze belastet und empört Wulff gleichermaßen.

Das Tragische ist, dass die Gerüchte nicht verschwinden, obwohl die Recherchen der Medien ergeben, dass an der Sache nichts dran ist. Das Präsidentenpaar fühlt sich der Situation hilflos ausgeliefert. Wulff wird von einigen Journalisten unter vier Augen direkt darauf angesprochen. Auch er selbst kommt auf die Gerüchte über seine Frau in Gesprächen mit einzelnen Medienvertretern zu sprechen. Einerseits will er dem Schmutz, der über seine Frau hinter vorgehaltener Hand und im Internet verbreitet wird, Einhalt gebieten, andererseits scheint es unmöglich, das Problem offensiv und öffentlich in Angriff zu nehmen. Allein das Bekanntwerden des Gerüchts würde das Staatsoberhaupt kompromittieren. Gleichzeitig befürchtet Wulff, dass einzelne Medien es früher oder später doch gegen ihn verwenden könnten. Als die Krise um Wulff im Dezember 2011 ihren Lauf nimmt, erweist sich diese Befürchtung als richtig. In einzelnen Medien wird schließlich auf die Gerüchte angespielt.

* * *

Im Laufe des ersten Halbjahres 2011, als die Medien beginnen, über den „schweigenden Präsidenten" zu schreiben, kommt es im Bellevue zu teilweise schweren Auseinandersetzungen über die präsidiale Medienstrategie zwischen Bundespräsident und Präsidentensprecher. Olaf Glaeseker drängt Wulff, offensiver zu sein, sich auch um diejenigen Medien zu kümmern, die seiner Präsidentschaft weiterhin mit großer Skepsis gegenüberstehen. Doch Wulff weicht konsequent aus, sei es wegen der Landtagswahlen oder aufgrund der gebotenen präsidialen Zurückhaltung gegenüber der Tagespolitik. Interviews sieht Wulff generell skeptisch: Er fürchtet, dass einzelne Aussagen am Ende verkürzt zur Schlagzeile werden könnten und die eigentliche Botschaft, die das Interview transportieren sollte, untergeht. Die Sorge ist nicht ganz unbegründet. Wulffs Nachfolger Joachim Gauck erlebt, kaum im Amt, nach einem Interview mit dem ZDF im Sommer 2012, wie die Medien die Geschichte „Gauck gegen die Kanzlerin" zur Schlagzeile machen, obwohl Gauck diesen Eindruck gar nicht erwecken will. Vor allem aber sieht Christian Wulff die Arbeit seines Sprechers im Laufe des Jahres 2011 zunehmend kritisch. Glaeseker sei nie in Berlin angekommen, beschwert sich Wulff intern und ärgert sich darüber, dass sein Sprecher immer zwischen Berlin und seinem Haus in Niedersachsen pendelt. Auch an den langen Reisen des Bundespräsidenten hat Glaeseker mit der Zeit kaum noch Interesse. Das Verhältnis bekommt in Berlin Risse, Wulff und Glaeseker beginnen, sich immer mehr zu entfremden.

* * *

Grundsätzlich wird es für den Bundespräsidenten generell schwieriger, den Spagat zwischen der gebotenen Zurückhaltung gegenüber der Tagespolitik und der Forderung nach mehr Einmischung zu schaffen. Es ist das Spannungsfeld, in dem sich alle Bundespräsidenten bewegen und mit dem sie sich arrangieren müssen. Das gelingt mal besser und mal schlechter, mit Sicherheit wird es aufgrund des sich immer schneller drehenden Medienkarussells in diesem Amt aber immer schwieriger. So ziemlich alle Akteure des politischen Lebens haben sich mittlerweile auf die schöne neue Medienwelt eingestellt oder versuchen es zumindest: ein twitternder Regierungssprecher, eine Kanzlerin, die in den sozialen Netzwerken präsent ist, die Video-Podcasts ins Internet stellt, ein SPD-Chef, der über Facebook kommuniziert, von den Aktivitäten der Bundesministerien, Parteien, Fraktionen und Bundestagsabgeordneten ganz zu schweigen, die nicht nur ungezählte Pressemitteilungen verschicken, sondern auch über Facebook oder twitternd rund um die Uhr Botschaften versenden.

Nicht so der Bundespräsident. Zweifellos ist nicht alles davon segensreich, notwendig oder zielführend, dennoch wirkt der Bundespräsident im Vergleich dazu gelegentlich wie ein Relikt aus einer vergangenen Epoche. Im Bundespräsidialamt herrscht die Auffassung vor, dass das auch ganz gut so ist, dass der Präsident gut beraten ist, nicht über jedes Stöckchen zu springen. Das setzt jedoch voraus, dass die Medienwelt ihm diese Rolle auch zugesteht, was ganz und gar nicht sicher ist. Im Gegenteil: Da das meiste, was der Bundespräsident macht, unterhalb der medialen Wahrnehmungsschwelle stattfindet, besteht die Gefahr, dass sehr schnell die Frage aufkommt, ob der Bundespräsident zu den brennenden aktuellen Fragen denn nichts mitzuteilen habe. In Zeiten permanenter Krisen, ob tatsächlich oder gefühlt, umso mehr. Die Vorstellung eines entrückten Amtes jenseits der tagespolitischen Hektik kollidiert immer mehr mit den Erwartungen einer zunehmend von der Hand in den Mund lebenden Nachrichtenwelt.

Gleichzeitig sind die Möglichkeiten des Bundespräsidenten, auf diese medialen Herausforderungen zu reagieren, vergleichsweise beschränkt. Das unterscheidet ihn grundsätzlich von anderen Akteuren des politischen Betriebs in der Hauptstadt, wie beispielsweise der Bundesregierung. Den Mitgliedern der Regierung steht der gesamte Instrumentenkasten der tagespolitisch orientierten Presse- und Öffentlichkeitsarbeit zur Verfügung, wohingegen der Bundespräsident vieles, was über ihn geschrieben und gesagt wird, meist lange ertragen muss, bis sich eine Gelegenheit für eine Stellungnahme ergibt. Der Kontakt des Staatsoberhaupts zu den Medien ist sehr limitiert, der Bundespräsident gibt keine Pressekonferenzen, es sei denn, er empfängt einen Staatsgast oder ist selbst auf Reisen. Ruft der Bundespräsident die Medien zusammen, um eine Erklärung abzugeben, hat das gleich etwas Krisenhaftes. Eine unvorteilhafte Meldungslage in den Medien zu parieren, ist nicht so einfach. Das Amt erfordert eine Menge Gelassenheit und ein dickes Fell. Die immer wieder gestellte Frage „Was macht eigentlich der Bundespräsident ...?" muss man ertragen können, vor allem wenn der Terminkalender gleichzeitig prall gefüllt ist.

Christian Wulff holt diese Frage im ersten Halbjahr 2011 ein. Sie ist auch seinen Vorgängern im Laufe ihrer Amtszeit gestellt worden. So musste Horst Köhler sich im Zuge der Eurokrise im März 2010 von der *Bild*-Zeitung die Frage gefallen lassen: „Wo ist eigentlich Super-Horst?" Horst Köhler hat sich in diesem Spannungsfeld letztlich nicht zurechtgefunden. Er fühlte sich ungerecht von den Medien behandelt und hat sie am Ende verachtet und wenn möglich gemieden. Doch das Problem ist durchaus grundsätzlicher Natur. Das Selbstverständnis des Amtes mit einem Präsidenten, der sich aus der Tagespolitik heraushält, steht in einem wachsenden Spannungsverhältnis zu den Erwartungen der modernen, sich immer schneller drehenden Medienwelt, die gleichzeitig über vieles rasch hinweggeht. Während die meisten öffentlichen Auftritte des Bundespräsidenten auf dem Radar der Medien gar nicht erst auftauchen, richtet sich der Fokus auf die Kür, auf die große Rede. Diese ist aber meist am Tag darauf schon wieder „Schnee von gestern" oder sie wird gleich als belanglos empfunden, da sie oft keinen Bezug zur tagespolitischen Agenda aufweist.

So hielt Johannes Rau im Mai 2000 eine herausragende Rede zum Thema Integration, die seinerzeit jedoch so gut wie keine Beachtung fand. Christian Wulffs Rede zur Eurokrise, die monatelang in den Medien immer wieder angemahnt wurde, fällt kurz nachdem er sie gehalten hat, dem kollektiven Vergessen zum Opfer. Als mit Ausbruch der Krise im Dezember 2011 Bilanz gezogen wird, was Wulff im Amt bisher geleistet habe, fällt sie bei vielen Rückblicken unter den Tisch – nüchtern wird festgestellt, Wulff habe außer zum Thema Integration nichts zu sagen gehabt. Dass er sich auch vor seiner Eurorede vereinzelt zur Eurokrise äußerte, so in einem Interview mit einer niederländischen Zeitung, blieb fast völlig unbeachtet.

Amtsübergabe: Die Köhlers gehen, die Wulffs kommen (2.7.2010)

Rücktritt: Christian und Bettina Wulff verlassen die Pressekonferenz (17.2.2012)

Tag der Deutschen Einheit: „Der Islam gehört inzwischen auch zu Deutschland" (3.10.2010)

Medien: Glaeseker und Wulff im Gespräch mit Journalisten an Bord der Regierungsmaschine (14.10.2010)

Glamour: Die Wulffs beim Bundespresseball (26.11.2010)

Israel: Wulff mit Tochter Annalena und Israels Präsident Peres in Yad Vashem (28.11.2010)

Russland: Das Präsidentenpaar
im Schnellzug Sapsan
(13.10.2010)

1001 Nacht: Die Wulffs beim Staatsbesuch in Oman (8.12.2011)

Präsidentenfreunde: Der türkische Präsident Gül und Christian Wulff in Osnabrück (20.9.2011)

Präsidentenflüsterer: Olaf Glaeseker in Kuwait (13.12.2011)

Krise: Der *Spiegel*-Titel nach Beginn der „Causa Wulff" (17.12.2011)

Medienecho: Schlagzeilen nach Wulffs TV-Interview (5.1.2012)

Italien: Wulff mit Präsident Napolitano in Rom (13.2.2012)

Rücktritt: Christian Wulff gibt auf (17.2.2012)

Demütigung: Wulff beim Großen Zapfenstreich (8.3.2012)

Vereidigung: Daniela Schadt, Joachim Gauck, Bettina und Christian Wulff im Bundestag (23.3.2012)

Veränderung: Wulff bei der Gedenkfeier für den Widerstand gegen das NS-Regime (20.7.2012)

***

Bei keinem Präsidentenpaar zuvor spielten Bilder eine so große Rolle wie bei Christian und Bettina Wulff. Tatsächlich heißt es im Bundespresseamt im Laufe des Jahres 2011 scherzhaft, dass es vielleicht praktischer wäre, die offiziellen Fotografen direkt im Bundespräsidialamt anzusiedeln, da sie ohnehin so viel Zeit dort verbringen. Richtig ist, dass Bilder eine sehr große Rolle bei der Kommunikation und Inszenierung dieser Präsidentschaft spielen. Das wirkt oberflächlich auf jene, die sich vor allem Inhalte wünschen, es ist aber auch sehr modern in einer Medienwelt, in der nichts wichtiger ist als Bilder. Das Präsidentenpaar im Bellevue versteht sich seit Jahren auf diese Kommunikation, sie hat sich in Hannover bewährt. Mit ihren kleinen Kindern werden die Wulffs im Bellevue für viele zum jungen, modernen Gesicht Deutschlands. Der Boulevard liebt sie, vor allem die First Lady. Auch andere Bundespräsidenten hatten *Bild* und *Bunte* auf Reisen dabei, aber an keinem Präsidentenpaar hatten diese so viel Interesse wie an Christian und Bettina Wulff. In vielerlei Hinsicht bietet das Präsidentenpaar vielen Menschen ein bisschen Glanz an der Spitze des Staates im sonst so mausgrauen politischen Geschäft. Die Wulffs sind bereit, sich auf diese Rolle einzulassen.

Nach dem Abgang der Guttenbergs ist die Bühne frei, und die Wulffs nehmen den Platz in vielerlei Hinsicht ein. Es gibt einen Bedarf danach, den sie bedienen. *Bunte*, *Gala* und die *Bild*-Zeitung sind gierig nach Bildern und Geschichten des Präsidentenpaares. Die schönsten Bilder dieser kurzen Präsidentschaft entstehen auf den Auslandsreisen, die die Wulffs unternehmen. Die Attraktivität von Bettina Wulff ist dabei zweifellos ein wesentlicher Faktor. Dabei geht es aber durchaus nicht nur um Glamour: Zu den starken Bildern dieser Präsidentschaft gehört, wie Christian Wulff mit seiner Tochter Annalena und dem israelischen Präsidenten Perez in der Holocaust-Gedenkstätte Yad Vashem in Jerusalem steht. Das Bild transportiert die Botschaft, das Kernanliegen der Reise: dass Wulff die Erinnerung an den Holocaust an die junge Generation weitergeben will. Zweifellos jedoch steht die Inszenierung des Präsidentenpaares für den Boulevard im Vordergrund. Die allerdings hat ihren Preis: Sie geht fast zwangsläufig Hand in Hand mit einer Geringschätzung durch die Intellektuellen. Wulff ist kein Präsident für die Feuilletons, das Stück, das er auf der präsidialen Bühne bietet, ist den Intellektuellen zu seicht.

Der Reisepräsident

Als Christian Wulff ins Amt kommt, geht er davon aus, dass der überwiegende Teil der Arbeit, nämlich 60 Prozent, einen außenpolitischen Hintergrund haben werde. Tatsächlich empfängt Wulff in seiner Amtszeit nicht nur zahlreiche Gäste aus dem Ausland, sondern er unternimmt auch eine für die Kürze der Amtszeit erstaunlich große Zahl von Auslandsreisen – mehr als irgendein Bundespräsident innerhalb derselben Zeit vor ihm. Das hat sicherlich auch mit seinem vergleichsweise jungen Alter zu tun. Sein Nachfolger Joachim Gauck zum Beispiel ist kein Freund von langen Auslandsreisen, die für den Bundespräsidenten immer wesentlich anstrengender sind, als man vermuten würde. Staatsbesuche sind keine Spaziergänge, das Programm ist dicht gedrängt, der immer sehr kurze Aufenthalt im Gastland nicht selten mit Zeitverschiebungen und die Reisen oft genug mit Flugzeiten von erheblicher Länge verbunden. Joachim Gauck streicht deshalb als Bundespräsident die Reiseplanung erheblich zusammen, arbeitet ab, was von seinem Vorgänger noch unwiderruflich übrig geblieben ist, und erteilt den Planungen in der Abteilung Außenpolitik des Bundespräsidialamtes für aufwendigere Fernreisen eine Absage. Es ist der Gegenentwurf zu Christian Wulff, der die Außenpolitik und die Reiserei liebt, obwohl auch die Wulffs aufgrund der Tatsache, dass zu Hause zwei kleine Kinder warten, nicht unbedingt ideale Voraussetzungen dafür mitbringen.

Zwar wird Wulff im Laufe des Jahres 2011 vorgeworfen, außer Reisen sei ihm nicht mehr viel eingefallen, dafür gelten seine Auslandsreisen ausnahmslos als erfolgreich. „Er hat alle Reisen hervorragend gemacht", erinnert sich ein hoher Diplomat im Auswärtigen Amt. Tatsächlich entsteht zwischenzeitlich der Eindruck, Wulff wolle dem Außenminister Konkurrenz machen. Die *Welt am Sonntag* lobt Wulff schon Ende 2010 für sein sicheres Agieren auf der internationalen Bühne. Während Außenminister Westerwelle in seinem Ressort „partout nicht Fuß fasse", werde das Staatsoberhaupt schleichend „zum heimlichen Außenminister". Wulff bewege sich „trittsicher" auf dem diplomatischen Parkett, ob in Russland, der Türkei oder Israel. Neben zahlreichen kurzen Besuchen im europäischen Ausland, darunter mehrere in Polen, die Wulff besonders wichtig sind, unternimmt das Präsidentenpaar im Laufe des Jahres 2011 mehrtägige Reisen durch Lateinamerika, nach Japan, nach Indonesien und Bangladesch und schließlich durch mehrere arabische Staaten am Golf.

Dabei wirkt die Auswahl der Reiseziele auf Beobachter zum Teil beliebig. Manches erschließt sich jedoch erst auf den zweiten Blick oder im Nachhinein: So überbrückt Wulff mit seinem Besuch in Indonesien beispielsweise die lange Zeit, die man in Jakarta auf den Besuch der Bundeskanzlerin warten muss. Erst im Juli 2012 schafft es Angela Merkel, ans andere Ende der Welt zu fliegen und diesem aufstrebenden Schwellenland den seit Langem angekündigten Besuch abzustatten. Während der Reise betont Merkel mehrfach, wie wichtig der Besuch des Bundespräsidenten gewesen sei. Wulff selbst liegt Indonesien auch deshalb am Herzen, weil es das Land mit der größten muslimischen Bevölkerung weltweit ist. Japan besucht der Bundespräsident vor allem auch deshalb, weil es im selben Jahr von einem schweren Erdbeben und der Nuklearkatastrophe von Fukushima heimgesucht worden war.

Besuche des Bundespräsidenten in anderen Ländern haben eine völlig andere Qualität als Visiten des Außenministers, sie sind vor allem ein besonderer Ausdruck der Wertschätzung Deutschlands gegenüber anderen Ländern, vor allem auch nicht so entwickelten Ländern. Die Bundeskanzlerin ist aufgrund der großen Beanspruchung durch die Tagespolitik, in Zeiten der Eurokrise sowieso, nur sehr begrenzt in der

Lage, ausgiebige Auslandsreisen zu unternehmen. Im Zeitalter der internationalen Gipfeltreffen begegnen sich Regierungschefs ohnehin ständig bei unterschiedlichen Gipfelformaten, die außerdem dafür sorgen, dass die Zeitfenster für bilaterale Besuche noch kleiner werden. Vor allem in entlegene Regionen der Welt schafft es die Kanzlerin deshalb nur selten, umso wichtiger sind komplementär dazu die Besuche des Bundespräsidenten.

Bei aller Kritik, die sich Horst Köhler für seinen Rücktritt gefallen lassen musste, wird sein Engagement für Afrika bis heute in den höchsten Tönen gelobt. „Es macht in vielen Ländern einen Riesenunterschied, wenn das deutsche Staatsoberhaupt kommt", sagt ein ranghoher deutscher Diplomat, als Wulff Bangladesch besucht. Mit Mexiko und Brasilien fliegt Wulff in der ersten Jahreshälfte 2011 in zwei weitere aufstrebende Schwellenländer, die in der internationalen Politik rapide an Bedeutung gewinnen. Dabei versteht Wulff sich nicht zuletzt als Türöffner für die deutsche Wirtschaft. Auf seinen großen Auslandsreisen wird er immer von einer Wirtschaftsdelegation begleitet.

Afghanistan und *Bild*

Am Morgen des 16. Oktober 2011 melden die Nachrichtenagenturen, dass der Bundespräsident überraschend in Afghanistan eingetroffen ist. Reisen deutscher Regierungsmitglieder und des Bundespräsidenten nach Afghanistan werden aus Sicherheitsgründen bis zur Ankunft streng geheim gehalten, meist sind nur diejenigen, die unmittelbar mit der Planung und Durchführung der Reise zu tun haben, eingeweiht. So ist auch dieses Mal der Zeitpunkt der Reise ein streng gehütetes Geheimnis, die Reise an sich überrascht nicht. Denn es ist bereits der zweite Anlauf, den Wulff unternimmt: Ursprünglich war der Besuch einen Monat vorher angesetzt, für den 14. September. Doch als am Tag davor ein Terrorkommando das

Diplomatenviertel von Kabul heimsucht und die US-Botschaft sowie das Hauptquartier der internationalen Truppen unter Beschuss nimmt, wird die Reise im letzten Moment aus Sicherheitsgründen abgeblasen. Am Abend des 15. Oktober startet die Regierungsmaschine mit dem Bundespräsidenten und einer vergleichsweise kleinen Delegation von Berlin Richtung Usbekistan, wo die Bundeswehr in Termez ein Logistikzentrum unterhält. Dort steigt die Präsidentendelegation in eine Transall-Maschine der Bundeswehr um, die nach einer Stunde Flugzeit mit dem Bundespräsidenten in Kabul landet. An Bord befindet sich ein kleines Kinderfahrrad. Es ist ein Geschenk, das Wulff für den Sohn des afghanischen Präsidenten Hamid Karsai mitbringt.

Wulff kommt außerdem mit einer politischen Botschaft: Er will den Afghanen versichern, dass Deutschland sich auch nach dem geplanten Abzug der internationalen Truppen bis 2014 weiter für die Entwicklung Afghanistans engagieren werde. Wulff will außerdem die Bundeswehr am Hindukusch besuchen, geplant sind eine Übernachtung im deutschen Hauptquartier in Mazar-i-Sharif und ein kurzer Abstecher ins Feldlager Kunduz. Nur eine kleine, fünfköpfige Journalistengruppe ist dabei, ein Reporter des *ARD*-Fernsehens, ein *ARD*-Radioreporter sowie Korrespondenten von drei Nachrichtenagenturen und schließlich Fotografen. Politikerreisen nach Afghanistan sind sehr gefragt bei den Medien in der Bundeshauptstadt, da sie selten sind und immer hohen Nachrichtenwert haben. Im Bundespräsidialamt hat man sich bewusst dagegen entschieden, eine Auswahl unter den Zeitungen zu treffen, um sich nicht den Unmut derer zuzuziehen, die man nicht berücksichtigt hat – eine Entscheidung, die sich als problematisch erweist.

* * *

Als der erste Termin für die Reise geplatzt war, setzte das Präsidialamt alles daran, die Reisepläne trotzdem weiter geheim zu halten. Das gelingt zunächst auch, die Journalistengruppe, die mitreisen sollte, ließ sich darauf ein, damit die Reise bald nachgeholt werden konnte. Die Suche nach einem neuen Termin dauerte jedoch länger als gedacht, sodass der *Spiegel* schließlich doch Wind von der Geschichte bekam. Drei Wochen nach dem geplatzten Reisetermin berichtete der *Spiegel* über die abgesagte Afghanistanreise. Noch vor dem *Spiegel* hatte die *Bild*-Zeitung von der Geschichte erfahren und daraufhin beim Bundespräsidialamt auf den Busch geklopft. Dort bat man *Bild*, nicht über die geplante Reise zu berichten, und bot der Zeitung einen Handel an: Als Gegenleistung für den Verzicht auf die Geschichte stellte Präsidentensprecher Glaeseker *Bild* in Aussicht, dann mitreisen zu können, wenn die Reise nachgeholt würde. Die Information wurde jedoch nicht im Präsidialamt „eingespeist". Als der neue Termin für die Reise stand, war Glaeseker im Urlaub. Im Präsidialamt entschied man sich, bei der ursprünglichen Linie zu bleiben und keine Zeitung mitzunehmen. Als die Präsidentenmaschine in Kabul ohne einen *Bild*-Reporter landet, findet bei *Bild* gerade eine Redaktionskonferenz statt. Als *Bild*-Chef Kai Diekmann sich erkundigt, wer mit in Afghanistan sei, bekommt er die Antwort: Von *Bild* niemand. Diekmann, so berichtet ein Teilnehmer der Sitzung, habe daraufhin nur geschwiegen: „Nichts sagt so viel, wie wenn Diekmann schweigt."

Diese Entscheidung, so sieht man es später im Bellevue, habe für *Bild* das Fass zum Überlaufen gebracht. Nach einer langen Phase der Entfremdung zwischen dem ehemaligen *Bild*-Liebling Wulff und der *Bild*-Zeitung, die ihren Anfang nimmt, als Wulff Bundespräsident wird, sei mit der Afghanistanreise endgültig der Ofen aus gewesen, erklärt man sich im Bellevue den weiteren Lauf der Dinge. In der Tat beginnt *Bild* wenig später, die Recherchen zur Hausfinanzierung der Wulffs massiv voranzutreiben, und entscheidet sich zwei Monate nach der Afghanistanreise des Bundespräsidenten, ihre frühere Geschäftsbeziehung zu Christian Wulff neu zu erfinden: Aus „Hochschreiben" wird „Niederschreiben".

Recherchen im Hintergrund

Bereits Ende 2010 beginnt die Investigativredaktion des *Spiegel*, Interesse am Einfamilienhaus der Wulffs in Großburgwedel zu entwickeln. Anlass für die Recherchen sind Gerüchte, die in Hannover kursieren, ein bekannter Unternehmer habe Wulff bei der Finanzierung seines Hauses geholfen. Die Gerüchte kreisen vor allem um den Namen Carsten Maschmeyer. Der *Spiegel* beantragt daraufhin, das Grundbuch des Hauses in Großburgwedel einsehen zu dürfen, was das Amtsgericht Burgwedel im Dezember 2010 aber verweigert. Das Nachrichtenmagazin klagt sich daraufhin durch alle Instanzen, scheitert im Januar 2011 auch vor dem Oberlandesgericht in Celle und bekommt schließlich am 17. August 2011 vor dem Bundesgerichtshof Recht. In seiner Entscheidung stellt der Bundesgerichtshof fest: „Das Interesse der Presse an der Kenntnisnahme des Grundbuchinhalts erweist sich gegenüber den Persönlichkeitsrechten der Eingetragenen vorrangig, wenn es sich um eine Frage handelt, die die Öffentlichkeit wesentlich angeht – was vorliegend mit Blick auf die herausgehobene politische Stellung eines der Eigentümer der Fall ist." Es ist eine wichtige Grundsatzentscheidung, die für journalistische Recherchen generell von Bedeutung ist. Bemerkenswert ist, dass der Eigentümer Christian Wulff von der gesamten juristischen Auseinandersetzung um die Einsicht in sein Grundbuch nichts mitbekommt. Wulff erfährt erst Wochen nach dem Urteil, dass das Grundbuch seines Hauses für journalistische Recherchen freigegeben wurde. Als der *Spiegel* schließlich Einsicht in das Grundbuch nimmt, stellt man ernüchtert fest, dass kein Unternehmer darin steht, sondern die Stuttgarter BW-Bank. Enttäuscht wendet der *Spiegel* sich ab, das Thema ist erledigt – zumindest für den *Spiegel*.

Doch der *Spiegel* ist nicht das einzige Blatt, das in der Sache recherchiert. Die *Bild*-Zeitung ist nach eigenen Angaben bereits im Frühjahr 2009 an der Geschichte dran und beantragt ebenfalls Einsicht ins Grundbuch, die aber verweigert wird. Der *Stern* erkundigt sich im Februar 2011 beim Bundespräsidialamt danach, wie das Haus der

Wulffs in Großburgwedel finanziert worden sei, und bekommt zur Auskunft, dass die Stuttgarter BW-Bank Kreditgeber „war und ist". Der Privatkredit wird mit keinem Wort erwähnt. *Spiegel*, *Bild* und *Stern* recherchieren in der Angelegenheit, und obwohl der Bundespräsident von der juristischen Auseinandersetzung rund um das Grundbuch seines Hauses nichts mitbekommt, ist dem Bellevue aufgrund der Presseanfragen bewusst, dass die Medien sich für die Finanzierung des Hauses in Großburgwedel interessieren. Ende November 2011 unternimmt die *Bild*-Zeitung einen weiteren Vorstoß und macht den Vorbesitzer der Immobilie in Großburgwedel ausfindig. Man will von ihm erfahren, wer den Kaufpreis für das Haus überwiesen hat. Das wiederum bekommt Christian Wulff mit und er ist empört. Spätestens zu diesem Zeitpunkt ist ihm klar, wie hartnäckig *Bild* in der Angelegenheit recherchiert. Wenige Tage später wendet sich *Bild* schließlich mit konkreten Fragen an das Bundespräsidialamt, in denen es um Einzelheiten zur Hausfinanzierung geht. Die Zeitung will wissen, seit wann der Kredit bei der BW-Bank besteht, da die Bank im Grundbuch eingetragen ist. Der Bundespräsident befindet sich zu diesem Zeitpunkt auf einer Auslandsreise durch Asien, nach Bangladesch und Indonesien. Präsidentensprecher Glaeseker antwortet per SMS, dass die Beantwortung der Fragen deshalb etwas Zeit in Anspruch nehmen werde. Die Fragen werden am 30. November 2011 beantwortet, als Wulff sich gerade in Indonesien befindet.

Darin teilt Glaeseker mit, dass der Rahmenvertrag für den Kredit bei der BW-Bank, ein Geldmarktkredit, im März 2010 unterzeichnet worden sei. *Bild* gibt sich mit der Antwort jedoch nicht zufrieden, man will wissen, welches Finanzierungsmodell davor bestanden hat. Olaf Glaeseker weiß zu diesem Zeitpunkt selbst noch nichts von dem privaten Kreditvertrag, den Christian Wulff mit Edith Geerkens hatte. Das weiß im Bellevue nur der Bundespräsident selbst. Wulffs dienstliches Umfeld war in die Einzelheiten seiner Hausfinanzierung nicht eingeweiht. Anfang Dezember erfährt Glaeseker von Wulff, dass es vor dem Geldmarktkredit der BW-Bank diesen Privatkredit bei der Frau des Unternehmers Egon Geerkens gab. Da die *Bild*-Zeitung und auch der *Stern* weiterhin wissen wollen, wie das Haus in Großburgwedel ursprünglich finanziert worden ist, kommen Wulff und Glaeseker überein, dass es das Beste wäre, *Bild* und *Stern* den privaten Kreditvertrag zu zeigen. Wulff gibt Glaeseker grünes Licht, Einblick in den Vertrag zu gewähren, allerdings unter der Auflage, dass die Angaben nicht verwendet werden dürfen, da er die Anonymität der Kreditgeberin schützen will. Wulff glaubt, mit *Bild* und *Stern* einen Handel abschließen zu können. Ein an sich schon schräger Ansatz: den Schleier zu lüften, aber gleichzeitig zu glauben, die Geschichte damit ein für alle Mal aus der Welt schaffen zu können.

Am 6. Dezember kommt ein *Bild*-Reporter ins Bundespräsidialamt, um sich den privaten Kreditvertrag über 500.000 Euro zwischen Christian Wulff und Edith Geerkens anzusehen. Über die Absprachen, die es tatsächlich oder angeblich rund um die Einsicht in den Kreditvertrag gegeben hat, gibt es danach unterschiedliche Aussagen. Glaeseker besteht gegenüber der *Bild*-Zeitung darauf, dass *Bild* den Vertrag nur unter der Voraussetzung habe einsehen dürfen, dass der Name der Kreditgeberin nicht genannt wird.

***

Eine Woche später, am 12. Dezember 2011, schreibt Glaeseker an *Bild*: „Da es sich bei der hierzu nachgefragten Anfangsfinanzierung um einen Privatkredit handelte und die Darlehensgeberin um Vertraulichkeit gebeten hatte, habe ich die hierzu gewünschten Informationen und Einsichtnahmen in die Vertragsunterlagen nur unter der ausdrücklichen Zusicherung gegeben, dass diese Daten und Fakten weder weitergegeben noch veröffentlicht werden. Ich behalte mir deshalb auch an dieser Stelle sämtliche Rechtsschutzmöglichkeiten vor, falls datenschutzrelevante Belange oder Persönlichkeitsrechte durch eine Veröffentlichung verletzt werden sollten." *Bild* hingegen behauptet, dass es eine solche Absprache nicht gegeben habe. Der *Stern*, der einen Tag später, am 7. Dezember, im Bundespräsidialamt Einsicht in den Kreditvertrag nehmen kann, hatte zunächst darauf verzichtet. Wenn die Informationen nicht verwendet werden dürften, wolle man sich auch den Vertrag nicht ansehen. Am Tag darauf, so der *Stern*, habe man den Vertrag dann einsehen dürfen, und zwar ausdrücklich unter der Bedingung, dass die Informationen verwendet werden dürften.

Zunächst scheint die Rechnung von Wulff und Glaeseker tatsächlich aufzugehen: Als *Bild*-Reporter Martin Heidemanns den privaten Kreditvertrag einsieht, steht ihm die Enttäuschung über den Namen, den er liest, ins Gesicht geschrieben. Doch zurück in der Redaktion schaut man bei *Bild* dann doch einmal nach, was man über die Verbindung Geerkens-Wulff so findet und stößt auf die Kleine Anfrage, die die Grünen im niedersächsischen Landtag Anfang 2010 stellten, als Wulff noch Ministerpräsident war. Es ging dabei um die Frage, ob geschäftliche Beziehungen zwischen Wulff und dem Unternehmer Egon Geerkens bestünden, da Wulff bei Geerkens Urlaub gemacht hatte. Wulff ließ sie im Februar 2010 im Landtag verneinen. Dieser Umstand wird für *Bild* zum Aufhänger der Geschichte: Zwar ist die Kreditgeberin unspektakulär, dafür sieht es so aus, als könne man Wulff in seiner Amtszeit als Ministerpräsident ein Täuschungsmanöver nachweisen. Von all dem, was hinter den Kulissen abläuft, bekommt die Öffentlichkeit nichts mit, bis am Abend des 12. Dezember zunächst im Internet bei *Bild.de* und am folgenden Tag in der *Bild*-Zeitung der Vorhang aufgeht. In dem Artikel, der den Auftakt zur Wulff-Affäre bildet und die Lawine der folgenden Wochen auslöst, stellt die *Bild*-Zeitung die Frage: „Hat Wulff das Parlament getäuscht?"

Die Krise

1001 Nacht und ein böses Erwachen

Es ist Montag, der 12. Dezember 2011. Christian und Bettina Wulff sind am Abend zuvor mit einer Regierungsmaschine in Abu Dhabi gelandet, begleitet von einer großen Delegation, darunter zwölf Unternehmer aus Deutschland, die geschäftliche Interessen in den Golfstaaten haben. Zwar sind neun Journalisten und einige Fotografen dabei, aber das Interesse der Medien an der Reise ist nicht groß: Keine einzige überregionale Zeitung hat sich angemeldet. Der Präsident reist viel, zwei Wochen vorher ist er erst in Asien gewesen, und die Begleitung des Präsidenten in der Regierungsmaschine ist teuer für die Medien, die die Übernachtungen, meist im selben Hotel wie das Präsidentenpaar, und die Flüge bezahlen müssen. Hätte man vorher gewusst, was hinter den Kulissen passiert und welchen Ausgang diese Reise nehmen wird, hätten sich ganz andere angemeldet, allerdings nicht aus Interesse an den präsidialen Staatsbesuchen, sondern wegen der Geschichte, die unbemerkt mitreist.

Die Vereinigten Arabischen Emirate sind die dritte Station der Golfreise des Bundespräsidenten nach einem umfangreichen Besuchsprogramm in Oman und Katar. Auch in den Vereinigten Arabischen Emiraten ist das Programm eng getaktet: Morgens um acht spricht der

Bundespräsident mit seiner Wirtschaftsdelegation, danach Besuch bei der Handelskammer in Abu Dhabi, wo er eine Wirtschaftskonferenz eröffnet, anschließend fährt Wulff in die Zayed-Universität, um mit Studentinnen und Studenten zu diskutieren. Mittags geht es zum Präsidentenpalast, wo er mit Scheich Khalifa bin Zayed Al Nahyan spricht und zu Mittag isst. Am Nachmittag trifft Wulff den Kronprinzen, besucht die Scheich-Zayed-Moschee und führt ein Gespräch mit einem Energie- und Klimaexperten der Regierung, bevor die Regierungsmaschine dann am späten Nachmittag Richtung Kuwait startet. Der Flug dauert eine gute halbe Stunde. Zur Präsidentendelegation gehört auch Wulffs Sprecher Olaf Glaeseker, der aber andere Sorgen hat als das enge Besuchsprogramm seines Chefs.

Glaeseker ist in ständigem Kontakt mit der *Bild*-Zeitung, die ihm am Tag zuvor einen Fragenkatalog geschickt hat. Die Fragen lassen keinen Zweifel offen, an welcher Geschichte die *Bild*-Zeitung gerade strickt: *Bild* stellt die Frage, ob der Ministerpräsident Wulff im Februar 2010 den niedersächsischen Landtag „bewusst getäuscht" habe mit seiner Antwort auf die Anfrage der Grünen, ob es zwischen ihm und dem Unternehmer Egon Geerkens eine geschäftliche Beziehung gebe. Glaeseker bittet zunächst um Aufschub: Er fragt die *Bild*-Zeitung per SMS, ob die Antwort auf die Fragen so lange warten könne, bis Wulff von seiner Reise zurück ist. Die *Bild*-Zeitung gewährt einen Tag Aufschub, bis zum 12. Dezember, aber weitere zwei Tage, bis nach der Rückkehr des Bundespräsidenten, will sie nicht warten. Glaeseker beantwortet die Fragen daraufhin am Tag darauf, dem 12. Dezember, nach „bestem Wissen und Gewissen" wie er betont, weist aber darauf hin, dass es aufgrund des eng gestrickten Besuchsprogramms des Bundespräsidenten schwierig sei, Details mit Wulff zu besprechen. Das Bundespräsidialamt gibt die Antworten, die Glaeseker *Bild* schickt, anschließend dennoch nicht zur Veröffentlichung frei. Denn inzwischen hat sich der Bundespräsident persönlich eingeschaltet.

Der Präsident greift zum Telefon

Am Abend des 12. Dezember 2011 landet die Regierungsmaschine am Flughafen von Kuwait. Der Bundespräsident wird dort vom Emir begrüßt, der mit ihm anschließend zum Bayan-Palast fährt, wo das Präsidentenpaar übernachten soll. Nach einem kurzen Aufenthalt im Palast macht sich der Bundespräsident erneut auf den Weg und fährt zu einem Empfang in der Residenz des deutschen Botschafters. Olaf Glaeseker hatte ihm vorher erklärt, dass er bei *Bild* nicht weiterkomme – die Zeitung habe sich entschlossen, die Geschichte am folgenden Tag zu bringen. Wulff müsse nun selbst bei *Bild*-Chefredakteur Kai Diekmann anrufen, wenn er die Veröffentlichung noch stoppen wolle, macht Glaeseker seinem Chef klar. Wulff weist an, den Fragenkatalog zurückzuziehen, den Glaeseker bereits an *Bild* geschickt hat, und nutzt die Autofahrt vom Bayan-Palast zur Residenz des Botschafters, um Diekmann auf dem Handy anzurufen. Wulff ist nicht alleine, zwei Araber und eine Dolmetscherin sitzen mit ihm in der gepanzerten Limousine. Diekmann geht nicht ans Telefon, darum spricht Wulff ihm kurz entschlossen eine Nachricht auf seine Mailbox.

In der Botschafter-Residenz hält Wulff eine kurze Ansprache, dann bittet er darum, sich in einen Raum zurückziehen zu dürfen. „Mit einem Mal wurde es hektisch", erinnert sich ein ehemaliger Mitarbeiter des Bundespräsidenten, der Wulff an den Golf begleitete. Wulff lässt seinen Sprecher und einen seiner Abteilungsleiter rufen, die drei ziehen sich zurück. Wulff erzählt, dass er bei Diekmann angerufen, aber nur die Mailbox erreicht habe. Was er darauf alles hinterlassen hat, erfährt sein Sprecher erst in Berlin. Im Beisein Glaesekers und seines Abteilungsleiters greift Wulff noch einmal zum Telefon und ruft den Vorstandsvorsitzenden des Springer-Verlags, Mathias Döpfner, an und hinterlässt auch diesem eine kurze Nachricht auf der Mailbox. Döpfner ruft zurück und die beiden telefonieren kurz miteinander. Dabei macht der Springer-Chef dem Bundespräsidenten klar, dass die Redaktionen in seinem Haus unabhängig seien. Es bleibt bei der geplanten Berichterstattung von *Bild* für den kommenden Tag. Mit seinen Anrufen bei Kai Diekmann und

Mathias Döpfner erreicht Wulff nichts. Für den weiteren Verlauf der Ereignisse werden sie jedoch noch von großer Bedeutung sein.

Der *Bild*-Chef befindet sich gerade in New York, als Wulff anruft. Er will an einer Veranstaltung zur Verleihung der Leo-Baeck-Medaille teilnehmen, zu der auch der Bundespräsident eingeladen worden war. Diekmann spricht in dem Moment, als Wulff ihn anruft, mit der *Bild*-Redaktion in Berlin, es geht um die Zeitung für den folgenden Tag. Es gibt ein konkretes Problem mit der geplanten Geschichte über den Bundespräsidenten: Das Präsidialamt gibt die Antworten, die Präsidentensprecher Glaeseker auf den *Bild*-Fragenkatalog gegeben hat, nicht zur Veröffentlichung frei. Im Anschluss hört Diekmann seine Mailbox ab. Da Wulff ihn bittet, sich mit dem Chef des Präsidialamtes in Verbindung zu setzen, ruft Diekmann Lothar Hagebölling an. Dabei macht er deutlich, dass *Bild* sich entschieden habe, die Geschichte rund um die Hausfinanzierung zu bringen. Außerdem schickt Diekmann die Aufnahme auf seiner Mailbox an die *Bild*-Chefredaktion, um sie dort verschriftlichen zu lassen.

Der Anruf des Bundespräsidenten wie auch der Inhalt dieser Nachricht bleiben der Öffentlichkeit lange Zeit unbekannt, erst zwei Wochen später, um den Jahreswechsel herum, wird die ganze Geschichte publik. Die *Bild*-Zeitung diskutiert intern in ihrer Redaktionskonferenz über die Nachricht und darüber, ob man sie veröffentlichen will oder nicht. *Bild* stellt es so dar, dass Diekmann sich darüber außerdem „mit zwei externen Journalisten" beraten und ihnen die Niederschrift der Nachricht zur Verfügung gestellt habe. Um wen es sich dabei gehandelt hat, verschweigt *Bild*. Von diesen beiden Journalisten spricht sich einer dafür und einer dagegen aus, die Mailbox-Nachricht zu veröffentlichen. Ein erster Hinweis findet sich wenige Tage später im Feuilleton der *Frankfurter Allgemeinen Zeitung*. Am 31. Dezember 2011 stehen erste Zitate in der *Frankfurter Allgemeinen Sonntagszeitung*. Zunächst aber meldet sich Wulff, zwei Tage nachdem er Diekmann auf die Mailbox gesprochen hat, erneut telefonisch beim *Bild*-Chefredakteur und bittet ihn um Entschuldigung. *Bild* selbst schildert es so: Diekmann habe die Entschuldigung akzeptiert, die Sache sei damit erledigt gewesen. *Bild* habe deshalb davon abgesehen, über die Mailbox-Nachricht des Bundespräsidenten zu berichten. Dass die Nachricht am Ende doch noch ihren Weg in die Öffentlichkeit findet, damit will man bei *Bild* nichts zu tun gehabt haben. Die Zeitung wäscht ihre Hände in Unschuld.

* * *

Was Christian Wulff Kai Diekmann am 12. Dezember 2011 auf seiner Mailbox hinterlässt, ist im Großen und Ganzen bekannt, auch wenn die Niederschrift der Nachricht nie in Gänze veröffentlicht wird. Die vielen Fragmente und Zitate, die im Laufe des Monats Januar in zahlreichen Medien veröffentlicht werden, finden sich, wie ein Puzzle zusammengesetzt, im Internet. Eindeutig ist, dass Wulff mit seinem Anruf vor allem eins erreichen will: nämlich verhindern, dass der geplante *Bild*-Bericht über seine Hausfinanzierung erscheint, während er auf Auslandsreise ist. Für einen Präsidenten auf Staatsbesuch stellt das zweifellos eine unangenehme Situation dar, denn ein schwerwiegendes innenpolitisches Problem zu Hause belastet eine solche Reise schwer. Die Rückkoppelung mit dem Presseteam im Präsidialamt braucht Zeit, die im Programm der Reise nicht vorgesehen ist, sie muss quasi aus dem Besuchsprogramm „herausgeschnitten" werden, um auf das Problem zu Hause reagieren zu können. Die mitgereisten Journalisten interessieren sich natürlich fortan kaum mehr für die Präsidentenreise, sondern nur noch für das Problem, das der Präsident zu Hause hat. Dass der Sprecher des Bundespräsidenten um Aufschub bittet, ist deshalb nachvollziehbar, doch *Bild* ist nicht bereit, bis zum Ende der Reise zu warten. Die Zeitung hat ihre Gründe. Man weiß bei *Bild* zweifellos, dass auch andere in der Angelegenheit recherchieren. In der Tat hat auch der *Stern* bereits den privaten Kreditvertrag des Bundespräsidenten eingesehen. *Bild* will sich die journalistischen Lorbeeren nicht nehmen lassen, als erstes Medium zu berichten. Auch das ist nachvollziehbar.

Über die Intention des Anrufs wird Anfang Januar 2012, nachdem die Geschichte bekannt wird, ausgiebig in den Medien diskutiert.

Was wollte Wulff erreichen? Die Berichterstattung bei *Bild* nur verschieben oder verhindern? Dabei wird über eine Nachricht diskutiert, die im Original außer *Bild* niemand kennt, denn nur *Bild* verfügt über den Mitschnitt und damit über die Deutungshoheit. Nikolaus Blome, stellvertretender Chefredakteur bei *Bild*, stellt es in einem Interview mit dem *Deutschlandfunk* so dar: „Es war ein Anruf, der ganz klar das Ziel hatte, diese Berichterstattung zu unterbinden." Er widerspricht damit Christian Wulff, der in einem Fernsehinterview mit *ARD* und *ZDF* am 4. Januar 2012 betont, er habe nicht versucht, die Berichterstattung zu verhindern, er habe „nur darum gebeten, einen Tag abzuwarten". Man kann wohl davon ausgehen, dass es Wulff zunächst darum ging, dass der Bericht nicht erscheint, während er auf Staatsbesuch ist. Vermutlich wird Wulff aber auch gehofft haben, *Bild* anschließend von der Berichterstattung abbringen zu können. Aber natürlich weiß auch Wulff, dass er letztlich keine Handhabe hat. Die Intention lässt sich am Ende nicht zweifelsfrei klären. Entscheidend ist etwas anderes: Christian Wulff fällt mit diesem Anruf als Bundespräsident aus der Rolle. Der Anruf ist ein schwerer Fehler, vielleicht der schwerste, den Wulff in den Wochen der Krise begeht. Kai Diekmann auch noch auf die Mailbox zu sprechen, ist dabei mehr als ein Fehler, es ist eine große Dummheit. Zweifellos ist er nicht der erste hohe politische Amtsträger, der bei der *Bild*-Zeitung interveniert. Vermutlich hätte die Öffentlichkeit davon auch nie etwas erfahren, wenn er nicht auf die Mailbox gesprochen hätte. Doch er hinterlässt ein Beweismittel und überreicht der *Bild*-Zeitung damit einen goldenen Dolch auf einem roten Kissen.

Was hat ihn getrieben, diesen Fehler zu begehen? In den öffentlich gewordenen Passagen fällt auf, dass Wulffs Sprache ziemlich martialisch ist. Er spricht vom „Krieg führen", davon, dass der „Rubikon" für ihn und seine Frau überschritten sei, und vom „endgültigen Bruch zwischen dem Bundespräsidenten und dem Springer-Verlag", sollte der *Bild*-Artikel tatsächlich erscheinen. Ist es eine Kurzschlussreaktion? Aus Panik? Es sieht nicht danach aus, denn Wulff ruft nicht nur Diekmann an, sondern auch Döpfner. Man kann eher davon ausgehen, dass in Wulff an diesem Tag eine zentrale Erkenntnis gereift ist: Nachdem er jahrelang in Niedersachsen zum beiderseitigen Vorteil ein gutes Verhältnis zu *Bild* gepflegt hat, ist ihm nun endgültig klar, dass davon nichts mehr übrig ist. Aus der *Bild*-Freundschaft ist eine Feindschaft geworden. Nachdem Wulff das Verhältnis zu *Bild* still und leise aufgekündigt hat, tut *Bild* das nun auch – nur nicht still und leise. Vermutlich denkt Christian Wulff in diesen Tagen an den berühmten Spruch von Springer-Chef Döpfner, der es einmal ungeschminkt so zum Ausdruck gebracht hat: „Wer mit der *Bild*-Zeitung im Aufzug nach oben fährt, fährt auch mit ihr im Aufzug nach unten." Wulff versteht den Artikel, den die *Bild*-Zeitung am kommenden Tag bringen will, als Kriegserklärung. Er droht Springer mit dem „endgültigen Bruch", obwohl ihm eigentlich klar ist, dass Springer mit ihm bereits gebrochen hat.

Die Keimzelle der Krise – die Hausfinanzierung

Als *Bild* am Abend des 12. Dezember 2011 online und am folgenden Tag in der Printausgabe zum ersten Mal über den Privatkredit der Wulffs berichtet, deckt sie zweifellos einen relevanten Sachverhalt auf. Der Privatkredit ist eher ein Seitenaspekt, im Vordergrund steht die Frage, ob der Ministerpräsident Wulff im Februar 2010 den niedersächsischen Landtag getäuscht hat: Die Frage der grünen Opposition, ob es geschäftliche Beziehungen zwischen ihm und dem Unternehmer Egon Geerkens gebe, beantwortete Wulff seinerzeit mit Nein, obwohl es den Privatkredit mit Frau Geerkens gab. Der *Bild*-Artikel schlägt ein wie eine Bombe. Am selben Tag versucht das Bellevue, die Vorwürfe mit einer Pressemitteilung zu entkräften: Präsidentensprecher Glaeseker erklärt, dass Wulff den Landtag in Niedersachsen nicht belogen habe, da sich die Anfrage der Grünen auf geschäftliche Beziehungen zu Egon Geerkens oder zu einer Firma, an der er beteiligt war, bezogen habe. „Solche geschäftlichen Beziehungen bestanden oder bestehen nicht." Die Vereinbarung habe mit Frau Edith Geerkens bestanden, und zwar über ein „Darlehen aus ihrem Privatvermögen". Dementsprechend sei die „unmissverständliche Anfrage wahrheitsgemäß verneint" worden.

Die Erklärung weist weiter darauf hin, dass Wulff mit Frau Geerkens seit vielen Jahren befreundet sei und erläutert die Einzelheiten der Kreditvereinbarung, wie den Zinssatz von vier Prozent, und dass die fälligen Zinsen „fristgerecht gezahlt" worden seien. Außerdem teilt Wulff mit, dass der Privatkredit im Frühjahr 2010 durch „eine Bankfinanzierung mit niedrigerem Zinssatz abgelöst" worden sei. Die Erklärung endet mit der Klarstellung, dass Wulff selbst *Bild* die Informationen zu seinem Privatkredit zur Verfügung gestellt habe, unter der Voraussetzung, dass die Zeitung „aus Gründen des Datenschutzes und des Schutzes von Persönlichkeitsrechten" zugesichert habe, den Namen der Kreditgeberin nicht zu nennen. Die Spitze gegen *Bild* ist völlig unnötig und zeigt letztlich nur, wie sehr der Bundespräsident *Bild* die Berichterstattung übel nimmt. Die Pressemitteilung ist der Versuch, den Vorwurf zu entkräften, der Landtag sei getäuscht worden, und in dem Maße Transparenz herzustellen, dass keine Fragen zur Finanzierung des Hauses mehr offenbleiben. Sie erreicht das Gegenteil.

Die Unterscheidung zwischen Egon Geerkens und seiner Frau ist zwar formal juristisch korrekt, wirkt aber spitzfindig. Sie erweckt sofort den Eindruck der Trickserei. Wulff hat den Landtag zwar nicht getäuscht, aber er hat nur die halbe Wahrheit gesagt. Er hat exakt auf die Frage geantwortet, wie sie formuliert war, wohl wissend, dass die Opposition sich natürlich für den Privatkredit interessieren würde, wenn sie davon wüsste, und darin möglicherweise sehr wohl eine Geschäftsbeziehung sehen würde. Er hat das verschwiegen, wonach nicht explizit gefragt worden ist. Die Gründe dafür sind naheliegend: Wulff hatte im Februar 2010 gerade eine Affäre um ein Air-Berlin-Upgrade hinter sich gebracht. Die Wulffs waren im Dezember 2009 nach Miami in den Urlaub geflogen, um in der Villa eben des Ehepaars Geerkens, das mit einem Privatkredit bei der Hausfinanzierung geholfen hat, den Jahreswechsel zu verbringen. Air Berlin hatte ihnen für den Flug ein kostenloses Upgrade in die Businessclass angeboten, was die Wulffs annahmen.

Die Sache kommt raus, wird Thema im Landtag und Wulff gibt klein bei. Er zeigt Reue, räumt sogar einen Verstoß gegen das Ministergesetz ein, entschuldigt sich und bezahlt das Upgrade. Er räumt das Problem ziemlich schnell ab. Die Kleine Anfrage der Grünen nach seinen geschäftlichen Beziehungen zu Egon Geerkens ist der Versuch der Opposition, noch einmal nachzulegen. In dieser Situation einzuräumen, er habe bei den Geerkens nicht nur Urlaub gemacht, sondern sich auch eine halbe Million Euro bei ihnen geliehen, hätte seine Situation nicht gerade vereinfacht. Wulff entscheidet sich deshalb dafür, nur das zu beantworten, was er muss.

Moralisch bringt ihn das im Dezember 2011 in eine schwierige Position. Wulff ist mittlerweile Bundespräsident, nicht mehr Ministerpräsident, und als solcher vor allem eine moralische Autorität. Sein formal korrektes, aber moralisch fragwürdiges Verhalten als Ministerpräsident beschädigt nun seine Autorität als Bundespräsident. Gleichzeitig wirft die Unterscheidung zwischen Egon Geerkens und seiner Frau sofort Fragen auf: Kann man überhaupt unterscheiden zwischen seinem und ihrem Vermögen? Kommt das Geld also wirklich von ihr? Oder ist Frau Geerkens deshalb Kreditgeberin, um zu verschleiern, dass das Geld in Wahrheit von ihrem Mann kommt? Wer ist dieser Egon Geerkens überhaupt, in welchem Verhältnis steht er zu Christian Wulff, und warum leiht seine Frau Wulff eine halbe Million Euro, dazu noch ohne Sicherheiten? Und schließlich stellt sich die Frage nach dem zeitlichen Junktim: Der Privatkredit wird unmittelbar nach der Kleinen Anfrage im Landtag abgelöst durch eine „Bankfinanzierung mit niedrigerem Zinssatz". Hat Wulff möglicherweise doch Sorge, die Sache mit dem Privatkredit könnte rauskommen? Die Erklärung, die der Bundespräsident am 13. Dezember gibt, wirft mehr Fragen auf, als sie beantwortet. Schnell wird bekannt, dass Egon Geerkens den Ministerpräsidenten Wulff als Mitglied der Wirtschaftsdelegation auf mehreren Reisen ins Ausland begleitet hat. Ist der Kredit also eine

Gegenleistung gewesen? Hat Wulff Dienstliches und Privates nicht getrennt? Die Lawine an Nachfragen ist absehbar und erwischt Wulff in den folgenden Tagen mit voller Wucht.

Sie trifft auch das Ehepaar Geerkens. Egon und Edith Geerkens wohnen in einem Haus am Vierwaldstädter See und erleben, wie plötzlich ihr Telefon nicht mehr stillsteht. Christian Wulff hatte Egon Geerkens zwar informiert: Die beiden hatten sich Anfang Dezember 2011 in Berlin bei einer Benefizveranstaltung getroffen und dabei hatte der Bundespräsident seinem Freund mitgeteilt, dass er den Kredit offenlegen werde. Wulff ging aber davon aus, dass die Sache damit sofort vom Tisch wäre, sobald *Bild* und *Stern* den Namen der Kreditgeberin sehen. Im Hause Geerkens sah man die Sache deshalb eigentlich gelassen. So wundert sich Egon Geerkens in einem Telefongespräch mit dem *Focus*, „warum die Angelegenheit so aufgebauscht" werde, das Darlehen seiner Frau sei eine „rein private Angelegenheit unter Freunden" gewesen. Er kenne Christian Wulff seit über 30 Jahren, sei schon mit seinem Vater befreundet gewesen und finde es ganz passend, dass Wulff ihn als „väterlichen Freund" bezeichne. Einen „geschäftlichen Bezug zur Arbeit des Ministerpräsidenten" habe es nicht gegeben, seine Geschäfte in Deutschland habe er seit 2003 ohnehin aufgegeben. Dem *Spiegel* erzählt Geerkens dann aber auch, dass das Geld vom Konto seiner Frau auf ein Konto in Deutschland überwiesen worden sei. Er selbst habe dann einen Scheck ausgestellt.

* * *

Im politischen Berlin wird die Angelegenheit sofort ernst genommen. Sollte Wulff den Landtag tatsächlich getäuscht haben, dann wäre das ein Desaster. Im Kanzleramt entschließt man sich, erst einmal abzuwarten. Zunächst ist es am Bundespräsidenten selbst, sich zu dem Vorwurf zu verhalten. Auch nach der kurzen schriftlichen Pressemitteilung des Präsidialamts am 13. Dezember beobachtet das Kanzleramt erst einmal, wie die Dinge sich entwickeln. Für die Kanzlerin ist die Sache nicht einfach zu handhaben: Als Horst Köhler zurücktrat, wurde ihr vorgeworfen, sie habe ihm vorher nicht beigestanden. Doch mit dem Beistand ist das so eine Sache, denn es ist keine Selbstverständlichkeit, dass sich das Verfassungsorgan Bundesregierung über das Verfassungsorgan Bundespräsident äußert. Prinzipiell gilt der Grundsatz: Verfassungsorgane kommentieren sich nicht. Die Situation, in der Wulff sich Mitte Dezember befindet, ist dabei mit der Köhlers im April 2010 in keiner Weise zu vergleichen. Köhlers Problem war ein gefühltes, Wulffs ist ein reales. Bei Köhler ging es darum, wie er behandelt wurde, bei Wulff geht es darum, wie er gehandelt hat.

Merkel wartet einen Tag, dann springt sie Wulff bei, nachdem sich ein Sturm der Entrüstung über ihn Bahn gebrochen hat. Kein großer Auftritt, nur eine kurze Botschaft: In der Regierungspressekonferenz lässt sie ihren Sprecher erklären, dass sie „volles Vertrauen in die Person und die Amtsführung von Christian Wulff" habe und keinerlei Grund sehe, an seinen Angaben zu zweifeln. Derweil brennt es politisch bereits: Die Grünen im niedersächsischen Landtag werfen Wulff Täuschung vor. Jürgen Trittin, der Vorsitzende der Grünen-Bundestagsfraktion, stellt fest, dass das „nicht mehr aus der Welt zu bringen" sei. Und für die SPD erklärt Fraktionsgeschäftsführer Thomas Oppermann, Wulff habe den Landtag nicht belogen, aber auch nicht die ganze Wahrheit gesagt. Die Kommentare in den Medien sind eindeutig: Wulffs moralische Autorität ist erschüttert. Auf *Süddeutsche.de* heißt es: „Ein Bundespräsident ist eine moralische Instanz, ist eine moralische Instanz, ist eine moralische Instanz". Christian Wulff sei vieles: „ein Strippenzieher, ein Vollblutpolitiker. Eine moralische Instanz ist er nicht. War er nie und wird er nicht mehr werden." Andere Kommentare gehen in dieselbe Richtung. Die *Nürnberger Nachrichten* schreiben: „Wulff selbst hat das Vertrauen in das höchste Amt beschädigt."

Im Bundespräsidialamt kommt man mit der Beantwortung der Flut von Nachfragen zur Hausfinanzierung kaum nach. Wulff entschließt sich, dem Druck nachzugeben, und gibt am 15. Dezember eine lange schriftliche Erklärung ab. Der Präsident rudert zurück. Wulff räumt ein, dass durch seine Darstellung im Landtag im Februar 2010 ein „falscher

Eindruck" entstehen konnte: „Ich bedaure das." Außerdem räumt er ein, „es wäre besser gewesen", wenn er den Privatkredit mit Edith Geerkens erwähnt hätte. Wulff betont erneut, dass er den Kredit mit Edith Geerkens vereinbart habe. Den Vorwurf, er habe diesen deshalb aufgelöst, weil seine Beziehungen zu Egon Geerkens Thema im Landtag wurden, weist er zurück: Bereits drei Monate vorher habe er Gespräche mit einem Privatkundenberater der BW-Bank aufgenommen. Die Gespräche habe Egon Geerkens angeregt, im März 2010 sei dann eine Anschlussfinanzierung zustande gekommen, und zwar in Gestalt eines kurzfristigen Geldmarktdarlehens. Ein weiterer Satz wird Wulff einige Zeit später noch zum Verhängnis: „Inzwischen habe ich das Geldmarktdarlehen in ein langfristiges Bankdarlehen festgeschrieben." Denn als er das mitteilt, ist das Darlehen noch nicht unterschrieben.

Wulff schaltet außerdem ein Anwaltsbüro ein. Mit der Sozietät Redeker Sellner Dahs wendet er sich an absolute Profis, wenn es um prominente, politisch brisante Fälle geht. Es ist dieselbe Sozietät, die auch schon Johannes Rau vertreten hat, als dieser, ebenfalls als Bundespräsident, von einer Flugaffäre eingeholt wurde, die in seine Amtszeit als Ministerpräsident in Nordrhein-Westfalen fiel. Wulff entscheidet sich zunächst, die Kreditunterlagen in einem Berliner Büro der Sozietät für Journalisten zur Ansicht auszulegen. Das Interesse ist groß: Dutzende Journalisten kommen in das Büro am Leipziger Platz in Berlin, um sich die Dokumente anzusehen. Die Regeln sind strikt: Die Kreditverträge zu fotografieren ist nicht erlaubt, darüber wacht das Personal des Büros mit Argusaugen. Abschreiben hingegen darf man, was man liest. Kamerateams rücken an, müssen aber feststellen, dass es außer einem schlanken Ordner mit nicht einmal 30 Seiten nichts Spannendes zu drehen gibt. Das Anwaltsbüro wird außerdem damit beauftragt, die Beantwortung aller Presseanfragen rund um die Hausfinanzierung zu übernehmen, da es sich um eine Angelegenheit handelt, die mit der Amtszeit des Ministerpräsidenten Wulff zusammenhängt.

Im Bundestag ist man nach Wulffs schriftlicher Erklärung bereit, einen Strich unter die Angelegenheit zu ziehen. Die Koalition will das

Problem vom Tisch haben und die Opposition will nicht als Königsmörder dastehen. So erklärt Peter Altmaier, der Parlamentarische Geschäftsführer der Unionsfraktion, die Debatte für beendet. Wulff habe sich „schnell, umfassend und angemessen geäußert". Auch die SPD dreht bei. Fraktionsgeschäftsführer Oppermann meint, Wulffs Entschuldigung verdiene Respekt: „Jeder Mensch kann Fehler machen." Für die Medien ist das Thema noch nicht erledigt. Nur einen Tag nachdem Wulff sich erneut erklärt und schließlich entschuldigt hat, ruft der *Spiegel* noch einmal bei Egon Geerkens an. Einmal mehr geht es darum, wie das mit dem Privatkredit gelaufen ist. Durch hartnäckiges Nachfragen erfährt der *Spiegel*, dass das Geld zwar von Edith Geerkens' Konto kam, ihr Mann aber eine Vollmacht für das Konto habe und sich auch um die Abwicklung des Kredits gekümmert habe. Schließlich habe Wulff, als er den Privatkredit im März 2010 abgelöst habe, die Summe auf ein gemeinsames Konto der Eheleute überwiesen. Außerdem will der *Spiegel* von Egon Geerkens erfahren haben, dass seine Frau kein eigenes Vermögen mit in die Ehe gebracht habe. Kam das Geld am Ende also doch von Egon Geerkens? Gerade erst hat Christian Wulff versucht, die Affäre zu einem Ende zu bringen, da stehen schon wieder neue Fragen im Raum.

* * *

Am 17. Dezember 2011 erscheint der *Spiegel* mit dem Titel „Der falsche Präsident". Nachdem sich das Magazin im Juni 2010 im „Präsidentschaftswahlkampf" mit dem Titel „Joachim Gauck. Der bessere Präsident" für Gauck ausgesprochen hat, folgt jetzt in Anlehnung an den Titel von damals eine Abrechnung mit der bisherigen Präsidentschaft und der Person Christian Wulff, dessen „Hang zum Glamour" ihn nun das Amt kosten könnte. Der *Spiegel* hält Wulff für eine Fehlbesetzung im Bellevue. „Bislang war er kein besonders guter Präsident, aber nun erweist er sich auch noch als der falsche." Aufhänger für den *Spiegel* ist, dass die Umstände des Privatkredits, wie Egon Geerkens sie dem *Spiegel* in mehreren Telefonaten geschildert hat, nur den Schluss zuließen, dass das Geld in Wahrheit von ihm stamme. Damit steht für den *Spiegel* fest, dass Wulff den niedersächsischen Landtag seinerzeit belogen hat. Wulff stehe damit in einer Reihe mit Leuten wie Stefan Mappus und Karl-Theodor zu Guttenberg. „Das ist ein schwerer Schaden für sein Amt. Darum ist er der falsche Präsident."

Bereits zwei Tage vorher, am 15. Dezember, fällt *FAZ*-Mitherausgeber Frank Schirrmacher sein Urteil im Feuilleton der *Frankfurter Allgemeinen Zeitung*: Der Kommentar mit dem Titel „Der Kredit des Präsidenten" ist der bis dahin wohl schärfste Angriff auf Wulff in den Medien. Wulff sei innerhalb von 24 Stunden „eine ganze moralische Kategorienwelt abhanden gekommen". Das Ehepaar Geerkens habe sich mit dem Privatkredit entschieden, in einen deutschen Ministerpräsidenten zu investieren. „Dass man besser in Staatsdiener als in Staatsanleihen investiert, so lautet wohlgemerkt die Begründung der Kreditgeber – das hinterlässt in der gegenwärtigen Lage einen so fatalen Eindruck, dass man gar nicht weiß, wie das symbolische Kapital des Amtes diesen Angriff überstehen kann." Doch es gibt auch moderate Stimmen. So kommentiert Heribert Prantl, der Chef des Innenressorts der *Süddeutschen Zeitung*, am 19. Dezember: „Das Kreditverhalten Wulffs war falsch und ist falsch, aber Wulff ist deswegen kein falscher, sondern ein fehlerhafter Präsident." Prantl sorgt sich angesichts eines drohenden zweiten Präsidentenrücktritts um das Amt. Es wäre besser, Wulff würde sich umfassend erklären und entschuldigen, „als dass er das Amt durch einen Rücktritt weiter beschädigt".

Neben den Details rund um den Privatkredit zur Hausfinanzierung rücken auch die Urlaubsreisen der Wulffs schnell in den Fokus. Wulffs Anwälte legen eine Liste mit sechs Urlauben in Wulffs Amtszeit als Ministerpräsident vor, die er mit seiner Familie bei befreundeten Unternehmern verbracht hat. Kritisch wird vor allem der Aufenthalt in Italien in der Villa des Aufsichtsratsvorsitzenden des Talanx-Versicherungskonzerns, Wolf-Dieter Baumgartl, betrachtet, der Christian und Bettina Wulff nach ihrer Hochzeit 2008 für die Flitterwochen zu sich eingeladen hatte. Der Talanx-Konzern hat seinen Sitz in Hannover.

Auch der Urlaub, den der frisch gebackene Bundespräsident unmittelbar nach seiner Wahl im Anwesen des AWD-Gründers Carsten Maschmeyer verbracht hat, wenn auch gegen Bezahlung, wird wieder zum Thema. Es entsteht das Bild eines Mannes, der sich allzu viel und gedankenlos in der Grauzone zwischen Politik und Wirtschaft bewegt und damit zumindest moralisch angreifbar gemacht hat.

Hinzu kommt, dass man in den Archiven nicht lange suchen muss nach Zitaten und Tondokumenten, in denen Wulff sich moralisch über die Verfehlungen anderer erhob und Maßstäbe formulierte, denen er im Lichte der aktuellen Vorwürfe selbst nicht zu genügen scheint, wie seinerzeit, als Bundespräsident Rau unter Druck geriet. Auch das Buch, das Wulff mit Hugo Müller-Vogg herausbrachte, untermalt das Bild eines Moralapostels in Erklärungsnöten: Es trug den Titel „Besser die Wahrheit". Es gelingt dem Bundespräsidenten nicht, aus der Defensive zu kommen. Weder die offengelegten Kreditverträge noch das Bedauern über seine Auskunft im niedersächsischen Landtag führen dazu, dass Druck aus dem Kessel entweicht. Täglich sind die Nachrichtensendungen und Zeitungen voll mit Berichterstattung über die Hausfinanzierung und die mangelnde Glaubwürdigkeit des Präsidenten, über Widersprüchlichkeiten bei der Darstellung und Mängel bei der Kommunikation. Wulff ist Aufmacher der Nachrichtensendungen und Dauerthema auf den Titelblättern der Zeitungen. Der Präsident droht in einer Flut negativer Kommentare zu ertrinken.

Der Sprecher geht, der Präsident erklärt sich

Am 22. Dezember 2011 versucht Wulff einen erneuten Befreiungsschlag. Gleichzeitig fordert die Krise ihr erstes personelles Opfer: Zu ihrem großen Erstaunen entnimmt die Hauptstadtpresse einer sechszeiligen Pressemitteilung des Bundespräsidialamtes, dass Präsidentensprecher Olaf Glaeseker „von seinen dienstlichen Aufgaben entbunden" worden ist. Kommissarisch übernimmt seine Aufgabe Petra Diroll, bis dato Stellvertreterin Glaesekers. Die Entscheidung wird als dramatische Zuspitzung empfunden, da bekannt ist, wie eng Wulff und Glaeseker seit mehr als zehn Jahren beruflich miteinander verbunden sind. Das Präsidialamt gibt keine weiterführende Erklärung. Olaf Glaeseker ist bereits kurz nach Bekanntwerden der Entscheidung nicht mehr erreichbar. Auch in den Monaten danach geben weder er noch Christian Wulff eine Erklärung dafür, was zu diesem Schritt geführt hat. Es heißt lediglich, man habe sich in gegenseitigem Einvernehmen getrennt. Von den genauen Umständen wird später noch die Rede sein.

Anlass ist ein Fragenkatalog des *Stern*, der das Präsidialamt am selben Tag erreicht hat und aus dem hervorgeht, dass Glaeseker selbst mit schwerwiegenden Vorwürfen konfrontiert ist. Die Staatsanwaltschaft Hannover nimmt schließlich Ermittlungen auf wegen seiner Beziehungen zum Eventmanager Manfred Schmidt, der kostenlosen Urlaubsaufenthalte bei Schmidt, die im Verdacht stehen, eine Gegenleistung für die Veranstaltungsreihe Nord-Süd-Dialog in Hannover gewesen zu sein. Die Entlassung des Präsidentensprechers erscheint zunächst wie ein Bauernopfer, ein Eindruck, den Glaeseker selbst in letzten Gesprächen befördert, bevor er sein Handy für eine Zeit lang erst einmal ausschaltet. Sie fällt zusammen mit einer persönlichen Erklärung, die der Bundespräsident ebenfalls am 22. Dezember 2011 abgibt, und die bewirken soll, dass er sich noch vor Weihnachten aus dem Strudel der Vorwürfe rund um Privatkredit und Urlaubsreisen befreien kann.

Als Christian Wulff an diesem Tag im Großen Saal von Schloss Bellevue vor dem violetten Wandkissen ans Pult tritt, blickt er in zahlreiche Objektive. Die Erklärung, die er vom Blatt liest, dauert etwas länger als vier Minuten. Er nehme die Fragen zu den Vorgängen „sehr ernst", erklärt Wulff und betont, dass er durch Offenlegung des privaten Kreditvertrages und der Anschlussfinanzierung bei der BW-Bank für „volle Offenheit" gesorgt habe. Er räumt dabei ein, „wie irritierend die private Finanzierung unseres Einfamilienhauses in der

Öffentlichkeit gewirkt hat. Das hätte ich vermeiden können und müssen. Ich hätte auch den Privatkredit dem Niedersächsischen Landtag damalig offenlegen sollen. Das war nicht geradlinig und das tut mir leid. Ich sehe ein: Nicht alles, was juristisch rechtens ist, ist auch richtig." Er betont außerdem, dass er „zu keinem Zeitpunkt" in einem seiner öffentlichen Ämter „jemandem einen unberechtigten Vorteil gewährt" habe. Zum Schluss erklärt Wulff, dass er im Amt bleiben will und dafür „die Bürgerinnen und Bürger auch zukünftig um ihr Vertrauen" bittet. Im Bellevue hofft man, mit dieser Erklärung vor der Weihnachtspause einen Schlussstrich ziehen zu können. Hinzu kommt, dass in den Medien die Erwartung geschürt wurde, Wulff könnte in der Weihnachtsansprache des Bundespräsidenten auf die Vorwürfe eingehen. Im Bundespräsidialamt gilt das als völlig ausgeschlossen, da die Weihnachtsansprache keine persönliche Ansprache von Christian Wulff, sondern des Bundespräsidenten ist. Es geht also auch darum, die Weihnachtsansprache zu „schützen".

* * *

Fragt man heute im Deutschen Bundestag Abgeordnete nach Christian Wulffs Privatkredit, dann erntet man überwiegend ein Achselzucken, auch bei Thomas Oppermann, dem Parlamentarischen Geschäftsführer der SPD-Fraktion. Oppermann und Wulff kennen sich seit Jahren, man ist nicht befreundet, aber man respektiert sich gegenseitig. Die beiden hatten schon miteinander zu tun, da steckten sie politisch noch in den Kinderschuhen. Im Sommer 1992 waren Oppermann und Wulff, der eine 38, der andere 33 Jahre alt, gemeinsam mit dem „Young Leaders"-Programm der „Atlantik-Brücke", einer deutsch-amerikanischen Gesellschaft, in den USA zu einem Studienaufenthalt in Nashville, Tennessee. Als Dritter im Bunde war ein junger Ostdeutscher namens David Gill dabei, gerade einmal 26 Jahre alt und Pressesprecher der sogenannten Gauck-Behörde. Die drei hätten seinerzeit wohl nicht gedacht, dass sie achtzehn Jahre später im Sommer 2010 gemeinsam im Plenum des Deutschen Bundestages in einer

Bundesversammlung sitzen würden, in der Christian Wulff zum Bundespräsidenten gewählt wird, der SPD-Delegierte Oppermann dem rot-grünen Gegenkandidaten Joachim Gauck die Wahlergebnisse übermittelt und Gill als Gaucks engster Mitarbeiter an seiner Seite sitzt. Noch einmal zwei Jahre später wird Gill Chef des Bundespräsidialamtes, als Gauck schließlich Bundespräsident wird.

Thomas Oppermann sitzt im November 2012 in seinem Bundestagsbüro und man sieht ihm an, dass er diese Geschichte gern erzählt. Sie gehört in die Kategorie „Wie das Leben so spielt". Nach dem gemeinsamen Aufenthalt in den USA waren sich Oppermann und Wulff schließlich im niedersächsischen Landtag wiederbegegnet – Wulff als Oppositionsführer und Oppermann als Wissenschaftsminister in den Regierungen Glogowski und Gabriel, bis Wulff dann 2003 Ministerpräsident wurde. „Die private Hausfinanzierung war an sich kein Problem, man kann ja einen ‚väterlichen Freund' haben", sagt Oppermann. Das Problem sieht er woanders: „Er hätte das im Landtag offenlegen müssen. Er hat die Frage irreführend beantwortet."

Es spricht grundsätzlich nichts dagegen, dass ein Politiker sich Geld, auch so viel Geld, bei einem Mann leiht, mit dem er seit Jahrzehnten eng befreundet ist, auch wenn es ein Unternehmer ist. Entscheidend ist, ob es eine Gegenleistung gegeben hat, was nicht der Fall gewesen zu sein scheint. Die Reisen, auf denen der Ministerpräsident Wulff seinen Freund Egon Geerkens mitgenommen hat, kann man nicht wirklich als Gegenleistung betrachten, zumal Geerkens die Kosten selbst getragen hat. Das Problem ist nicht der Kredit, sondern der Umgang damit: die künstliche Trennung zwischen dem Unternehmer und seiner Frau, der Kreditgeberin, die sich nach gesundem Menschenverstand nur dadurch erschließt, dass der Ministerpräsident sich nicht angreifbar machen will. Das andere Problem ist deshalb auch die Antwort, die Wulff auf die Kleine Anfrage im niedersächsischen Landtag gegeben hat: formal zwar korrekt, aber nur mit einem faden Beigeschmack. Die Trennung zwischen Privatkredit und Geschäftsbeziehung wirkt ähnlich formal wie die Trennung des Vermögens von Egon und Edith Geerkens. Dass der Kredit selbst kaum zu beanstanden ist, da es sich beim Ehepaar Geerkens tatsächlich um enge Freunde handelt, wirkt dabei zweitrangig.

Die Kommunikation ist von Anfang an der Kern des Problems. Hinzu kommt die Kommunikation in der Krise, die mehr Fragen provoziert als Antworten gibt. So entsteht der Eindruck, als gäbe es etwas zu entdecken, sie kostet Wulff weitere Glaubwürdigkeit. Für diese kommunikativen Fehler, für den Eindruck der Salamitaktik ist Wulff selbst verantwortlich. Es entsteht das Bild eines Präsidenten, dessen Handeln als Ministerpräsident moralisch fragwürdig wirkt und bei dem man nicht sicher ist, ob man ihm glauben kann. Dabei vermittelt der Bundespräsident in seinen Erklärungen, ob schriftlich oder vor laufenden Kameras, nicht den Eindruck, der moralischen Empörung wirklich folgen zu können. Er räumt zwar Fehler ein, aber mit dem Hinweis, eigentlich ja korrekt gehandelt zu haben. Das klingt nach Reue wider Willen. Im Kern ist die Krise zunächst vor allem eins: ein Kommunikationsdesaster.

Ganz anders als die Medien zieht die Bevölkerung bei der Empörung über den Präsidenten zunächst nicht mit. Umfragen in diesen Tagen, als der Bundespräsident täglich Aufmacher in allen Nachrichtensendungen und Zeitungen ist, erstaunen: Trotz der geballten Kritik der Medien sieht die Bevölkerung die Dinge wesentlich gelassener. In einem *ARD*-Deutschlandtrend Extra vom 19. Dezember 2011 sagen 70 Prozent der Befragten, dass Wulff im Amt bleiben solle, und das, obwohl seine Glaubwürdigkeit bereits massiv Schaden genommen hat. Gleichzeitig erklären 44 Prozent, dass sie ihn nicht mehr für glaubwürdig halten, gut 50 Prozent hingegen immer noch. Die Bevölkerung folgt der Einschätzung der Medien nur sehr zurückhaltend oder gar nicht. Wulff kann hierbei zweifellos auch von seinen hohen Beliebtheitswerten zehren, man ist bereit, ihm das zu verzeihen. Im Unterschied zu den Medien hat sich Wulff bei der Bevölkerung „Kredit" erarbeitet, während sich mit Ausbruch der Krise bei den Medien eine breite Ablehnungsfront bildet, die das Szenario unmittelbar vor der Wahl Wulffs zum Bundespräsidenten neu entstehen lässt. Die Politik hat im Dezember 2011 kein Interesse daran, dass nach anderthalb

Jahren ein weiterer Bundespräsident zurücktritt. Die Opposition hält sich erkennbar zurück. In dieser Ausgangslage sorgt ein Teil der Medien dafür, dass die Krise Ende des Jahres nicht im Sande verläuft: Was bis dahin im Hintergrund stattfand, unbemerkt von der Öffentlichkeit, tritt plötzlich in den Vordergrund, und zwar in dem Moment, als es den Anschein hat, Wulff werde die Krise überstehen.

Die wundersame Verbreitung der Mailbox-Nachricht

Am 31. Dezember 2011 widmet sich die *Frankfurter Allgemeine Sonntagszeitung* neuen Fragen rund um die Hausfinanzierung der Wulffs. Fast en passant erfährt der Leser im Mittelteil des Artikels von der Mailbox-Nachricht. Es werden einige wenige Fragmente der Nachricht zitiert, die einen Eindruck davon geben, was Wulff Diekmann wohl mitgeteilt hat und wie. Bereits am 19. Dezember gab es in der *Frankfurter Allgemeinen* einen diskreten Hinweis auf den Vorfall, der aber keine weitere Beachtung fand, da ihn zu diesem Zeitpunkt noch niemand einzuordnen wusste. In dem Artikel im Feuilleton der *FAZ*, in dem eigentlich eine Sendung von Günther Jauch zum Thema Wulff besprochen wird, heißt es ganz beiläufig: „In Journalistenkreisen erzählt man sich von umständlichen, gewundenen Mailbox-Ansagen bei Medienchefs, in denen der Bundespräsident bald drohend, bald bittend noch vor Veröffentlichung interveniert." Wie weit die Kooperation zwischen *Bild* und *FAZ* bei der Verbreitung der Mailbox-Nachricht des Bundespräsidenten ging, bleibt unklar. *Bild* schweigt sich über die genauen Abläufe aus. Am 2. Januar 2012 berichtet auch die *Süddeutsche Zeitung* über die Mailbox-Nachricht und katapultiert das Thema damit nach oben. Die *SZ* jedenfalls legt später Wert darauf, erst aufgrund der Berichterstattung in der *Frankfurter Allgemeinen Sonntagszeitung* von der Nachricht auf Kai Diekmanns Mailbox erfahren zu haben.

Die *Bild*-Zeitung hat der Berliner *tageszeitung* auf mehrere gezielte Nachfragen hin zunächst Mitte Januar und dann noch einmal ausführlicher Ende Januar eine umfangreiche Darstellung der Abläufe zur Verfügung gestellt. Dabei hat *Bild* die Fragen der *taz* durch eigene zusätzliche Fragen an sich selbst ergänzt, um so weiteren Nachfragen zuvorzukommen. *Bild* verweist seitdem bei allen Anfragen rund um die Mailbox-Geschichte auf diese Darstellung, darüber hinaus äußert sich die Pressestelle des Springer-Verlages nicht mehr. In der Darstellung für die *taz* findet sich keine Erklärung dafür, wie die *Frankfurter Allgemeine Sonntagszeitung* und die *Süddeutsche Zeitung* in den Besitz der Zitate aus der Mailbox-Nachricht gekommen sind. *Bild* erweckt darin ausdrücklich den Eindruck, nichts damit zu tun zu haben. Es lohnt sich aber, genau hinzusehen: So behauptet *Bild*, nicht mit dem „Autor" des Artikels in der *Frankfurter Allgemeinen Sonntagszeitung* gesprochen zu haben, was aber offenlässt, ob sie jemand anders bei der *FAZ* kontaktierte.

Zur Berichterstattung in der *Süddeutschen Zeitung* erklärt *Bild*, es habe einen Anruf der *SZ* am 1. Januar 2012 bei der Pressestelle gegeben, man habe aber keinen „offiziellen" Kommentar abgegeben, was eine „Hintergrundinformation" nicht ausschließt. Der Unterschied ist, dass die *Süddeutsche* die *Bild*-Zeitung bei einem offiziellen Kommentar als Quelle zitieren dürfte, bei einer Hintergrundinformation nicht. *Bild* räumt außerdem ein, dass es nach der Veröffentlichung in den beiden Zeitungen zahlreiche Anfragen von Journalisten gegeben habe, die an der vollständigen Nachricht interessiert gewesen seien. Es sei aber keine Abschrift „von der Pressestelle" an eine Zeitung oder Zeitschrift geschickt worden. Das schließt aber wiederum nicht aus, dass einzelne Redakteure von *Bild* die Verteilung der Nachricht in die Hand genommen oder am Telefon daraus vorgelesen haben. *Bild* hat nicht ohne Grund aus eigenem Antrieb bis ins kleinste Detail geschildert, wie sie sich zu welchem Zeitpunkt wem gegenüber in der Mailbox-Geschichte verhalten hat. Es geht dabei darum, sauber aus der Sache herauszukommen. Deswegen kann man davon ausgehen, dass jedes Wort in der Darstellung genau gewählt ist. Am Ende muss *Bild* sich bei ihrer Darstellung denselben Vorwurf gefallen lassen wie Christian Wulff im Zusammenhang mit seiner Hausfinanzierung: mithilfe von Halbwahrheiten die eigentlichen Vorgänge zu verschleiern.

Als Anfang Januar 2012 die Diskussion um die Motive, die Wulff mit seinem Anruf verfolgt hat, in Fahrt kommt, verfügt die *Bild*-Zeitung über einen klaren Vorsprung an Deutungshoheit, da ausschließlich sie im Besitz der Originalaufnahme der Nachricht ist. Für *Bild* besteht dabei kein Zweifel, dass es Wulff darum ging, die Berichterstattung über seinen Hauskredit zu unterbinden. Der stellvertretende *Bild*-Chefredakteur Nikolaus Blome drückt das am 8. Januar 2012 in der *ARD*-Sendung „Günther Jauch" so aus: „Der Bundespräsident hat vielleicht das Verschieben als Etappe gesehen, das Verhindern ganz eindeutig als Ziel." *Bild* gelingt es auf diese Weise, elegant von der Frage abzulenken, wie ihre Rolle in der Geschichte eigentlich aussieht, indem sie die Debatte befeuert, wie es der Bundespräsident mit der Pressefreiheit hält. Zunächst löst die Geschichte einen enormen Solidarisierungsschub mit *Bild* aus: Es gelingt der *Bild*-Zeitung, eine flächendeckende Empörung in der Medienlandschaft zu schüren und sich gleichzeitig selbst als Gralshüter der Pressefreiheit zu inszenieren. Nicht alle fühlen sich dabei wohl. *Spiegel*-Chefredakteur Georg Mascolo sieht sich bei „Günther Jauch" am 8. Januar veranlasst zu sagen, dass er „keine übersteigerten Erwartungen an die Integrität der *Bild*-Zeitung" habe. In der Berliner *tageszeitung* heißt es, dass die Geschichte auch Fragen an die *Bild*-Zeitung aufwerfe: „Wie ein Medium über Bande spielt, wenn es sich selbst nicht die Finger schmutzig machen will, zum Beispiel. Oder wie es eine Affäre strategisch am Kochen hält. Ein gewisses Unbehagen bleibt deshalb. Denn im Zweifel rennen wir, die anderen Journalisten, hinterher."

***

Abgesehen von dem gewissen Unbehagen mit Blick auf die Rolle der *Bild*-Zeitung ist der Tenor in den Medien eindeutig: Wulff ist aus der Rolle gefallen. Das Presseecho auf die Mailbox-Nachricht ist verheerend für Wulff. Sein Verhalten wird als unwürdig und mit dem Amt nicht vereinbar empfunden. Letztlich erzeugt Wulff den Eindruck, er meine die Dinge als Bundespräsident genauso regeln zu können wie als Ministerpräsident in Hannover. Die *Süddeutsche Zeitung* bringt es so auf den Punkt: „Wie ein Landrat von Osnabrück. Die Missachtung der Pressefreiheit zeigt, dass das Amt des Bundespräsidenten für Wulff zu groß ist." Während die Öffentlichkeit vieles von dem, was die Medien an Vorwürfen gegen Wulff ins Feld führen, lange Zeit nicht so dramatisch findet wie die Medien selbst, wirkt sich die Nachricht auf der Mailbox für das Image des Bundespräsidenten katastrophal aus. Im *ARD*-Deutschlandtrend vom 4. Januar 2012, unmittelbar vor Wulffs Fernsehinterview bei *ARD* und *ZDF*, wird dies deutlich: Nach Bekanntwerden der Mailbox-Geschichte ist der Anteil derer, die Wulffs Rücktritt fordern, um zehn Prozentpunkte gestiegen, von 34 auf 44 Prozent.

Mochte Wulff zum Weihnachtsfest noch Anlass zu Optimismus gehabt haben, die Krise könnte bald überstanden sein, bekommt die Geschichte mit der Berichterstattung über die Anrufe beim Springer-Verlag schlagartig eine völlig neue Dimension. Bereits vor dem Jahreswechsel hatten sich auch neue Fragen rund um die Hausfinanzierung ergeben: So hatte Wulff Mitte Dezember angegeben, den Privatkredit durch ein Geldmarktdarlehen abgelöst zu haben und dieses wiederum Ende November durch einen langfristigen Immobilienkredit. Die BW-Bank erklärte aber Ende Dezember, dass Wulff diesen langfristigen Kreditvertrag erst am 21. Dezember 2011 unterschrieb, also einen Monat später und einen Tag vor seiner persönlichen Erklärung vor laufenden Kameras, die einen Schlussstrich unter die Vorwürfe ziehen sollte. Einmal mehr entstand damit der Eindruck, als solle der genaue Ablauf der Ereignisse verschleiert werden.

Die Hauskredite beschädigen auch nach Weihnachten weiter die Glaubwürdigkeit des Bundespräsidenten. Sie werden jedoch schlagartig zur Nebensache, als mit der Mailbox-Nachricht ein völlig neues Thema auf den Tisch kommt, das mit den Einzelheiten komplizierter Immobilienfinanzierungen nichts zu tun hat. Es befeuert die Krise in einer völlig neuen Art und Weise. Den Anruf bei *Bild*-Chef Diekmann kann sich jedermann „bildlich" vorstellen, und die Tatsache, dass Wulff auf die Mailbox spricht und *Bild* damit munitioniert, lässt den Bundespräsidenten dazu noch töricht aussehen. In weiten Teilen der Bevölkerung und vor allem im Internet wird Wulff kübelweise mit Hohn und Spott überschüttet. „Wulffen" wird binnen kürzester Zeit in den verschiedensten Bedeutungen zum geflügelten Wort. Die Krise ist nicht vorbei, sie erreicht vielmehr einen neuen Höhepunkt.

In den ersten Januartagen schießen Spekulationen ins Kraut, dass in Koalitionskreisen bereits nach einem Nachfolger gesucht werde. Das hat vor allem damit zu tun, dass die maßgebliche Person in der Bundesregierung, nämlich die Kanzlerin, zunächst schweigt. Bis zum 4. Januar 2012 hört man von Angela Merkel kein Wort, dabei geben Wortmeldungen aus der Koalition durchaus einen Hinweis darauf, dass die Kanzlerin Wulff noch nicht aufgegeben hat. Diejenigen, die sich äußern, signalisieren allerdings eindeutig, dass von Wulff eine öffentliche Erklärung erwartet wird. „Die Pressefreiheit ist ein sehr hohes Gut in unserer Demokratie", stellt Gerda Hasselfeldt, die Chefin der CSU-Landesgruppe, am 3. Januar fest. Sie sei sicher, dass der Bundespräsident die gegen ihn erhobenen Vorwürfe aufklären könne. „Und das kann auch nur er selbst." CDU-Generalsekretär Hermann Gröhe meint in einer dürren Erklärung, Wulff habe sich für seinen Anruf bei *Bild* entschuldigt und die Entschuldigung sei angenommen worden. Bei der FDP achtet man bereits darauf, einen größeren Sicherheitsabstand zu Wulff einzuhalten. Der designierte Generalsekretär der FDP, Patrick Döring, erklärt, dass es an Wulff selbst liege, „die entstandenen Irritationen aus dem Weg zu räumen".

Die Opposition wird noch deutlicher: „Die politische Schonfrist geht zu Ende", sagt Thomas Oppermann von der SPD. Wenn der Bundespräsident versuche, Berichterstattung zu verhindern, sei das absolut unangemessen. SPD-Chef Gabriel beginnt in diesen Tagen, seine Kommentare zum Bundespräsidenten über Facebook zu kommunizieren. Dort liest man, dass sich zwar „niemand den zweiten Rücktritt eines Bundespräsidenten innerhalb von zwei Jahren" wünsche, allerdings wünsche man sich auch keinen, „der seinem Amt weder politisch noch stilistisch gewachsen" sei. Da die Kanzlerin selbst zunächst schweigt, liegt in diesen ersten Januartagen der Rücktritt des Bundespräsidenten in der Luft. Doch die Realität ist eine andere: Wulff ist entschlossen, im Amt zu bleiben, und Merkels Schweigen täuscht, denn sie hat Wulff mitnichten aufgegeben. In Merkels Umfeld heißt es allerdings in diesen Tagen: „Er muss sich noch einmal erklären."

Das Fernsehinterview

Am Mittwoch, dem 4. Januar 2012, gegen 10 Uhr bekommt Ulrich Deppendorf, der Chef des *ARD*-Hauptstadtstudios, einen Anruf aus dem Bundespräsidialamt. Am Telefon ist Petra Diroll, die Sprecherin des Bundespräsidenten. Mit Ausbruch der Krise schon hatte die *ARD* wegen eines Interviews mit Christian Wulff angefragt. Jetzt, so erfährt Deppendorf, sei der Bundespräsident bereit, auf dieses Angebot zurückzukommen. Am Abend vorher hatten sich Wulff und seine engsten Berater zu einer Krisensitzung getroffen und den Entschluss gefasst, dem Druck nach einer neuerlichen Erklärung des Bundespräsidenten mit einem Interview im Fernsehen nachzugeben. Deppendorf wird gebeten, sich mit Bettina Schausten vom *ZDF* in Verbindung zu setzen, denn das Interview soll gleichzeitig bei *ARD* und *ZDF* ausgestrahlt werden. Beide, so die Bitte, mögen doch eine Stunde später zu einer Vorbesprechung ins Bellevue kommen. Um kurz nach 11 Uhr sitzen Deppendorf und Schausten im Amtszimmer des Bundespräsidenten im Bellevue und besprechen den Ablauf des Interviews mit dem Chef des Präsidialamts, Lothar Hagebölling, und der Präsidentensprecherin.

Deppendorf und Schausten machen klar, dass es keine Tabus geben dürfe und alle Fragen erlaubt sein müssten, die von Interesse seien. Tatsächlich finden keinerlei Absprachen statt, es werden keine Themen ausgeklammert. Nur bei der Frage, wo das Interview geführt werden soll, wird man sich nicht direkt einig. Das Präsidialamt plädiert für Schloss Bellevue, während Deppendorf und Schausten auf einem Fernsehstudio bestehen. Schließlich kommt der Bundespräsident hinzu. Wulff hört sich an, was geplant ist, und lenkt bereitwillig ein: Man einigt sich darauf, das Interview im *ARD*-Hauptstadtstudio zu führen, und zwar noch am selben Nachmittag. Als Christian Wulff in Begleitung seiner Sprecherin Petra Diroll und von Präsidialamtschef Hagebölling vor dem *ARD*-Hauptstadtstudio in Berlin vorfährt, erwartet ihn eine ganze Armada von Kameras und Mikrofonen. Drinnen bittet Wulff darum, eine Viertelstunde lang einen Raum nutzen zu können. Man entscheidet sich für die Maske. Die erbetene Auszeit verbringt der Bundespräsident völlig alleine in dem Raum, auch seine Begleiter sind nicht dabei. Wen Wulff in diesem Moment angerufen hat, denn von einem Telefonat kann man wohl ausgehen, ist nicht bekannt. Im Vorfeld des Interviews wirkt Wulff zwar sehr angestrengt und beherrscht, aber dennoch ausgesprochen verbindlich. Den beiden Fernsehjournalisten sagt er vor der Sendung, er habe keine Wahl gehabt: „Entweder Rücktritt oder Interview."

* * *

Im Laufe des Tages kommt es bis kurz vor dem Aufzeichnungstermin zu einem Hin und Her hinsichtlich der Vorgaben, was wann aus dem Interview wo und in welcher Länge gesendet und von wem sonst noch verwendet werden darf. Zunächst wird zwischen Präsidialamt und den beiden öffentlich-rechtlichen Fernsehsendern vereinbart, das Interview in voller Länge ab 19 Uhr freizugeben. Die *ARD* sollte es zunächst als Video auf ihren Online-Auftritt „tagesschau.de" stellen dürfen, im Fernsehen sollte es dann zeitgleich auf *ARD* und *ZDF* um 20:15 Uhr gesendet werden. Angesichts der massiven Proteste von Tageszeitungen und Privatsendern verändert das Präsidialamt die Modalitäten schließlich noch einmal: Heraus kommt ein kaum noch zu durchschauender Wust an Detailvereinbarungen. Die Verwirrung darüber, was wann in welcher Länge gesendet werden darf, ist am Ende groß. Hinzu kommt, dass die kommerziellen Fernsehsender sich massiv darüber ärgern, keine Möglichkeit für ein eigenes Interview zu bekommen. Vom journalistischen Interesse einmal abgesehen geht es natürlich auch ums Geschäft: Das Interview mit dem angeschlagenen Bundespräsidenten verspricht Traum-Einschaltquoten. Gemeinsam legen die Chefredakteure von *RTL*, *Pro7Sat1* und der TV-Nachrichtenkanäle *N24* und *n-tv* schriftlich Protest beim Bundespräsidialamt ein, allerdings erfolglos. Tatsächlich verfolgen 11,5 Millionen Menschen das Interview bei *ARD* und *ZDF*, als es um 20:15 Uhr in voller Länge ausgestrahlt wird. *Das Erste* kommt auf gut acht Millionen Zuschauer und damit auf einen Marktanteil von 23,7 Prozent, während das *ZDF* mit knapp 3,5 Millionen Zuschauern einen Marktanteil von 10,2 Prozent erreicht – unterm Strich also ein Drittel aller Fernsehzuschauer.

Mit der Entscheidung, ausschließlich dem öffentlich-rechtlichen Fernsehen ein Interview zu geben, bringt der Bundespräsident nicht nur die Privatsender, sondern vor allem auch die gesamte Schrift-Presse gegen sich auf. Dass nur zwei Fernsehjournalisten die Möglichkeit bekommen, Wulff mit den Vorwürfen, die gegen ihn erhoben werden, zu konfrontieren, wird ihm letztlich als Feigheit ausgelegt. Der Deutsche Journalistenverband fordert Wulff auf, sich in die Bundespressekonferenz zu setzen, um sich dort den Fragen „aller Journalistinnen und Journalisten der Hauptstadtmedien" zu stellen. Alternativ schlägt der Bundesverband Deutscher Zeitungsverleger vor, wenn schon nicht „der souveräne Weg einer Pressekonferenz" ausgewählt werde, dann hätten zumindest auch Vertreter der Zeitungen an dem Fernsehinterview teilnehmen müssen. Natürlich hat das Bellevue kein Interesse daran, dass der Bundespräsident einem Tribunal von wie vielen Chefredakteuren auch immer gegenübersitzt, und im Interesse des Fernsehzuschauers wäre das vermutlich auch nicht gewesen. Für das Bundespräsidialamt kommt eine Pressekonferenz des Bundespräsidenten aber ohnehin nicht infrage, schon aus prinzipiellen Gründen nicht. Eine solche Situation ist nach Ansicht des präsidialen Apparates mit dem Amt nicht vereinbar.

Die Forderung der Medien wird mit völligem Unverständnis zur Kenntnis genommen. „Wer das verlangt, kann nicht fünf Meter links oder rechts des Weges denken", sagt ein Mitarbeiter des Präsidialamts in jenen Tagen. Der Schutz des Amtes hat absolute Priorität: Noch nie hat ein Bundespräsident sich in die Bundespressekonferenz gesetzt und eine Pressekonferenz gegeben. Aus der Binnensicht des Bellevue wäre das eine Grenzüberschreitung, die die Rahmenbedingungen des Amtes dauerhaft verändern würde, denn auch von künftigen Bundespräsidenten könnte man dies dann in Zukunft erwarten. Dem Bellevue gelingt es allerdings nicht, dieses Dilemma zu erklären und um Verständnis für diese Position zu werben. Im Ergebnis nimmt der ohnehin schon kaum noch vorhandene Respekt der Medien vor Wulff weiter ab. Doch auch strategische Gründe sprechen dagegen, da der Verlauf für Wulff wesentlich weniger kalkulierbar gewesen wäre. Zu einer Pressekonferenz hätte jeder Zugang gehabt, die Atmosphäre ist eine völlig andere als in einem Fernsehinterview, bei dem alle Beteiligten immer daran denken, wie sie auf den Zuschauer wirken. Hinzu kommt, dass das Fernsehinterview mit 20 Minuten in der Länge überschaubar ist, während eine Pressekonferenz möglicherweise eine Stunde gedauert und es wie eine Flucht ausgesehen hätte, sie an einem bestimmten Punkt zu beenden.

* * *

Das Fernsehinterview ist die erste öffentliche Stellungnahme Wulffs zu den Vorwürfen, die gegen ihn erhoben werden, seitdem er vor Weihnachten eine erste Erklärung abgegeben hat. Es ist die einzige Interview-Situation, in die Wulff sich bis zu seinem Rücktritt begibt. Im Bellevue ist man überzeugt davon, dass es eigentlich nur einen Auftritt dieser Art geben kann. Dieser eine Schuss muss sitzen. Der strategische Ansatz des Bellevue sieht so aus, dass man sich mehr oder weniger damit abgefunden hat, die Stimmung in den Medien vor allem aufgrund der Mailbox-Geschichte zu diesem Zeitpunkt nicht drehen zu können. Zwar will Wulff sich auch bei den Medien entschuldigen, vor allem aber setzt das Bellevue darauf, Verständnis für die Lage des Bundespräsidenten bei der Bevölkerung zu wecken. Wulff versucht in dem Fernsehauftritt vor allem, die Bevölkerung zu erreichen. Die Strategie ist durchaus naheliegend: In Umfragen ist immer noch ein erstaunlich hoher Teil der Bevölkerung der Ansicht, dass Christian Wulff trotz aller Vorwürfe im Amt bleiben kann.

Zwar betonen die Medien immer wieder, dass der Rückhalt für Wulff in der Bevölkerung schwindet. In Wahrheit ist es jedoch vielmehr erstaunlich, dass trotz des vernichtenden Urteils, das die Medien seit Wochen über Wulff fällen, noch immer die Hälfte der Befragten in repräsentativen Umfragen meinen, Wulff könne im Amt bleiben. In gewisser Weise geht die Strategie des Bellevue für das Fernsehinterview auf: Danach sprechen sich in einer Umfrage von Infratest dimap immerhin 60 Prozent der Menschen dafür aus, Wulff eine zweite Chance zu geben. Mit 56 gegenüber 41 Prozent sind deutlich mehr Menschen der Ansicht, dass Wulff nicht zurücktreten müsse, obwohl letztlich nur ein Drittel der Befragten seinen Fernsehauftritt „überzeugend" findet. Deutlich wird bei der Umfrage unmittelbar nach dem TV-Auftritt auch, dass es in der Bevölkerung eine große Skepsis gegenüber den Medien gibt: Bemerkenswerte 57 Prozent sind der Ansicht, dass die Medien Wulff „fertigmachen wollen". Unbenommen davon wird Wulffs Verhalten von einer gleich großen Menge als „peinlich" empfunden.

In dem Interview werden zunächst der Anruf auf der Mailbox, dann die Finanzierung des Hauses und die Urlaube bei Freunden thematisiert, bevor es am Ende um die Frage geht, ob Wulff meint, noch im Amt bleiben zu können. Die zentrale Botschaft ist, dass er an Rücktritt nicht denkt. Für den Anruf bei der *Bild*-Zeitung bittet er um Entschuldigung. Dieser sei mit seinem eigenen „Amtsverständnis nicht vereinbar" gewesen, sondern „ein schwerer Fehler, der mir leid tut, für den ich mich entschuldige". Gleichzeitig versucht er, um Verständnis für sein Handeln zu werben: Er habe sich in dem Moment als „Opfer" gesehen. Man müsse die Situation „menschlich sehen", durch die Recherchen von *Bild* zu seiner Hausfinanzierung seien „Freunde in die Öffentlichkeit gezogen" worden, er habe sich schützend vor seine

Familie stellen müssen. Es gebe Persönlichkeitsrechte und auch „Menschenrechte für Bundespräsidenten". Als Bundespräsident müsse man die Dinge aber so im Griff haben, „dass einem so etwas nicht passiert". Wulff betont, dass er nicht versucht habe, die Berichterstattung von *Bild* zu verhindern, sondern nur darum gebeten habe, sie um einen Tag zu verschieben. Sein Verhältnis zu den Medien müsse er „neu ordnen". Ausdrücklich betont er, dass ihm der Wechsel vom Ministerpräsidenten zum Bundespräsidenten nicht leichtgefallen sei. Er sei ohne „Karenzzeit" ins Amt gekommen und habe einen „Lernprozess" durchmachen müssen.

Die Grundlagen der Hausfinanzierung habe er von Anfang an, schon in seiner ersten Erklärung, genannt. Der Privatkredit sei ihm von Edith Geerkens angeboten worden, Egon Geerkens sei ein langjähriger Freund, „schon seit Schulzeiten". Geschäftsbeziehungen zu Herrn Geerkens habe er nicht gehabt, bei der Anfrage im niedersächsischen Landtag sei es um die Unternehmen von Herrn Geerkens gegangen. Wulff gibt aber zu, dass er den Privatkredit im Landtag hätte erwähnen sollen. Aber er habe in der parlamentarischen Situation abwägen müssen, was privat sei und was nicht jeden etwas angehe. Die Anschlussfinanzierung bei der BW-Bank habe er zu ganz normalen Konditionen bekommen. Den Kredit habe Herr Geerkens vermittelt. Jetzt werde dieses Geldmarktdarlehen in einen langfristigen Kredit umgewandelt. Dass er gezielt den Eindruck erweckt habe, dies sei bereits geschehen, weist er zurück. Auch den Vorwurf der „Salamitaktik" bei der Aufklärung lässt Wulff nicht gelten: Er habe mittlerweile 400 Fragen beantwortet, da könne man nur scheibchenweise antworten. Seine Urlaubsreisen als Ministerpräsident zu befreundeten Unternehmern verteidigt Wulff. Es gebe eindeutig keinen Verstoß gegen das Ministergesetz: „Das sind Freunde, die ich seit Schulzeiten habe."

Auch mit dem ehemaligen Vorstandsvorsitzenden des Talanx-Versicherungskonzerns, Wolf-Dieter Baumgartl, sei er seit Jahren eng befreundet. Dieser sei außerdem schon „Pensionär" gewesen, erklärt Wulff, was nur bedingt stimmt. Die Wulffs hatten nach ihrer Hochzeit eine Woche Urlaub in Baumgartls Villa in Italien gemacht, der Ex-

Manager ist zu diesem Zeitpunkt Vorsitzender des Talanx-Aufsichtsrats. Wenn Politiker nicht mehr bei Freunden übernachten dürften, so Wulff, dann „verändert sich die Republik zum Negativen". Darum stehe er zu diesen Urlauben. Nur wenn es auf das Amt bezogen sei, wenn es dienstliche Kontakte gebe, „dann kommt das nicht infrage". Wulff macht klar, dass er Bundespräsident bleiben will. Die Bürgerinnen und Bürger setzten letztlich auch darauf. Er sei kein „Bundespräsident auf Bewährung" – diese Begrifflichkeit finde er „völlig daneben". Er habe nicht gegen irgendein Gesetz verstoßen, weder jetzt im Amt noch vorher, es gehe um Fragen von Transparenz und Darlegung. Bemerkenswert ist, dass Wulff in seinem TV-Interview eine Anspielung auf die Gerüchte um seine Frau macht. „Was im Internet über meine Frau an Fantasien verbreitet wird ...", sagt Wulff, ohne den Satz zu Ende zu bringen. Bei dieser Andeutung bleibt es.

In dem Teil des Interviews, in dem es um die Urlaube bei befreundeten Unternehmern geht, vergaloppiert sich Bettina Schausten. „Da hätten Sie doch sagen können, da gebe ich euch pro Nacht 150 Euro", konfrontiert Schausten den Bundespräsidenten. Wulff fragt sie sichtlich erstaunt, ob sie das bei ihren Freunden so mache, was Schausten mit „Ja" beantwortet. Bettina Schausten wird in diesem Moment zum Gesicht für die an manchen Stellen kleinkarierte Herangehensweise der Medien, für das, was später als „Bobby-Car-Niveau" der Krise bezeichnet wird: als skandalisiert wurde, dass die Wulffs von einem Autohändler ein Bobby-Car geschenkt bekommen hatten. In den folgenden Tagen wird die ZDF-Journalistin von einer Welle Reaktionen vor allem im Internet regelrecht überrollt, manche davon sind heiter, andere voll von Hohn und Spott. Bei Facebook gründen sich spontan Gruppen wie „Fr. Schausten muss ihre bezahlten Übernachtungen bei Freunden offenlegen", die schnell auf mehrere Tausend Mitglieder kommen.

* * *

Politisch gelingt Wulff mit dem Fernsehinterview kein Befreiungsschlag. Es führt nicht dazu, dass er mehr öffentliche Unterstützung in der Koalition erfährt. Nach dem TV-Auftritt ringen sich die Koalitionsspitzen ein Signal der Unterstützung für Wulff ab, wenn auch kein kraftvolles. Für die CDU erklärt ihr Generalsekretär Hermann Gröhe, er sei sicher, dass „Christian Wulff damit erfolgreich Vertrauen in der Bevölkerung zurückgewinnen" werde. FDP-Generalsekretär Döring spricht von einem „wichtigen Schritt". Doch es ist unüberhörbar, dass man bei der Koalition ganz und gar nicht davon ausgeht, die Sache sei überstanden, was aufgrund des desaströsen Echos in den Medien auch kein Wunder ist. Die CDU-Spitze orientiert sich bei der Suche nach einer geeigneten Sprachregelung offensichtlich an den Umfrageergebnissen nach dem Fernsehauftritt. Auch die Kanzlerin stellt das Vertrauen der Bürger in den Vordergrund. Ihren Regierungssprecher Steffen Seibert lässt sie sagen, der Fernsehauftritt des Bundespräsidenten sei ein wichtiger Schritt gewesen, das „Vertrauen der Bürger wiederherzustellen". Die Kanzlerin habe „große Wertschätzung" für Christian Wulff als Mensch und als Bundespräsident.

SPD und Grüne halten den Ball flach. Bei der SPD heißt es, nun dürfe „nichts mehr nachkommen", das Amt sei beschädigt, stellt Generalsekretärin Andrea Nahles fest, „durch seine unbesonnene Art, durch sein Amtsverständnis". Die Opposition versucht in diesen Tagen, aus der Affäre Wulff eine Affäre Merkel zu machen. Jenseits dieser öffentlichen Stellungnahmen ist die Gemengelage im Bundestag sehr unterschiedlich. Bei vielen Abgeordneten wird der Fernsehauftritt als unerträglich empfunden. „Das war unsäglich, diese Mischung aus Selbstgerechtigkeit und Flehen um Gnade", erinnert sich ein Oppositionsabgeordneter. Doch auch in den Reihen der Koalition ist die Wahrnehmung oft ähnlich: „Wie ein Pennäler hat er dagesessen", meint ein Abgeordneter der Union. Manch einer findet es schon nicht mit dem Amt vereinbar, dass der Bundespräsident sich überhaupt in ein Fernsehstudio setzt, um sich persönlich zu rechtfertigen. Wieder andere meinen, er hätte direkt eine Pressekonferenz geben müssen, so sei das nichts Halbes und nichts Ganzes gewesen. Und schließlich gibt es auch Stimmen, die der Ansicht sind, der Auftritt sei „gut, aber etwas spät" gewesen, erinnert sich ein Unionsabgeordneter.

Das Medienecho auf das Fernsehinterview ist vernichtend. „Reue ohne Einsicht", kommentiert die *Frankfurter Rundschau*, „Gnade dem Präsidenten" heißt es in der *Süddeutschen Zeitung*, die feststellt, Wulff sei der erste Bundespräsident, „der sich selbst begnadigt". Für das *Handelsblatt* ist Wulff „Der Klammerer", der um seinen Verbleib im Amt kämpft. Die *Stuttgarter Zeitung* spricht von „homöopathisch dosierter Reue", die *Westdeutsche Allgemeine Zeitung* findet den TV-Auftritt „Zum Fremdschämen" und die *Rhein-Neckar-Zeitung* stellt fest: „Der Rest ist Fassungslosigkeit." Bei den Medien macht Wulff mit seinem Fernsehauftritt nicht einen Quadratzentimeter Boden gut. Im Gegenteil: Vor allem zwei Aussagen in dem Interview bescheren Wulff neue Probleme. Zum einen die Ankündigung, er werde alles ins Internet stellen, zum anderen seine Behauptung, er habe die Berichterstattung der *Bild*-Zeitung nur verschieben, aber nicht verhindern wollen. *Bild* nutzt die Gunst der Stunde und begibt sich als Akteur auf die Bühne.

Der Showdown mit *Bild*

Ich habe nicht versucht, sie zu verhindern, ich habe darum gebeten, einen Tag abzuwarten." Mit diesem Satz widerspricht Wulff in seinem Fernsehinterview der Darstellung von *Bild*, er habe Kai Diekmann angerufen, um die Berichterstattung der Zeitung über seinen Hauskredit zu unterbinden. Wer zu diesem Zeitpunkt noch Zweifel daran hat, dass es den Krieg zwischen *Bild* und Wulff tatsächlich gibt, der wird am Tag nach dem Interview des Bundespräsidenten eines Besseren belehrt. Im Bundespräsidialamt geht ein Fax ein, in dem *Bild*-Chef Diekmann Wulff dazu auffordert, *Bild* die Erlaubnis zu geben, die Mailbox-Nachricht zu veröffentlichen. „Mit Verwunderung haben wir gestern Ihre Aussage im Fernsehen zur Kenntnis genommen, bei Ihrem Anruf auf meiner Mail-Box sei es nicht darum gegangen, Berichterstattung zu Ihrem Hauskredit zu verhindern, sondern lediglich um einen Tag zu verschieben. Um Missverständnisse auszuräumen, was tatsächlich Motiv und Inhalt Ihres Anrufes angeht, halten wir es deshalb für notwendig, den Wortlaut Ihrer Nachricht zu veröffentlichen. Wir möchten dies nicht ohne Ihre Zustimmung tun, und bitten Sie deshalb im Sinne der von Ihnen versprochenen Transparenz um Ihr Einverständnis zur Veröffentlichung." *Bild* setzt Wulff damit die Pistole auf die Brust und kann dabei eigentlich nur gewinnen: Verweigert Wulff die Veröffentlichung der Nachricht, dann sieht er schlecht aus, erlaubt er sie, kann jeder das präsidiale Schwadronieren über Krieg mit dem Springer-Verlag in voller Länge nachvollziehen. Das Schlimmste für Wulff dabei: Er weiß nicht mehr im Detail, was genau er Diekmann eigentlich auf die Mailbox gesprochen hat – das weiß nur *Bild*.

Die Antwort aus dem Präsidialamt lässt nicht lange auf sich warten. In einer schnell einberufenen Sitzung der engsten Mitarbeiter des Bundespräsidenten setzt sich die Meinung durch, den Ball an *Bild* zurückzuspielen. Wulff schreibt Diekmann einen Antwortbrief, den er ebenfalls öffentlich macht. Darin verbietet der Bundespräsident die Veröffentlichung der Nachricht nicht, sondern erklärt vielmehr, dass er sich bei Diekmann entschuldigt und der *Bild*-Chef diese Entschuldigung auch angenommen habe. „Damit war die Sache zwischen uns erledigt. Dabei sollte es aus meiner Sicht bleiben. Es erstaunt mich, dass Teile meiner Nachricht auf Ihrer Mailbox nach unserem klärenden Telefongespräch über andere Presseorgane den Weg in die Öffentlichkeit gefunden haben. Es stellen sich grundsätzliche Fragen zur Vertraulichkeit von Telefonaten und Gesprächen. Hier haben die Medien ihre eigene Verantwortung wahrzunehmen." Wulff überlässt damit letztlich *Bild* die Entscheidung, ob die Zeitung die Nachricht veröffentlichen will oder nicht und spielt damit den Schwarzen Peter verhältnismäßig elegant zurück. Ein Sprecher des Springer-Verlages gibt daraufhin bekannt, dass *Bild* den Wortlaut der Nachricht nicht veröffentlichen werde, und fügt hinzu, dass *Bild* das bedauere, denn so könne der vom Bundespräsidenten versprochenen Transparenz nicht genügt werden.

Die Auseinandersetzung ruft einige Journalisten auf den Plan, die *Bild* ihr Spiel nicht durchgehen lassen wollen. „Das ist eine riesige

Inszenierung, die wir hier erleben", stellt Hans Leyendecker von der *Süddeutschen Zeitung* fest. Besonders pointiert setzt sich die *taz* mit der Rolle von *Bild* auseinander: „Was Diekmann mit der *Bild* gerade macht, ist eine Grenzverletzung. Die Zeitung gibt ihre Beobachterfunktion weitgehend auf und verfolgt nun mehr das Ziel: Wulff soll zur Strecke gebracht werden." In einem Kommentar pariert Diekmann schließlich die Kritik an der *Bild*-Zeitung. „Wer den Fall und die Probleme des Bundespräsidenten jetzt zu einem Machtkampf zwischen dem ersten Mann im Staat und der größten Zeitung im Land aufpumpt, der geht wahrhaftig völlig in die Irre." Richtig ist zweifellos, dass die Krise um den Bundespräsidenten deutlich mehr ist als ein Machtkampf zwischen Diekmann und Wulff. Die Auseinandersetzung um die Mailbox-Nachricht macht allerdings sehr deutlich, dass sie das eben auch ist. Nachdem Bild den goldenen Dolch, den Wulff mit seiner Mailbox-Nachricht überreicht hatte, anderen Medien serviert hat, nimmt Diekmann die Waffe schließlich selbst in die Hand. *Bild* spürt jedoch sehr schnell, dass sie bei einer direkten Auseinandersetzung zwischen Diekmann und Wulff nicht punkten kann, und scheut deshalb vor einer Veröffentlichung der Nachricht zurück.

Alles ins Internet

400 Journalistenfragen habe er mittlerweile beantwortet, sagt Christian Wulff im Laufe des Fernsehinterviews bei *ARD* und *ZDF*. Wenige Sätze später kündigt er an, seine Anwälte würden am nächsten Morgen „alles ins Internet" stellen. Schon in diesem Moment entsteht der Eindruck, als wolle Wulff tatsächlich alle Fragenkataloge und die dazugehörigen Antworten der zurückliegenden Wochen für jedermann online verfügbar machen. Spätestens in dem Moment, wo er Bettina Schausten vom *ZDF* noch anbietet, er gebe ihr „gern die 400 Fragen und 400 Antworten", besteht eigentlich kein Zweifel mehr: Alles soll ins Internet. Die Idee kommt ihm spontan, sie entsteht in dem

Moment, als Wulff darüber spricht – es ist kein Missverständnis, wie in den Tagen danach zum Teil gemutmaßt wird, und keine wohlüberlegte Ankündigung, die am Ende schlecht umgesetzt wird. Wulff meint ernst, was er sagt, er will tatsächlich auf diese Weise Transparenz herstellen. Wulffs Berater hingegen trauen ihren Ohren nicht, als sie das Fernsehinterview verfolgen. Die spontane Transparenz-Offensive erweist sich als Bumerang, denn die Sache ist nicht so einfach, wie der Bundespräsident sich das vorstellt. Zwar stellen seine Anwälte am nächsten Tag „alles ins Internet", aber eben nur eine Zusammenfassung dessen, was Wulff bis zu diesem Zeitpunkt über seine Hausfinanzierung und die Urlaubsreisen zu befreundeten Unternehmern öffentlich gemacht hat. Die Enttäuschung ist groß, denn das, was man im Internet findet, ist sehr weit von dem entfernt, was Wulff angekündigt hat. Entsprechend wächst in den folgenden Tagen der Druck auf den Bundespräsidenten, seinen Ankündigungen Taten folgen zu lassen. Einmal mehr sieht es so aus, als versage Wulff dabei, für wirkliche Transparenz zu sorgen. Es ist ein weiteres Kommunikationsdesaster.

Tagelang wird im Bundespräsidialamt hin und her überlegt, wie man ohne Gesichtsverlust aus der Sache wieder herauskommt. Der Schaden ist ohnehin bereits entstanden, da es am Ende so aussieht, als beuge das Bellevue sich dem Druck der Öffentlichkeit. Doch die Situation ist selbstverschuldet eingetreten – es gab keinerlei Grund, diese Ankündigung überhaupt zu machen. In Wulffs Umfeld konkurrieren zwei verschiedene Sichtweisen: Die einen sagen, wir müssen jetzt liefern, die anderen raten dringend davon ab, tatsächlich alles ins Netz zu stellen. Letztere fürchten, auf diese Weise einen endlosen Strom immer neuer Nachfragen auszulösen und darin hoffnungslos abzusaufen. Am 11. Januar 2012 gibt Wulffs Anwalt Gernot Lehr deshalb bekannt, dass die Fragen und Antworten nicht im Internet veröffentlicht werden. Zur Begründung werden rechtliche Bedenken vorgeschoben: Eine Veröffentlichung „würde das Recht der jeweils nachfragenden Journalistinnen und Journalisten am eigenen Wort und an dem Schutz ihrer Rechercheergebnisse oder -ziele verletzen". Lehr stellt deshalb nur eine mehrseitige Zusammenfassung der Antworten zu den verschiedenen Vorwürfen, die gegen Wulff erhoben werden, ins Netz. Zwar ist richtig, dass die Genehmigung der betroffenen Redaktionen eingeholt und die Persönlichkeitsrechte Dritter geschützt werden müssten, grundsätzlich stünde einer Veröffentlichung aber nichts im Wege.

* * *

Für Aufsehen sorgt eine Wortmeldung, die im Laufe der Nacht vom 11. auf den 12. Januar 2012 per Twitter verbreitet wird und von keinem Geringeren als dem CDU-Politiker Peter Altmaier kommt. Altmaier hatte Wulff zu Beginn der Krise in mehreren Talkshows tapfer verteidigt, nun platzt ihm aber der Kragen: „Wünsche mir, dass Christian seine Anwälte an die Leine legt und die Fragen/Antworten ins Netz stellt." Am Tag zuvor hatte Altmaier dem Bellevue bereits über ein Zeitungsinterview den gut gemeinten Ratschlag gegeben, dass es unglücklich wäre, „wenn der Eindruck entstünde, dass die Anwälte des Bundespräsidenten jetzt hinter dem zurückblieben, was er selbst in einem Fernsehinterview angekündigt hat". Bis dahin hatte vor allem die Opposition von Wulff verlangt, seiner Ankündigung Taten folgen zu lassen. Einige Verlage kündigen ihrerseits schnell an, dass sie mit einer Veröffentlichung kein Problem hätten, womit der Schwarze Peter gänzlich beim Bellevue ist. So erklärt die *Bild*-Zeitung öffentlich, dass sie keine Einwände gegen eine Veröffentlichung habe. Die *Welt* stellt ihre Fragen und die entsprechenden Antworten von sich aus ins Internet. Die *Frankfurter Rundschau* und die *Berliner Zeitung* erklären, dass sie bereit seien, Wulffs Anwälte von ihrer Verschwiegenheitspflicht zu entbinden, der *Spiegel* folgt. Der *Stern* hingegen ist nur bereit, einen Teil seiner Fragen zu veröffentlichen. In Wahrheit jedoch ist die Sache ungleich komplizierter.

Grundsätzlich ist es ein bislang einmaliger Vorgang, dass Medien ihre Recherchen umfänglich offenlegen. Um dem Druck nachzugeben, veröffentlicht Wulffs Anwalt Lehr schließlich am 18. Januar 2012, also zwei Wochen nach der ersten Ankündigung im Fernsehen, zahlreiche

Journalistenfragen mit den dazugehörigen Antworten im Internet – insgesamt 239 DIN-A4-Seiten. Zu diesem Zeitpunkt erscheint das, was einmal als Transparenz-Offensive gedacht war, nur noch als zähneknirschend gewährtes Zugeständnis an die Medien. Das Angebot stößt in der Öffentlichkeit auf reges Interesse, in den ersten Tagen wird die Seite weit über 100.000 Mal angeklickt. Nicht-Journalisten gibt die Veröffentlichung vor allem Aufschluss darüber, wie detailliert gefragt wird und wie das ständige Hin und Her zwischen Fragenden und Antwortenden funktioniert. Lehr versucht mithilfe einer ausführlichen Erklärung deutlich zu machen, dass die Klärung der juristischen Einzelheiten tatsächlich alles andere als simpel war. So musste in jedem Einzelfall die Freigabe der jeweiligen Redaktion eingeholt und geklärt werden, ob die Persönlichkeitsrechte Dritter betroffen sind. Die Kontaktdaten der Fragenden, wie E-Mail-Adressen oder Telefonnummern, wurden geschwärzt. Zehn Tage lang wurden deshalb im Anwaltsbüro Sonderschichten geschoben.

Außerdem stellt sich heraus, dass einige Verlage, die zunächst forsch erklärt hatten, alle ihre Recherchen freizugeben, dann doch zurückruderten. So erteilten nur einige Medien eine pauschale Freigabe für alle ihre Fragen und Antworten, darunter *Bild* und alle weiteren Zeitungen des Springer-Verlags, die *Süddeutsche Zeitung*, *Die Zeit*, der *NDR* und das *ZDF*. Vier Zeitungen der DuMont-Gruppe hätten „eine weitreichende, aber thematisch eingeschränkte Zustimmungserklärung abgegeben", heißt es in der Erklärung des Anwalts, darunter die *Frankfurter Rundschau* und die *Berliner Zeitung*, die zunächst öffentlich angekündigt hatten, alle Recherchen freizugeben. Die *Frankfurter Allgemeine Zeitung* verweigerte die Veröffentlichung gänzlich. *Stern* und *Spiegel* nahmen einzelne Fragen heraus. Die Redaktionen, die Fragen zu den Gerüchten über Bettina Wulffs angebliche Vergangenheit im Rotlichtmilieu gestellt haben, wollen diese nicht veröffentlicht sehen. Nicht nur im Präsidialamt macht man sich Gedanken darüber, welchen Eindruck das Material auf die Öffentlichkeit machen könnte, sobald es im Internet zugänglich ist. Diese registriert jedoch vor allem über Tage, dass Wulff seinen Ankündigungen keine Taten folgen ließ.

Dass am Ende nur ein Teil der Medien bereit war, die gestellten Fragen und dazugehörigen Antworten zu veröffentlichen, geht dabei weitgehend unter. Die Ankündigung des Bundespräsidenten im Fernsehen führt dazu, dass Wulff anschließend zwei Wochen lang am Nasenring durch die Arena geführt wird.

Keine Rückkehr zur Tagesordnung

Es gibt zwei Termine in Schloss Bellevue, die im Januar 2012 die wohl größte jemals erlebte öffentliche Aufmerksamkeit erfahren: der Empfang der Sternsinger und der Neujahrsempfang des Bundespräsidenten – beide werden live im Fernsehen übertragen. Die Gelegenheiten, mit Kameras ins Bellevue zu kommen, sind selten in diesen Wochen. Vor allem dem Neujahrsempfang wird besondere Aufmerksamkeit zuteil, da bei dieser Gelegenheit die gesamte Bundesregierung im Bellevue erscheint und vom Präsidentenpaar begrüßt wird. Christian und Bettina Wulff empfangen zunächst die Kanzlerin und danach alle Bundesministerinnen und -minister im Langhanssaal von Schloss Bellevue. Es ist das einzige öffentliche Zusammentreffen vor laufenden Kameras zwischen Wulff und der Kanzlerin während der gesamten Krise. Die Kommentatoren der Fernsehsender, die live übertragen, registrieren jedes Detail. *Phoenix* etwa stellt fest, dass die Kanzlerin auffällig lange zwischen Bettina und Christian Wulff stehen bleibt und Merkel die First Lady bei der Begrüßung ermutigend am Unterarm festhält. Einige Beobachter registrieren, dass Bettina Wulff ihrerseits die Kanzlerin festhält und regelrecht dazu zwingt, sich für Fotos zwischen das Ehepaar Wulff zu stellen. Der Empfang hat etwas von einem Schaulaufen. Als Guido Westerwelle Bettina Wulff mit einem Küsschen auf die Wange begrüßt, wird das mit „Ah"- und „Oh"-Rufen der Fotografen und Kameraleute kommentiert. Im Bellevue ist man hingegen durchaus erfreut über die große mediale Aufmerksamkeit für den Neujahrsempfang: Schließlich produziert er Bilder, die suggerieren, dass der Bundespräsident unbeeindruckt von dem Tsunami, der über ihn hinwegfegt, seine Arbeit macht. Außerdem vermitteln die Bilder den Eindruck, dass die Kanzlerin zu Wulff steht, und zwar in wesentlich eindrucksvollerer Weise als durch die ständigen Beteuerungen der Regierungssprecher. Gleichzeitig wird bei diesem Termin jedoch auch deutlich, wie viel Autorität der Bundespräsident mittlerweile eingebüßt hat. Die gesamte Führungsspitze der Opposition bleibt dem Empfang demonstrativ fern.

Mitte Januar laufen sich die Vorwürfe rund um die Hausfinanzierung der Wulffs mehr oder weniger tot. Die Landesregierung in Niedersachsen kommt nach Prüfung des Sachverhalts zu dem Ergebnis, dass es bei dem Privatkredit „keine Amtsbezogenheit" gegeben habe, dieser sei eine reine Privatangelegenheit gewesen. Im niedersächsischen Landtag bemüht sich die Fraktion der Linken bis in den Februar hinein um die Einsetzung eines Untersuchungsausschusses, doch SPD und Grüne ziehen nicht mit. In Stuttgart prüft die BW-Bank, die Wulff zunächst zur Ablösung des Privatkredits ein Geldmarktdarlehen und danach einen langfristigen Immobilienkredit gewährt hat, die Kreditkonditionen. Auch die Staatsanwaltschaften in Stuttgart und Hannover beschäftigen sich mit den Krediten und gehen der Frage nach, ob es einen Anfangsverdacht gibt. Die Prüfung der Bank ergibt, dass an den Krediten nichts auszusetzen ist, und die Staatsanwaltschaften kommen zu dem Ergebnis, dass kein Anfangsverdacht vorliegt. Die als besonders günstig empfundenen Kreditkonditionen hätten im Ermessen der Bank gelegen. Mitte Januar bleibt von den Vorwürfen rund um die Hausfinanzierung juristisch nichts übrig.

Unterdessen verabschiedet sich die Krise weitgehend auf die Dörfer. Es werden neue Vorwürfe erhoben, die wenig bis keine Substanz haben. Bereits Anfang Januar wird Bettina Wulff vorgeworfen, sie habe Designerkleider getragen, ohne dafür zu bezahlen, was in anderen Ländern, beispielsweise in Frankreich, eine Selbstverständlichkeit ist. Die Wulffs stellen klar, dass kostenlose Leihgaben von Designern, es geht vor allem um die Modehäuser Basler und Rena Lange, grundsätzlich in der Steuererklärung als geldwerter Vorteil angegeben worden seien. Auch der

Vorwurf, Bettina Wulff habe ein Vorserienmodell des Audi Q3 kostenlos nutzen dürfen, erweist sich als unhaltbar. In diesem Fall gehen die Wulffs sogar juristisch gegen diese Behauptung vor und unterstellen der *Frankfurter Rundschau* und der *Berliner Zeitung* „gezielte Falschberichterstattung". Anfang Februar erwirken sie eine einstweilige Verfügung vor Gericht, die entsprechende Berichte untersagt.

Absurd wird es in dem Moment, als aus einem Bobby-Car, das die Wulffs von einem Autohändler geschenkt bekommen haben, ein neuer Vorwurf konstruiert wird. Der Hinweis, dass es in der Spielecke des Schlosses gelandet sei, entkräftet den Vorwurf schließlich. Seitdem ist das Bobby-Car zum Symbol für diese Phase der Krise geworden, in der einzelne Medien erkennbar versuchen, die Skandalisierung am Laufen zu halten und das Bild der „Schnäppchenjäger" im Bellevue, das seit Wochen verbreitet wird, durch weitere Details auszumalen. Die Vorwürfe rund um Kleider, Q3 und Bobby-Car werden genutzt, um nicht nur dem Ministerpräsidenten, sondern auch dem Bundespräsidenten Wulff Verfehlungen nachzuweisen. Auch die Wulffs verabschieden sich auf die Dörfer. Ende Januar machen sie ein paar Tage Urlaub in einer kleinen Pension in Friedrichshöhe in Thüringen.

Groenewold und der Abgrund

Am 10. Februar fliegt der Bundespräsident nach Helsinki zu einem Treffen der sogenannten Arraiolos-Staatsoberhäupter. Wulff hat keine Journalisten und keine große Delegation dabei. Salopp gesagt handelt es sich bei den Arraiolos-Präsidenten um Staatsoberhäupter, die politisch nicht viel zu sagen haben. Korrekt formuliert bezeichnet man sie als die „nicht-exekutiven" Präsidenten. Neben dem deutschen Bundespräsidenten sind die Staatsoberhäupter von Österreich, Italien, Lettland, Portugal, Slowenien, Ungarn und Finnland dabei. Es liegt viel Schnee in Helsinki, Wulff macht einen langen Spaziergang mit seiner Sprecherin Petra Diroll. In Helsinki ist er zum ersten Mal an dem Punkt, aufgeben zu wollen. Bis dahin war er entschlossen, die Krise zu überstehen und nicht zurückzutreten. In der zweiten Januarhälfte meinte man im Bellevue hoffnungsvoll, Licht am Ende des Tunnels zu sehen. Es schien, so die Wahrnehmung im Bellevue, als hätten die Medien ihr Pulver weitgehend verschossen. Doch dann, am 8. Februar, zwei Tage vor der Reise nach Helsinki, gibt es auf einmal ein neues, ein echtes Problem um Wulffs Freund David Groenewold.

Wulff lernte Groenewold 2003 kennen, die beiden freundeten sich an. Groenewold handelte mit Filmen, wollte sich in Niedersachsen ansiedeln und bewarb sich 2006 um eine Landesbürgschaft für eine Unternehmensgründung, die er am Ende jedoch nicht in Anspruch nahm. Es ist vor allem dieser Umstand, der aus Groenewold trotz der zweifellos engen persönlichen Beziehung zu Christian Wulff nicht nur einen Freund, sondern eben auch einen Unternehmer macht, der von der Landesregierung in Niedersachsen gefördert werden will. Zunächst geht es um einen Hotelaufenthalt zu einem Besuch beim Oktoberfest in München im Jahre 2008. Groenewold zahlt den Wulffs ein Upgrade für eine Suite, wovon Christian Wulff nichts gewusst und die Differenz schließlich erstattet haben soll. Anfang Februar schließlich wird außerdem bekannt, dass Christian Wulff seit Oktober 2005 für etwa ein Jahr ein Firmenhandy von Groenewold genutzt hat, wenn auch auf Grundlage einer vertraglichen Vereinbarung zwischen den beiden. Demnach hat Wulff die entstandenen Kosten erstattet. In dieser Zeit begann die Ehe von Christian und Christiane Wulff zu kriseln, Wulff lernte Bettina Körner kennen und trennte sich von seiner ersten Frau. Am 8. Februar 2012 berichtet die *Bild*-Zeitung von einem gemeinsamen Urlaub von Christian Wulff und Bettina Körner mit Groenewold auf Sylt. Vom 31. Oktober bis 3. November 2007 mietete man sich im Hotel „Stadt Hamburg" ein, den Aufenthalt bezahlte zunächst David Groenewold. Die *Bild*-Zeitung berichtet außerdem über ein pikantes Detail: Groenewold habe im Hotel „Stadt Hamburg" versucht, Spuren zu verwischen. Mitte Januar 2012 habe er zunächst im Hotel angerufen und die Hotelangestellten gebeten, keine Auskünfte über den Aufenthalt an Journalisten zu geben oder ihnen Unterlagen auszuhändigen. *Bild* zitiert aus einem internen Vermerk des Hotels, in dem es heißt: „Falls also *Bild* oder *Spiegel* anruft, wir wissen von nichts."

So wie *Bild* die Geschichte am 8. Februar darstellt, schlägt sie ein wie eine Bombe. Als *Bild* darüber berichtet, bestreitet Groenewolds Anwalt zwar sofort, dass es darum gegangen sei, Unterlagen verschwinden zu lassen oder etwas zu vertuschen, doch der Eindruck ist verheerend. Wulffs Anwalt Gernot Lehr distanziert sich sofort und erklärt, dass Wulff nichts davon gewusst habe und das Vorgehen auch „in jeder Hinsicht für falsch" halte. Doch die Geschichte ist kaum zu entschärfen. Die Glaubwürdigkeit des Präsidenten, ohnehin schon schwer erschüttert, wird auf eine weitere harte Probe gestellt, als Wulff mitteilen lässt, er habe Groenewold das Geld auf Sylt in bar gegeben. Die Staatsanwaltschaft Hannover beginnt sich für die Geschichte zu interessieren, schließlich ist bereits bekannt, dass der Filmunternehmer 2006 erfolgreich eine Landesbürgschaft beantragte. Der Verdacht der Vorteilsnahme liegt in der Luft und der Rücktritt des Präsidenten auch, denn sollte die Staatsanwaltschaft Ermittlungen aufnehmen, müsste seine Immunität aufgehoben werden. Niemand glaubt im Februar 2012, dass Wulff das noch überstehen könnte. Am 12. Februar lädt Christian Wulff zum letzten gesellschaftlichen Ereignis seiner Amtszeit: Es geht um Filme.

Berlinale-Empfang im Bellevue

Der 12. Februar 2012 ist ein Sonntag, es ist früher Abend. Die Fenster von Schloss Bellevue sind hell erleuchtet an diesem kalten Winterabend, auf den Rasen im Ehrenhof vor dem Hauptportal hat sich eine dünne Schneedecke gelegt. Im Schloss herrscht rege Betriebsamkeit, nachdem wochenlang keine Abendveranstaltungen stattgefunden haben. Dennoch liegt es seltsam ruhig im

Dunkeln, während Berlin im Berlinale-Rausch ist. In der Stadt wimmelt es von Filmprominenz. An diesem Abend soll die Glitzerwelt des Films ein bisschen Glanz ins Bellevue bringen – der Bundespräsident hat zu einem Berlinale-Empfang geladen. Schauspieler, Regisseure, Produzenten, auch die Berlinale-Jury haben eine Einladung bekommen. Empfänge wie diese sind Routineveranstaltungen im Bellevue und dennoch ist an diesem Abend alles anders.

Die Gäste werden in den ersten Stock des Schlosses geführt. Dort im Großen Saal, wo sonst die Tische für Staatsbankette gedeckt werden und der Bundespräsident die Mitglieder der Bundesregierung ernennt oder entlässt, stehen rote Sessel in Sitzgruppen angeordnet, die eine Atmosphäre lockerer Gemütlichkeit verbreiten sollen. Der Bundespräsident will eine kurze Ansprache halten. Auf einem Podest haben sich Dutzende Kameraleute und Fotografen platziert, auch einige Journalisten sind gekommen. Es ist einer der wenigen presseöffentlichen Auftritte von Christian Wulff in diesen Wochen. Zwar rechnet niemand damit, dass Wulff zu seiner persönlichen Situation Stellung nehmen wird, aber vielleicht geht er zumindest mit einem Nebensatz darauf ein. Der Berlinale-Empfang im Bellevue hat die Medien bereits den ganzen Tag über beschäftigt. Seit dem späten Vormittag liefen Meldungen über die Nachrichtenagenturen, dass der Präsidentenempfang im Schloss zu floppen drohe, da Wulff sich eine Absage nach der anderen geholt habe. Die Filmprominenz, so heißt es, werde an diesem Abend einen großen Bogen ums Bellevue machen.

250 Gäste hat das Bundespräsidialamt eingeladen und in der Tat: Der Große Saal im ersten Stock füllt sich nur mäßig. Die Kameras entdecken Maria Furtwängler, doch andere prominente Gesichter suchen sie vergeblich. Am Ende sind es vielleicht hundert Gäste, darunter der eine oder andere aus dem Ausland, der von der Präsidentenkrise in Deutschland nur wenig – wenn überhaupt etwas – gehört hat. Richtig ist, dass es an diesem Abend eine Vielzahl von Veranstaltungen gibt, die für die Filmschaffenden vermutlich aufregender sind als ein Empfang beim Bundespräsidenten. Richtig ist aber auch, dass viele

sich bewusst dagegen entschieden haben, der Einladung zu folgen. Zu denen, die ihre Absage öffentlich gemacht haben, gehört der österreichische Regisseur Hans Weingartner, der meinte, er wisse einfach nicht, was er dem Bundespräsidenten erwidern solle, wenn der ihn nach Freikarten für seinen neuen Film fragen würde. Mit seinem flotten Spruch wird Weingartner überall in den Medien zitiert.

Allerdings haben nicht alle das Bedürfnis, ihre Kritik an Wulff in derart bissiger Weise zu formulieren. Der Regisseur Volker Schlöndorff sagte der *Frankfurter Allgemeinen Zeitung*, er habe sich über die Einladung gefreut, um dann hinzuzufügen: „Ich finde es sehr gut, wenn der Bundespräsident sieht, dass es im deutschen Film auch noch andere Leute gibt als Herrn Groenewold." Er selbst wäre gerne gegangen, aber es gebe einfach zu viele Empfänge in Berlin. Dass der Bundespräsident nun gerade die Berlinale zum Anlass nimmt, im Bellevue zur gesellschaftlichen Routine zurückzukehren, entbehrt nicht einer gewissen Ironie angesichts der Tatsache, dass die Zeitungen und Nachrichtensendungen seit Tagen voll sind über die Beziehungen Wulffs zu David Groenewold. Vor diesem Hintergrund hat der Berlinale-Empfang im Bellevue etwas Absurdes.

* * *

Um kurz nach 19 Uhr kommt der Bundespräsident in den Großen Saal und stellt sich ans Rednerpult. Christian Wulff hält eine kurze Ansprache, in der er über die Bedeutung der Filmbranche für Deutschland spricht. Es ist erstaunlich, wie souverän und scheinbar gelassen er auftritt angesichts des enormen Drucks, der auf ihm lastet. Mit keinem Wort geht er auf seine persönliche Situation ein oder auf die Vorwürfe, die gegen ihn erhoben werden. Fragen von Journalisten im Anschluss an die Ansprache sind ohnehin nicht vorgesehen. Danach zeichnet Wulff in routinierter Lockerheit noch Nachwuchstalente der Filmbranche aus. Es scheint fast so, als gäbe es die Welt da draußen nicht, auch Wulff scheint sie ausgeblendet zu haben. Schließlich bittet er die Gäste zu einem Umtrunk in die angrenzenden beiden

Salons. Kameraleute und Fotografen sind dort nicht mehr erwünscht. Dafür wimmelt es von Mitarbeitern des Bundespräsidialamtes, als hätte man sie als Statisten verpflichtet. „Es war ein furchtbarer Abend", erinnert sich einer von ihnen später. Nicht nur der Präsident, auch die Mitarbeiter des Präsidialamts haben neun Wochen Krise in den Knochen, Wulffs engste Mitarbeiter sind physisch und psychisch am Ende. „Der Schnee draußen, alles war irgendwie so leise", das alles habe in so krassem Widerspruch gestanden zu dieser dröhnenden Krise. Vor allem ist da der Wunsch, es möge alles nur endlich ein Ende nehmen.

Unter anderen Umständen hätten es die Mitarbeiter des Präsidialamtes genossen, am Berlinale-Empfang des Bellevue teilnehmen zu dürfen. So oft haben sie nicht Gelegenheit dazu. Doch nicht an diesem Abend. Die Gäste werden von Servicekräften in schwarzen Anzügen und mit weißen Handschuhen mit immer neuen Häppchen fast schon drangsaliert. Ganz offensichtlich ist für deutlich mehr Besucher Essen bestellt worden, als gekommen sind. Ein junger Filmemacher aus New York findet es ganz unterhaltsam, bei dem Empfang im Schloss dabei zu sein. Vom deutschen Bundespräsidenten hat er vorher allerdings noch nie etwas gehört und von Wulffs Problemen weiß er gar nichts. Der bei Empfängen dieser Art übliche Small Talk kommt nur schleppend in Gang. Man blickt sich vielsagend an. „Was soll ich Ihnen sagen", ist die Standardantwort der Präsidialamtsmitarbeiter auf die Frage nach ihrem Befinden, verbunden mit einem betretenen Blick, der dann zu Boden wandert. Christian Wulff hingegen wahrt nicht nur die Fassung, im Gegenteil: Er scheint den Abend regelrecht zu genießen. Die Freude ist ihm anzusehen, als wider Erwarten zu vorgerückter Stunde der Regisseur Werner Herzog eintrifft. Auch die Berlinale-Jury schaut kurz vorbei. Die Atmosphäre in ihrer inszenierten Normalität ist regelrecht gespenstisch. Und da es schon um die Filmwelt geht, fühlt man sich fast zwangsläufig an den Untergang der Titanic erinnert. Das Schiff säuft unaufhaltsam ab, doch die Musik spielt weiter, als wäre nichts geschehen.

Am nächsten Tag werden Christian und Bettina Wulff zu einem Staatsbesuch nach Italien aufbrechen. Nach Wochen sparsamer öffentlicher Auftritte geht es wieder einmal auf Reisen, auch das soll Normalität demonstrieren, der Öffentlichkeit zeigen, dass der Bundespräsident seinen Verpflichtungen nachkommt. Unmittelbar vor dem Empfang gibt der Bundespräsident in seinem Amtszimmer noch einen O-Ton für einen Bericht im Radio über die bevorstehende Italienreise. Die Absprache im Vorfeld ist eindeutig: Fragen sind nur zur Italienreise erlaubt, nicht zur Krise. Christian Wulff kommt in Anzughose und weißem Hemd, aber ohne Jackett in sein Amtszimmer, das im Halbdunkel liegt. Er ist verbindlich, aber auch misstrauisch und müde. Die vergangenen Wochen haben erkennbar ihre Spuren hinterlassen: Er hat deutlich abgenommen, das Gesicht wirkt schmal und fahl. Für den politischen Teil der Reise wird sich wohl niemand interessieren, sagt Wulff müde lächelnd, nachdem er einige Sätze ins Mikrofon gesagt hat. Natürlich weiß er, warum die Medien mitfahren. Am Tag zuvor hatten Wulffs engste Mitarbeiter noch überlegt, den Staatsbesuch doch lieber abzusagen, den Gedanken dann aber verworfen. Es wird die letzte Reise des Präsidentenpaares Wulff werden. Nur fünf Tage später, am 17. Februar, tritt Christian Wulff zurück.

Der Rücktritt

Die Medien wissen es zuerst. Es gehört zu den kuriosen Details in diesen Wochen der Krise rund um den Bundespräsidenten, dass die Entscheidung der Staatsanwaltschaft Hannover, die Aufhebung der Immunität des Präsidenten zu beantragen, um ein Ermittlungsverfahren einzuleiten, die Medien vor dem Bundespräsidialamt erreicht. Als die Mitteilung aus Hannover im Bellevue eintrifft, laufen bereits die Eilmeldungen über die Nachrichtenagenturen. Gerüchte, dass die Staatsanwaltschaft sich so entscheiden werde, kursieren bereits die ganze Woche. Wulffs Anwälte hatten die

Staatsanwaltschaft gebeten, dass die Entscheidung nach Möglichkeit nicht bekannt gegeben wird, während der Bundespräsident in Italien ist. Am Mittwoch war Wulff aus Italien zurückgekehrt, Donnerstagabend ist es so weit. Die Staatsanwaltschaft selbst steht seit Wochen unter einem enormen Druck. Den Beamten in Hannover ist klar, was sie mit ihrer Entscheidung auslösen. Zweifellos ist die Hürde hoch, man weiß in Hannover, was auf dem Spiel steht, doch gleichzeitig gibt es den öffentlichen Druck, die Vorwürfe, die durch journalistische Recherchen auf den Tisch gekommen sind, juristisch zu verfolgen. Gleichzeitig weiß die Staatsanwaltschaft, welche Vorwürfe ihr möglicherweise selbst am Ende eines Ermittlungsverfahrens blühen, wenn sich herausstellt, dass juristisch doch nichts zu beanstanden ist, das Staatsoberhaupt aber zurückgetreten ist. Die Staatsanwaltschaft ist in diesen Tagen nicht zu beneiden.

Es ist am Ende die Freundschaft zwischen Christian Wulff und David Groenewold, die dazu führt, dass die Ermittler sich entschließen, den entscheidenden Schritt zu gehen. Bei Groenewold, so die Einschätzung der Staatsanwaltschaft, gibt es mehr als nur die persönliche Freundschaft, es gibt auch das geschäftliche Interesse an der Politik, an einer Förderung durch das Land Niedersachsen. Ironischerweise ist es am Ende der CDU-Politiker Peter Hintze, der die Staatsanwaltschaft auf einen Zusammenhang aufmerksam macht, während er Wulff in einer Talkshow verteidigt, ein Zusammenhang, von dem Hintze eigentlich meint, er würde Wulff entlasten. Es geht um ein Schriftstück aus der Staatskanzlei Hannover, auf dem der damalige Ministerpräsident Wulff handschriftlich auf seine persönliche Beziehung zu David Groenewold hinweist und deshalb anordnet, jede Unterstützung des Landes für Groenewolds Unternehmungen besonders genau zu prüfen. Allerdings stellt sich heraus, dass dieses Dokument nicht aus dem Jahre 2006 stammt, als Groenewold eine Landesbürgschaft beantragte, sondern aus dem Jahr 2009. Das Medienreferat der Staatskanzlei stellt darin den Sinn der Landesbürgschaften für die Filmförderung in Niedersachsen insgesamt infrage. Das Papier, das Wulff eigentlich entlasten sollte, belastet ihn. Im Ergebnis leitet die

Staatsanwaltschaft ein Ermittlungsverfahren ein. Da dafür der Immunitätsausschuss des Bundestages die Immunität des Bundespräsidenten aufheben muss, schickt sie am Donnerstagabend einen entsprechenden Antrag heraus.

Am Nachmittag desselben Tages hatte der Bundespräsident noch eine Journalistengruppe zu einem Hintergrundgespräch im Schloss empfangen. Auch dies, wie schon der Staatsbesuch in Italien, sollte signalisieren, dass Wulff seine Arbeit macht, und helfen, das Verhältnis zwischen Medien und Bellevue langsam zu entkrampfen. Einmal mehr hatte Wulff dabei erklärt, dass er nicht beabsichtige, zurückzutreten. Als der Antrag der Staatsanwaltschaft den Bundespräsidenten erreicht, sieht die Welt schlagartig anders aus – Wulff zögert nicht länger. Am späten Abend wird eine erste Version der Rücktrittserklärung verfasst, die jedoch mehrfach verändert wird. Dabei spielt die Diskussion um die Frage, ob Wulff bei einem Rücktritt überhaupt Anspruch auf den Ehrensold hätte, eine wesentliche Rolle. Die Erklärung muss so formuliert sein, dass dieser Zweifel wasserdicht ausgeräumt wird. Einige Bundestagsabgeordnete hatten den Wissenschaftlichen Dienst des Bundestages beauftragt, die Frage zu untersuchen, mit dem Ergebnis, dass Anspruch auf den Ehrensold nur dann bestehe, wenn der Rücktritt aus politischen oder gesundheitlichen Gründen erfolge. Die Entscheidung darüber liegt beim Bundespräsidialamt. Nach mehreren Entwürfen steht die Rücktrittserklärung am folgenden Morgen. Eine Pressemitteilung wird herausgegeben, in der es heißt, dass Bundespräsident Christian Wulff „um 11 Uhr in Schloss Bellevue eine Erklärung abgeben" werde. Als diese Mitteilung die Redaktionen erreicht, gibt es schon keinen Zweifel mehr, dass Wulff seinen Rücktritt erklären wird.

Am Vormittag wird bekannt, dass die Bundeskanzlerin ihre für diesen Tag geplante Reise nach Rom abgesagt hat. Das Kanzleramt kündigt eine Erklärung der Kanzlerin für 11:30 Uhr an, die so verstanden wird, dass Merkel sich im Anschluss an die Rücktrittserklärung des Bundespräsidenten dazu äußern werde. Das politische Berlin setzt darauf, dass Wulff von sich aus die richtigen Schlüsse zieht.

Die Parteiführungen von SPD und Grünen bleiben bei ihrer Linie, dass sie nicht offen den Rücktritt des Bundespräsidenten fordern. In ihren Augen sei „eine staatsanwaltliche Ermittlung mit dem Amt des Bundespräsidenten unvereinbar", sagt SPD-Generalsekretärin Andrea Nahles. Für die Grünen erklärt Parteichefin Claudia Roth, das Mindeste sei, dass Wulff „sein Amt jetzt umgehend ruhen" lasse. Bei der Linken heißt es, Wulff sei „nicht mehr tragbar". Bei Union und FDP spricht man davon, dass Wulff nun „seine Schlüsse ziehen" müsse. Die hat der Bundespräsident längst gezogen: Am frühen Vormittag kommen Christian und Bettina Wulff ins Bellevue. Das persönliche Büro des Bundespräsidenten und weitere enge Mitarbeiter werden zusammengerufen, gemeinsam geht man noch einmal die Rücktrittserklärung durch. Danach werden die Abläufe für den Tag besprochen.

Der Andrang im Großen Saal ist enorm. Dicht gedrängt stehen Reporter, Fotografen und Kameraleute, die Erklärung wird live im Fernsehen übertragen. Als sich um 11:03 Uhr die Flügeltüren öffnen und Christian und Bettina Wulff gemeinsam den Großen Saal betreten, setzt ein Blitzlichtgewitter ein. Anders als Horst und Eva Luise Köhler halten sich die Wulffs nicht an der Hand. Bettina Wulff geht neben ihrem Mann und stellt sich etwas abseits des Pults, zu dem Christian Wulff geht, um seine Rücktrittserklärung zu verlesen. In ihrem Buch „Jenseits des Protokolls" beschreibt sie den Moment ein halbes Jahr später: „Ganz bewusst aber stellte ich mich ein Stück weit entfernt von Christian, um so zu zeigen: Ich bin eine eigenständige, selbstständige Frau." Die Erklärung, die Christian Wulff verliest, dauert vier Minuten. Es sei ihm „ein Herzensanliegen" gewesen, betont Wulff zu Beginn, „den Zusammenhalt unserer Gesellschaft zu stärken. Alle sollen sich zugehörig fühlen, die hier bei uns in Deutschland leben, eine Ausbildung machen, studieren und arbeiten – ganz gleich, welche Wurzeln sie haben." Deutschland werde dann seine wirtschaftliche und gesellschaftliche Kraft am besten entfalten und einen guten Beitrag zur europäischen Einigung leisten, „wenn die Integration auch nach innen gelingt".

Deutschland brauche, fährt Wulff fort, einen Präsidenten, „der sich uneingeschränkt diesen und anderen nationalen sowie den gewaltigen internationalen Herausforderungen widmen kann". Dafür brauche der Präsident nicht nur das Vertrauen der Mehrheit, sondern einer breiten Mehrheit der Bevölkerung. Wulff kommt damit zur Begründung für seinen Rücktritt: „Die Entwicklung der vergangenen Tage und Wochen hat gezeigt, dass dieses Vertrauen und damit meine Wirkungsmöglichkeiten nachhaltig beeinträchtigt sind. Aus diesem Grund wird es mir nicht mehr möglich, das Amt des Bundespräsidenten nach innen und nach außen so wahrzunehmen, wie es notwendig ist. Ich trete deshalb heute vom Amt des Bundespräsidenten zurück, um den Weg zügig für die Nachfolge frei zu machen." Wulff geht kurz auf das bevorstehende Ermittlungsverfahren und die rechtliche Klärung ein, von der er überzeugt sei, „dass sie zu einer vollständigen Entlastung führen wird". Er habe sich in seinen Ämtern rechtlich stets korrekt verhalten. „Ich habe Fehler gemacht, aber ich war immer aufrichtig."

Die Medien kritisiert er für ihre Berichterstattung, die ihn und seine Frau verletzt habe. Seine Frau habe er als „eine überzeugende Repräsentantin eines menschlichen und eines modernen Deutschlands wahrgenommen". Mit einem verstohlenen Blick in Richtung Kameras, der fast ängstlich wirkt, verlässt Christian Wulff in Begleitung seiner Frau schnellen Schrittes den Saal. Im Anschluss an die Erklärung kommen die Wulffs noch einmal mit den engsten Mitarbeitern und den Abteilungsleitern des Präsidialamts zusammen. Christian und Bettina Wulff wirken gefasst, im Kreis der engsten Vertrauten fließen vereinzelt Tränen. Nachdem die Medien den Großen Saal verlassen haben, verabschiedet sich Wulff dort am Nachmittag noch vom gesamten Personal des Bundespräsidialamts. Am späteren Abend werden Christian und Bettina Wulff fotografiert, als sie an ihrem Haus in Großburgwedel ankommen.

Unmittelbar nach der Rücktrittserklärung gibt Angela Merkel ihrerseits eine Erklärung im Kanzleramt ab. Sie habe die Erklärung des Bundespräsidenten mit „größtem Respekt und ganz persönlich auch mit tiefstem Bedauern zur Kenntnis genommen", sagt Merkel in die Kameras und Mikrofone. „Christian Wulff hat sich in seiner Amtszeit mit voller Energie für ein modernes und offenes Deutschland eingesetzt. Er hat uns wichtige Impulse gegeben und deutlich gemacht, dass die Stärke dieses Landes in seiner Vielfalt liegt. Diese Anliegen werden mit seinem Namen verbunden bleiben. Er und seine Frau Bettina haben dieses Land, die Bundesrepublik Deutschland im In- und Ausland würdig vertreten. Ich danke beiden dafür und ich bin überzeugt, dafür gebührt ihnen unser aller Dank." Die Kanzlerin sagt damit deutlich mehr, als sie in diesem Moment müsste, vor allem wenn man diese Erklärung mit der schmallippigen Reaktion auf den Rücktritt Horst Köhlers im April 2010 vergleicht. Es ist der Versuch, dem Gescheiterten und tief Gefallenen ein klein wenig Anerkennung zuteilwerden zu lassen in dem Moment, wo von der Präsidentschaft Wulff nichts als ein rauchendes Trümmerfeld übrig geblieben ist. Auch Merkel steht auf diesem Trümmerfeld, Wulff war ihr Präsident, sein Scheitern ist auch ihr Scheitern. Wochenlang hat sie gehofft, dass Wulff diese Krise übersteht, nun hat sie innerhalb von zwei Jahren „ihren" zweiten Präsidenten verloren.

Welche Gedanken gehen Angela Merkel an diesem Tag durch den Kopf? Dass sie sich im Juni 2010 für den Falschen entschieden hat? Die Kanzlerin hat öffentlich nie darüber gesprochen. Guido Westerwelle denkt im Sommer 2012 in seinem Büro im Auswärtigen Amt an die Zeit zurück, als er gemeinsam mit Angela Merkel die Entscheidung getroffen hat, Christian Wulff zum Bundespräsidenten zu machen. Der Bundespräsident heißt inzwischen Joachim Gauck und der FDP-Chef ist auch ein anderer, nicht mehr Westerwelle, sondern Philipp Rösler. Rösler hat nur zwei Tage nach dem Rücktritt von Christian Wulff dafür gesorgt, dass Gauck nicht nur der Kandidat von Rot-Grün, sondern auch von Schwarz-Gelb wurde – und sich damit gegen den Willen von Merkel durchgesetzt. Westerwelle hatte Merkel damals zugestanden, die Präsidentenfrage alleine zu klären, sich für einen Unionskandidaten zu entscheiden. Auf die Frage, wie er die Entscheidung für Christian Wulff rückblickend betrachtet, denkt er eine Weile nach. „Für mich persönlich war das in der Rückschau eine Fehlentscheidung", bekennt Westerwelle schließlich in aller Offenheit. „Mit dem Wissen von heute wäre es besser gewesen, wenn das allen erspart geblieben wäre, sowohl ihm als auch seiner Familie und dem Land."

Die Akteure in der Krise

Das Bellevue

Das Präsidialamt ist völlig unvorbereitet. Niemand weiß etwas von dem, was sich im Hintergrund zwischen Christian Wulff, Olaf Glaeseker, der *Bild*-Zeitung und dem *Stern* abspielt, nur diese unmittelbar Beteiligten sind im Bilde. Selbst das Persönliche Büro des Bundespräsidenten im Bellevue, seine engsten Mitarbeiter, und auch die Pressestelle des Präsidialamts sind ahnungslos. Erst am 12. Dezember 2011, als klar ist, dass die *Bild*-Zeitung am folgenden Tag zum ersten Mal über die Hausfinanzierung der Wulffs berichten wird, bekommen die wichtigsten Mitarbeiter einen Hinweis. Zunächst hatten Christian Wulff und Olaf Glaeseker geglaubt, das Problem aus der Welt schaffen zu können, indem sie *Bild* und *Stern* am 6. und 7. Dezember im Präsidialamt Einblick in den Privatkredit gegeben hatten. Anschließend versuchte Glaeseker vergeblich, *Bild* hinzuhalten, um zu verhindern, dass die Geschichte erscheint, während der Bundespräsident auf Auslandsreise ist. Am 12. Dezember schließlich überschlugen sich die Ereignisse: Der Bundespräsident intervenierte bei Kai Diekmann und Springer-Vorstand Mathias Döpfner, Glaesekers Antworten auf den Fragenkatalog der *Bild*-Zeitung zur Hausfinanzierung wurden hektisch wieder zurückgezogen – kurzum: Es ging drunter und drüber. Obwohl eigentlich seit Anfang Dezember absehbar war, was droht, schlittern der Bundespräsident und sein Sprecher kopf- und planlos in die sich anbahnende Krise. Offenbar haben die beiden bis zuletzt nicht geglaubt, dass es tatsächlich zum Bruch mit *Bild* kommt.

Als klar ist, dass die *Bild*-Zeitung am kommenden Tag berichten wird, wird das Reiseprogramm des Bundespräsidenten in Kuwait in aller Eile zusammengestrichen. Am nächsten Morgen des 13. Dezember sitzen Wulff, Glaeseker und einige weitere Mitarbeiter zusammen, um eine erste kurze Presseerklärung zu formulieren. Glaeseker verschickt diese schließlich auf dem offiziellen Papier des Bundespräsidenten, was innerhalb des Präsidialamts sofort Widerspruch hervorruft: Es handele sich um Vorwürfe, die mit der Institution „Bundespräsident" nichts zu tun hätten, werden Glaeseker und Wulff bei ihrer Rückkehr nach Berlin von den Juristen des Präsidialamts belehrt. Es gibt einen Präzedenzfall, auf den sie sofort verweisen: Bundespräsident Johannes Rau. Als Rau von einer Flugaffäre eingeholt wurde, die in seiner Amtszeit als Ministerpräsident von Nordrhein-Westfalen lag, beauftragte er ein Anwaltsbüro mit der Kommunikation gegenüber den Medien, da die Rolle des Staatsoberhaupts und das Bundespräsidialamt nicht belastet werden sollten. Olaf Glaeseker ist dagegen, die Angelegenheit „juristisch" zu behandeln, er hält die Kommunikation über die Anwälte für falsch. Christian Wulff entscheidet sich dennoch, dem Druck des Präsidialamts nachzugeben und wie Rau die Sozietät Redeker Sellner Dahs einzuschalten. Der Medienanwalt Gernot Lehr nimmt sich des Falles an.

Alle Medienanfragen, die in der Pressestelle des Präsidialamts zu Wulffs Amtszeit in Niedersachsen eintreffen, werden fortan an das Anwaltsbüro weitergeleitet und dort bearbeitet. Lehr nimmt damit nicht nur die Rolle eines juristischen Beraters, sondern auch eines externen Pressesprechers ein. Der Weg über die Anwälte ist letztlich ohne Alternative. Die kleine Pressestelle des Präsidialamts verfügt nicht über die personellen Ressourcen, täglich neue Fragenkataloge und Dutzende Telefonanfragen zu beantworten. Wulff hätte Mitarbeiter aus anderen Abteilungen abziehen müssen, um die Pressestelle personell aufzustocken, was ihm den Vorwurf eingebracht hätte, den Präsidentenapparat mit Problemen zu belasten, die aus seiner Amtszeit als Ministerpräsident in Niedersachsen stammen. Die Entscheidung für die Kommunikation über die Anwälte wird in der Öffentlichkeit allerdings vielfach nicht verstanden, zum Teil auch nicht von den Medien. Sie wirkt wie ein juristisches Bollwerk und als Indiz dafür, dass Wulff versucht, die Dinge auf eine rein juristische Ebene zu reduzieren.

* * *

Der Bundespräsident und seine engsten Mitarbeiter sind in den ersten Tagen regelrecht erschlagen von der Wucht, die die Krise bereits ganz am Anfang entfaltet. Christian Wulff sieht die Ablehnung, mit der die Medien im Juni 2010 auf seine Nominierung reagierten, mit einem Mal wieder auferstehen. Wulffs Beraterteam geht davon aus, dass die Hausfinanzierung nur der Anfang ist und man sich auf eine gewaltige Kampagne gefasst machen muss. Man hält die Situation aber nicht für aussichtslos. Das Krisenmanagement kommt zunächst nur langsam in Gang, was auch damit zu tun hat, dass das Anwaltsbüro sich erst einmal einen Überblick verschaffen muss. So braucht Wulff zwei Tage, nämlich bis zum 15. Dezember 2011, bis er eine weitere, ausführlichere Presseerklärung herausgibt. Sie ist das Ergebnis eines endlosen Hin und Hers innerhalb des Präsidialamts: „Es gab eine unglaubliche Chaotisierung der Abläufe", erinnert sich ein ehemaliger Mitarbeiter. Immer wieder wird der Entwurf zwischen Sprecher, Pressestelle, Chef des Präsidialamts, Persönlichem Büro und Anwaltsbüro hin und her geschickt, kommentiert und ergänzt. „Am Ende wusste man kaum noch, welche die endgültige Fassung ist." In der Erklärung nimmt Wulff zu den Vorwürfen rund um seine Hausfinanzierung Stellung und bringt außerdem sein „Bedauern" zum Ausdruck, dass er den Privatkredit seinerzeit im Landtag verschwiegen hat. Seine Wortwahl macht jedoch deutlich, dass er eigentlich keinen Grund dafür sieht, sich zu entschuldigen. Damit trifft die Erklärung nicht den Nerv: In den Medien wird die Frage, ob die Hausfinanzierung juristisch in Ordnung ist, sehr schnell überlagert von einer moralischen Debatte über den verschwiegenen Privatkredit, über das Staatsoberhaupt, das als Ministerpräsident dem Landtag nur die halbe Wahrheit gesagt hat. Dass die Anfrage formal korrekt beantwortet wurde, spielt am Ende keine Rolle.

Erst in Berlin erfährt Olaf Glaeseker, dass Wulff bei Kai Diekmann eine lange Nachricht auf der Mailbox hinterlassen hat und dass bei der *Bild*-Zeitung intensiv darüber diskutiert wird, was man damit machen soll. Glaeseker macht Wulff klar, dass er Diekmann anrufen und um Entschuldigung bitten muss. Das Gespräch kommt am 15. Dezember zustande und dauert nur sehr kurz. Glaeseker ist dabei, als Wulff Diekmann anruft. Gleichzeitig verschlechtert sich das Verhältnis zwischen Wulff und seinem langjährigen engsten Vertrauten spürbar. Den Sitzungen der Krisenmanager im Bellevue folgt Glaeseker weitgehend teilnahmslos. Als er Anfang Dezember von dem Privatkredit erfuhr, den Wulff bei Edith Geerkens aufgenommen hatte, war er fassungslos. Jahrelang hatte er geglaubt, über alles im Leben seines Chefs informiert zu sein, wofür die Medien sich einmal interessieren könnten. Glaeseker fühlt sich von Wulff getäuscht. Er spricht mit Präsidialamtschef Lothar Hagebölling darüber, der ebenfalls erst seit Dezember von dem Kredit weiß, obwohl er es war, der seinerzeit im niedersächsischen Landtag die Kleine Anfrage der Grünen über Wulffs geschäftliche Kontakte zu Egon Geerkens beantwortet hatte. Doch Hagebölling hat nie ein so enges Vertrauensverhältnis zu Wulff gehabt wie Glaeseker – die Enttäuschung des Sprechers ist ungleich größer, das Vertrauen zu Wulff dauerhaft gestört. Glaeseker denkt darüber nach, seinen Posten zur Verfügung zu stellen, doch Hagebölling bringt ihn davon ab.

Wenige Tage später gerät Olaf Glaeseker selbst unter Druck. Am 22. Dezember 2011 erreicht Glaeseker ein Fragenkatalog des *Stern*, in dem er detailliert nach Urlaubsaufenthalten gefragt wird, die er kostenlos in Feriendomizilen des Eventmanagers Manfred Schmidt verbracht haben soll. Glaeseker wird bewusst, dass er in den Fokus der Recherchen geraten ist, er ahnt, was ihm noch bevorsteht, und will sich lieber aus der Öffentlichkeit zurückziehen, bevor auch er Schlagzeilen macht. Gleichzeitig drohen die Vorwürfe gegen seinen Sprecher den Bundespräsidenten zusätzlich zu belasten: Wulff und Glaeseker beschließen deshalb gemeinsam, dass es besser für beide wäre, wenn Glaeseker von der Bildfläche verschwindet. Dabei wird nach einer Lösung gesucht, die dafür sorgen soll, dass Glaeseker zunächst weich fällt: Er wird beurlaubt, damit er zunächst weiter Anspruch auf seine Bezüge hat. Am 22. Dezember gibt das Präsidialamt in einer dürren Erklärung von vier Zeilen Länge bekannt, dass der Chef des Präsidialamtes den Sprecher des Bundespräsidenten „von seinen Aufgaben entbunden" hat und dass Glaesekers Stellvertreterin Petra Diroll die Aufgabe ab sofort kommissarisch wahrnimmt.

Die Trennung von Glaeseker ist unvermeidlich, sie bedeutet für Christian Wulff aber einen tiefen Einschnitt, unabhängig davon, dass das Verhältnis zwischen beiden in den Monaten zuvor schon abgekühlt war. Jahrelang war Olaf Glaeseker Wulffs Experte für die Medienwelt, er war sein Korrektiv und letztlich der Einzige, der ihm immer wieder auch offen die Meinung gesagt hat. Glaeseker war in der Position, das tun zu können. Wulff bleibt nach der Trennung von Glaeseker letztlich zurück mit einem engen Kreis von wohlmeinenden und loyalen Mitarbeitern, die ihm aber niemals die Stirn bieten würden. Er ist fortan in Bellevue und Präsidialamt umgeben von „Jasagern". Im Präsidialamt sorgt die Trennung von Präsident und Sprecher für helle Aufregung, da die Gründe dafür intern nicht kommuniziert werden, aber alle um das enge Verhältnis zwischen Wulff und Glaeseker wissen. Bei vielen macht sich Endzeitstimmung breit. Auch im politischen Berlin ruft die Entscheidung Rätselraten hervor. Als Wulff am selben Tag vor laufenden Kameras eine Erklärung zu seiner persönlichen Situation abgibt, dankt er Glaeseker für seine Arbeit und sagt lediglich, er habe ihn von seinen Aufgaben entbunden. Zu diesem Zeitpunkt ist Olaf

Glaeseker bereits verschwunden. Er zieht sich in sein Haus in Niedersachsen am Steinhuder Meer zurück, wo er zunächst tagelang von Fotografen belagert wird. Nach kurzer Zeit ist er über sein Handy nicht mehr erreichbar. Glaeseker meidet die Öffentlichkeit konsequent, die Staatsanwaltschaft Hannover leitet unterdessen Ermittlungen gegen ihn ein. Ende Januar wird das Büro des ehemaligen Präsidentensprechers im Präsidialamt im Zuge der Ermittlungen durchsucht. Präsidialamtschef Lothar Hagebölling, der zweite langjährige Mitarbeiter, den Wulff aus Hannover mit nach Berlin genommen hat, kann Glaeseker als Korrektiv für Wulff nicht ersetzen.

* * *

In den Wochen der Krise wird in den Medien viel darüber spekuliert, wer den Bundespräsidenten berät, vor allem aufgrund der schweren Fehler, die ihm in seinem Krisenmanagement unterlaufen. Vor allem wird dabei die Frage aufgeworfen, warum Wulff sich keine Hilfe von krisenerfahrenen Medienexperten holt. Zweifellos hätte es die Kommunikation in den Wochen der Krise verbessert, wenn nicht Wulffs Anwalt Gernot Lehr auch noch die Funktion eines Pressesprechers hätte übernehmen müssen. Doch die Juristen im Präsidialamt machen dem Bundespräsidenten von Anfang an klar, dass er nicht nur ein Anwaltsbüro einschalten, sondern dieses auch privat bezahlen muss. Dieses besteht nicht nur aus dem Anwalt Gernot Lehr, sondern auch aus einer ganzen Gruppe von Mitarbeitern, die die Flut von Medienanfragen, die das Büro täglich erreicht, bearbeiten. Für einen Kommunikationsprofi fehlt Wulff ganz einfach das Geld. Dabei ist Wulffs Anwalt Gernot Lehr durchaus nicht der einzige externe Berater, der dem Bundespräsidenten in den Wochen der Krise zur Seite steht.

Im Verborgenen, gänzlich unbemerkt von der Öffentlichkeit, spielt ein weiterer Anwalt eine wichtige Rolle: der Hamburger Christian von Lenthe, den Wulff seit vielen Jahren kennt. Von Lenthe und Wulff begegneten sich zum ersten Mal, als sie in der Schülerunion waren. Wulff löste von Lenthe als Vorsitzender der CDU-Nachwuchsorganisation ab, im Alter von 15 spielten die beiden gemeinsam Fußball. Von Lenthe entschied sich gegen eine Karriere in der Politik und wurde ein erfolgreicher Wirtschaftsanwalt in Hamburg. Wulff und von Lenthe verloren sich für viele Jahre aus den Augen, bis die Übernahmeschlacht zwischen Porsche und Volkswagen sie schließlich wieder zusammenbrachte: Von Lenthe wurde Berater der niedersächsischen Landesregierung, als es darum ging, die VW-Übernahme durch Porsche abzuwehren. Als Christian Wulff im Dezember 2011 unter Druck gerät, meldet sich von Lenthe bei ihm und bietet seine Hilfe an. Wulff nimmt sie dankbar an. Er wird neben Wulffs Anwalt Gernot Lehr zum wichtigsten Ratgeber und Wegbegleiter des Bundespräsidenten in den Wochen der Krise. Von Lenthe verbringt viel Zeit im Bellevue, spricht regelmäßig nicht nur mit Wulff, sondern auch mit den engsten Mitarbeitern des Bundespräsidenten, die ihn als „wichtigen Stabilisator" beschreiben. Von Lenthe ist bis zum Schluss an Wulffs Seite, auch am Tag des Rücktritts.

Zum kleinen Kreis der Krisenmanager innerhalb des Bellevue gehören die Leiterin des Persönlichen Büros des Bundespräsidenten, Alexia Parsons, und nach dem Ausscheiden Glaesekers vor allem Petra Diroll als kommissarische Sprecherin. Im Bereich der Politik ist es vor allem Peter Hintze, der für Christian Wulff ein wichtiger Gesprächspartner und Berater in den Wochen der Krise ist. Hintze spielt immer wieder eine maßgebliche Rolle in entscheidenden Situationen, wie zum Beispiel im Zusammenhang mit dem Fernsehinterview, das Wulff Anfang Januar gibt. Innerhalb der CDU gehört er zu den engsten Vertrauten der Kanzlerin, in gewisser Weise vertritt er mit seiner Unterstützung für Wulff auch Merkels Interessen. Mit der Kanzlerin selbst telefoniert Wulff regelmäßig in den Wochen der Krise. Doch nicht nur der Kontakt zu Merkel ist wichtig, sondern auch das unmittelbare Umfeld der Kanzlerin spielt eine Rolle: an erster Stelle Beate Baumann, Merkels langjährige Büroleiterin. Wulff und Baumann kommen beide aus Osnabrück und kennen sich seit ihrer Jugend. Beide waren in ihrer Heimatstadt in die CDU und die Junge Union eingetreten, wo sie schließlich zusammen im Landesvorstand saßen.

In den 1990er-Jahren schließlich empfahl Wulff Beate Baumann als Referentin an die junge Bundesfamilienministerin Angela Merkel. Baumann wurde Merkels engste Mitarbeiterin und schließlich Büroleiterin der Bundeskanzlerin. Die Unterstützung durch das Kanzleramt ist essenziell für Wulff. Sie hält bis zum Schluss an, denn Merkel hat an einer erneuten Präsidentenwahl so kurz nach dem Rücktritt von Horst Köhler kein Interesse.

* * *

Die Medienwissenschaftler Hans Mathias Kepplinger von der Universität Mainz und Bernhard Pörksen von der Universität Tübingen sind Experten für die Erforschung von Skandalen. Während Kepplinger die Skandalisierung der Vorwürfe gegen Wulff durch die Medien unverhältnismäßig findet, hält Pörksen sie für legitim. Beide stimmen jedoch darin überein, dass das Krisenmanagement des Bundespräsidenten vor allem am Anfang der Krise schwerwiegende Fehler aufweist. „Der Kardinalfehler war, dass er nicht von Anfang an alles auf den Tisch gelegt hat", stellt Pörksen im Oktober 2012 fest. Zu Recht hätten die Medien dem Bundespräsidenten vorgeworfen, auf eine „Salamitaktik" zu setzen. „Das hat noch nie besonders gut funktioniert. Unter den Geschwindigkeitsbedingungen des digitalen Zeitalters ist sie gänzlich dysfunktional geworden", sagt Pörksen. Der Tübinger Medienwissenschaftler vermutet, dass Wulff grundsätzlich geglaubt hat, die Medien steuern zu können. „Bei Christian Wulff beobachtet man eine merkwürdige Kontrollillusion den Medien gegenüber. Nur so sind viele Ad-hoc-Aktionen erklärbar, beispielsweise der Anruf bei Kai Diekmann." Auch die Entscheidung Anfang Dezember 2011, den Privatkredit gegenüber *Bild* und *Stern* offenzulegen, aber unter der Bedingung, dass die Informationen nicht verwendet werden dürfen, erweckt diesen Eindruck. Auch Kepplinger sieht die entscheidenden Fehler im Krisenmanagement des Bundespräsidenten ganz am Anfang, letztlich sogar schon im Februar 2010, als Wulff dem Landtag gegenüber seinen Privatkredit verschwieg: „Der Fehler war, dass er nicht von Anfang an alle oder möglichst viele Karten auf den Tisch gelegt hat. Er hätte im Landtag mit einer rührseligen Erklärung zu seiner neuen Liebe und zu seiner natürlichen Verpflichtung gegenüber seiner Frau das Problem beseitigen können." Wie häufig bei Skandalen erweisen sich letztlich nicht die Missstände an sich als das größere Problem, sondern der Umgang damit.

Im Laufe der Krise sieht das Beraterteam des Bundespräsidenten rückblickend vor allem zwei schwere Fehler im Krisenmanagement, zu denen es bereits am Anfang kommt. Der erste Fehler wird gemacht, als Wulff mit einer Presseerklärung am 15. Dezember 2011 seine Hausfinanzierung transparent machen will. Ziel ist, alle Karten auf den Tisch zu legen, um mit der Erklärung die Luft aus der Angelegenheit zu lassen. Gleichzeitig wird die Erklärung durch die Offenlegung der Kreditverträge für alle Medien in der Anwaltskanzlei flankiert. Ein wichtiges Detail wird jedoch verschwiegen: Bei der Darstellung der Abläufe fehlt die Information, dass Egon Geerkens an der Aushandlung und Abwicklung des Privatkredits zwischen seiner Frau und Christian Wulff maßgeblich beteiligt war. Die Entscheidung, den Medien diese Information zu verschweigen, erweist sich als schwerer Fehler. Als die Medien recherchieren, welche Rolle Egon Geerkens bei dem Kreditgeschäft zwischen seiner Frau und Wulff gespielt hat, sieht die gesamte Darstellung rund um den Privatkredit schlagartig wie ein Täuschungsmanöver aus und erschüttert Wulffs Glaubwürdigkeit massiv.

Ein zweiter großer Fehler im Krisenmanagement ist der wohl eigentlich schwerwiegendste. Am 18. Dezember 2011 macht Wulff eine Liste mit sechs Urlauben öffentlich, die er als Ministerpräsident bei befreundeten Unternehmern verbracht hat. Innerhalb des Beraterteams gingen die Meinungen auseinander, ob man tatsächlich alle Urlaube offenlegen und sich damit angreifbar machen soll. Doch der Vorschlag setzt sich durch, nicht darauf zu warten, bis jede einzelne Reise von den Medien thematisiert wird. Dennoch fehlt auf der Liste der Sylt-Aufenthalt mit David Groenewold, über den die *Bild*-Zeitung schließlich am 8. Februar berichtet, in Verbindung mit dem pikanten Detail, dass Groenewold versucht habe, dem Hotel einen Maulkorb zu verpassen.

Der Sylt-Aufenthalt führt letztlich dazu, dass die Staatsanwaltschaft Ermittlungen einleitet. Es spricht einiges dafür, dass es dazu nicht gekommen wäre, wäre dieser Urlaub mit allen anderen offengelegt worden. Zwar hätte der Aufenthalt Wulff auch im Dezember in Erklärungsnot gebracht, dennoch war die Ausgangslage eine ganz andere: Der Druck auf die Staatsanwaltschaft, Ermittlungen einzuleiten, war vor Weihnachten längst nicht so groß wie Anfang Februar.

* * *

In den Wochen der Krise wird die Kommunikation des Bellevue von außen völlig anders wahrgenommen als von innen. Während die Medien Wulff eine „Salamitaktik" und ein taktisches Verhältnis zur Wahrheit vorwerfen, sieht man die Dinge im Bellevue völlig anders. Im Umfeld des Bundespräsidenten ist man vielmehr davon überzeugt, eine Strategie der totalen Offenheit zu fahren. „Diese Offenheit hat dazu geführt, dass wir immer neue Fragen provoziert haben, mit dem Ergebnis, dass wir komplett abgesoffen sind", fasst ein ehemaliger Mitarbeiter des Bundespräsidenten die Binnenwahrnehmung im Schloss zusammen. Einige im Umfeld des Präsidenten sind der Ansicht, dass man zu viele Informationen herausgibt und damit selbst dazu beiträgt, dass die Krise sich immer weiter fortschreibt. Wieder andere argumentieren, dass es möglicherweise das Beste wäre, die Angelegenheit direkt komplett in die Hände der Staatsanwaltschaft zu geben und einfach abzuwarten, zu welchem Ergebnis die Ermittler kommen. Doch letztlich weiß man, dass das keine Option ist.

Die engsten Mitarbeiter des Bundespräsidenten erleben die Krise als „Perpetuum mobile", indem die Medien bereits Bekanntes immer neu drehen und wenden. Je länger die Krise dauert, desto mehr gibt man sich im Schloss düsteren Verschwörungstheorien hin. Der Bundespräsident sucht die Schuld für seine Situation vor allem bei den Medien, die nicht nur berichteten und kommentierten, sondern auch als Ankläger und Richter aufträten, um das Urteil schließlich auch noch zu vollstrecken. Spätestens seit die Nachricht auf der Mailbox von Kai Diekmann mit dem Jahreswechsel ihren Weg in die Öffentlichkeit findet, obwohl der Anruf mehr als zwei Wochen zurücklag und Diekmann Wulffs Entschuldigung akzeptiert hatte, sieht man sich im Bellevue als Opfer einer Kampagne. Dabei versteht Wulff nicht, dass er mit seiner Krisenkommunikation selbst erheblich dazu beiträgt, dass die Medien das Futter für eine Fortschreibung der Krise bekommen. Im Kern findet keine kritische Selbstreflexion statt – weder über die Substanz der Vorwürfe gegen Wulff noch über das mangelhafte Krisenmanagement.

Da Wulff überzeugt ist, er habe sich nichts vorzuwerfen, weiß er auch nicht, worauf er seine Mitarbeiter vorbereiten soll. Die verhängnisvollen Schwächen, die Wulffs Kommunikation nach außen hat, weist sie auch nach innen auf. Diejenigen, die versuchen, ihn durch die Krise zu schleusen, wissen letztlich nie, ob sie wirklich im Bilde sind: „Wir wussten selbst nicht, was in den nächsten Tagen in der Zeitung stehen würde", erinnert sich eine ehemalige Mitarbeiterin. Das gilt auch für die Mailbox-Nachricht, von der nach dem Ausscheiden Olaf Glaesekers im Präsidialamt kaum jemand etwas weiß. Nach der Erklärung des Bundespräsidenten vor laufenden Kameras am 22. Dezember 2011 gingen Wulff und seine engsten Mitarbeiter mit der vagen Hoffnung in die Weihnachtspause, das Schlimmste überstanden zu haben. Das erweist sich jedoch als Illusion: Mit dem Jahreswechsel katapultiert die Geschichte über die Mailbox-Nachricht die Krise in eine neue Dimension. Die Krisenmanager im Bellevue erfasst das blanke Entsetzen. Für die meisten von ihnen ist es die erste Nachricht, die sie im neuen Jahr erreicht – sie erfahren sie aus den Medien. „In dem Moment habe ich gedacht, das war's", erinnert sich einer von ihnen. Bei einer Krisensitzung am Abend des 3. Januar 2012 fällt die Entscheidung, am Tag darauf ein Interview im Fernsehen zu geben.

* * *

Das Ziel ist dabei vor allem, die Bevölkerung zu erreichen und bei ihr Verständnis für die Situation des Bundespräsidenten zu wecken.

Strategisch gesehen unterstützen die Umfragewerte diesen Ansatz: Immerhin noch die Hälfte der Bevölkerung ist der Ansicht, dass Wulff im Amt bleiben kann, obwohl die Medien eigentlich ausnahmslos den Rücktritt fordern. Dementsprechend zielt das Fernsehinterview primär auf die Bevölkerung. Gleichzeitig versucht Wulff, das Mailbox-Desaster auszubügeln und sich bei den Medien zu entschuldigen. Das Interview enthält darüber hinaus eine grundsätzliche Botschaft an die Medien: Wulff räumt ein, sein Verhältnis zu den Medien „neu ordnen" zu müssen. Das wird vor allem als Reaktion auf die öffentliche Empörung über seine Mailbox-Nachricht verstanden, als Zeichen der Reue. Es soll jedoch noch mehr sein, nämlich auch ein Signal an die Medien, dass sich die Medienstrategie des Bundespräsidenten insgesamt ändern soll. Es ist das Eingeständnis eines Fehlers, dass Wulff geglaubt hat, als Bundespräsident auf die Medien nicht mehr angewiesen zu sein. Der größte Teil der Medien erlebt die ausgestreckte Hand allerdings als Schlag ins Gesicht, da der Präsident sich mit seiner Entscheidung für ein Fernsehinterview bei *ARD* und *ZDF* gleichzeitig auch allen anderen Medien entzieht.

Während die Medien den TV-Auftritt ausnahmslos negativ kommentierten, sehen ihn Medienwissenschaftler überwiegend positiv. „Er hat sich den Umständen entsprechend sehr gut geschlagen, ist sehr souverän aufgetreten und hat vernünftige Antworten gegeben", meint der Mainzer Medienexperte Kepplinger rückblickend. Und sein Kollege Pörksen stellte bei *n-tv* bereits wenige Tage nach dem Interview des Bundespräsidenten fest, er habe überhaupt „das erste Mal eine überlegte Strategie" bei Wulff erkannt. Wie wenig stringent diese ist, wird im Fernsehinterview allerdings sehr deutlich. So erwähnt Wulff in einem Nebensatz die Gerüchte im Internet über das angebliche Vorleben seiner Frau, als er en passant dazu meint: „Wenn Sie da sehen, was da über meine Frau alles verbreitet wird an Fantasien." Noch am Abend vor dem Fernsehinterview hatte Wulffs Beraterteam intensiv darüber diskutiert, wie man mit dem Thema umgehen soll. Zu diesem Zeitpunkt gab es bereits erste Anspielungen darauf in der *Berliner Zeitung* und in der *ARD*-Sendung „Günther Jauch", was man im Bellevue aufmerksam registriert hat. Wulff und seine Berater befürchten, dass die Geschichte früher oder später in irgendeiner Form in der Zeitung stehen könnte, obwohl die Gerüchte gegenstandslos sind. Die ersten Andeutungen lassen die Sorgen in der Tat begründet erscheinen. Am Ende hatten Wulffs Berater ihm dringend davon abgeraten, in dem Fernsehinterview auf die Gerüchte einzugehen. Er macht es dennoch. So wie der Bundespräsident das Thema anspricht, verstehen es nur diejenigen, die ohnehin bereits davon gehört haben, für alle anderen wirft die Anspielung nur Fragen auf. Wulff selbst trägt mit seiner Bemerkung dazu bei, die Gerüchte zu verbreiten. Da er sie selbst andeutet, fordert er die Medien regelrecht dazu auf, darauf einzugehen, denn die Bemerkung während des Interviews ist erklärungsbedürftig: Ein großer Teil der Bevölkerung versteht sie nicht, da viele von den Gerüchten über Bettina Wulff noch gar nichts mitbekommen haben.

***

Nach der vernichtenden Kritik der Medien an seinem TV-Interview Anfang Januar wächst auch in Christian Wulff die Verzweiflung. In diesen ersten Januartagen stellt der Bundespräsident bei einer der regelmäßigen Besprechungen mit seinen engsten Mitarbeitern das einzige Mal in den Wochen der Krise die Frage, ob ihm jemand zum Rücktritt rate. Eine Mitarbeiterin nimmt in diesem Moment ihren Mut zusammen und sagt ihm, Wulff möge sich bewusst machen, was ihm und seiner Familie womöglich noch bevorstehe. Ohne es auszusprechen, rät sie ihm zum Rücktritt. Im Bellevue greift in der ersten Januarhälfte Endzeitstimmung um sich. Doch der Bundespräsident entscheidet sich weiterzumachen, er ist entschlossen, die Sache durchzustehen. Wulff beweist ein fast übermenschliches Stehvermögen in den Wochen der Krise. Seine Mitarbeiter erleben nicht ein einziges Mal, dass er die Fassung verliert oder ihn körperlich oder psychisch die Kräfte verlassen. Nach außen wie nach innen gibt Wulff sich alle Mühe, Normalität zu signalisieren: Wie vor der Krise auch sieht man den Bundespräsidenten wie selbstverständlich in der Kantine des Präsidialamts zu Mittag essen.

Allerdings scheitern alle Versuche, zur Tagesordnung zurückzukehren: Mit einigem Sarkasmus registriert man im Präsidialamt, dass die öffentlichen Auftritte des Bundespräsidenten im Lichte der Krise ein nie gekanntes Medienecho erfahren. Dies gilt nicht nur für den Empfang der Sternsinger im Schloss, sondern auch für den Neujahrsempfang des Bundespräsidenten und schließlich als Wulff in der zweiten Januarhälfte bei einer Gedenkstunde zum 70. Jahrestag der Wannsee-Konferenz spricht – alles wird live im Fernsehen übertragen. Normalität will sich aber nicht einstellen, im Gegenteil: Im Bellevue verfolgt man mit wachsender Ratlosigkeit, wie sich die Krise immer weiter fortschreibt. Vergeblich sucht man nach einem Ausweg. Im Kern aber nimmt man die Situation als Machtkampf zwischen Präsident und Medien wahr.

* * *

Für das Bundespräsidialamt hat der Schutz des Amtes Priorität vor der Selbstverteidigung Christian Wulffs. Das Amt soll keinen Schaden nehmen. Dementsprechend schwindet im Laufe der Wochen der Rückhalt, den Wulff innerhalb des präsidialen Apparates erfährt. Dies wird mit der Zeit sehr deutlich, als Einzelheiten über die interne Kommunikation des Präsidenten gezielt nach Außen getragen werden. Anfang Januar berichten die Medien darüber, wie Wulff die Krise bei einem Neujahrsempfang für die Mitarbeiter des Präsidialamts als „Stahlgewitter" bezeichnet, das bald vorbei sein werde. Dass der Präsident intern martialische Durchhalteparolen ausgibt, befördert den Eindruck, dass sich im Bellevue eine Bunkermentalität breitmacht. Dass Interna nach außen getragen werden, wird wiederum als Indiz dafür genommen, dass die Unterstützung intern bröckelt. Der Eindruck stimmt. Das Krisenmanagement spielt sich im Wesentlichen im Schloss ab, wo der Präsident und seine engsten Mitarbeiter ihre Büros haben. Zwar befindet sich die kleine Pressestelle im Gebäude des Präsidialamts, genauso wie das Büro des Präsidialamtschefs, dennoch liegt das „Krisenzentrum" im Schloss.

Im Laufe der Wochen entfremden sich die einzelnen Referate des Präsidialamts immer mehr vom „Krisenzentrum", da sie in das Management der Krise nicht eingebunden sind und die Entwicklung weitgehend über die Medien verfolgen. Sie gehören dazu, sind aber nicht eingeweiht, was sie vor Loyalitätskonflikte stellt. Lothar Hagebölling, der Chef des Präsidialamts, gelingt es im Laufe der Wochen nicht mehr, den Apparat „mitzunehmen". Hagebölling ist mit der Krise überfordert und schließlich zu keiner Entscheidung mehr fähig. Am Ende wird er krank. Während man im unmittelbaren Umfeld des Präsidenten entschlossen ist, die Krise an der Seite des Staatsoberhaupts durchzustehen, beginnt der restliche Apparat bald, die Situation und damit auch den Präsidenten vor allem als Belastung zu empfinden. Im Persönlichen Büro des Bundespräsidenten registriert man, dass die Zuarbeit aus einzelnen Referaten nahezu zum Erliegen kommt. „Es gab eine regelrechte Absetzbewegung", erinnert sich ein ehemaliger Mitarbeiter des Bundespräsidenten. Das „Krisenzentrum" im Schloss beginnt gleichzeitig, sich immer mehr einzuigeln. Am Ende der Krise, als der Präsident schlussendlich zurücktritt, ist der kleine Kern der engsten Mitarbeiter physisch und psychisch am Ende und zum Teil nicht weniger traumatisiert als das Präsidentenpaar selbst. Man sieht sich gemeinsam als Verlierer. Für manchen bedeutet der Rücktritt Wulffs das Ende der eigenen Karriere. Der überwiegende Teil des Präsidialamts aber nimmt den Rücktritt nur noch erleichtert auf.

**

Als der Rücktritt mit der Entscheidung der Staatsanwaltschaft Hannover, Ermittlungen einzuleiten, unausweichlich scheint, ist auch Christian Wulff am Ende erleichtert, obwohl er sonst sicherlich nicht zurückgetreten wäre. Als unklar ist, ob die Staatsanwaltschaft diesen entscheidenden Schritt gehen wird, ist der Staatsbesuch in Italien ein letzter Versuch, zur Normalität des Präsidentenalltags zurückzukehren. Tatsächlich aber macht die Reise deutlich, wie zerrüttet das Verhältnis des

Präsidenten zu den Medien ist. Ernüchtert kehrt das Präsidentenpaar von der Reise zurück. Gleichzeitig rückt ein Ereignis in Sichtweite, das Wulff sehr wichtig ist: Für den 23. Februar 2012 ist die Gedenkfeier für die Opfer der rechtsradikalen NSU-Morde vorgesehen und der Bundespräsident soll die Rede halten. Aus Sicht der Opferfamilien ist Wulff eine gute Wahl, nirgendwo in der Bevölkerung ist sein Rückhalt so groß wie bei den Migranten. Das wird bei der Gedenkfeier deutlich, als der Vater eines der Mordopfer sich bei Wulff bedankt. Bereits im November hatte der Bundespräsident die Opferfamilien ins Schloss Bellevue eingeladen. Unterdessen droht die Krise um den Bundespräsidenten die Feier zu überlagern, was auch Wulff nicht will. Die Staatsanwaltschaft löst das Problem am Abend des 16. Februar, indem sie beantragt, die Immunität des Bundespräsidenten aufzuheben. Die Nacht verbringen Wulff und seine engsten Berater damit, die Rücktrittserklärung zu formulieren. Für Christian Wulff ist die Krise mit seinem Rücktritt nicht beendet, sie setzt sich vielmehr mit unverminderter Wucht fort, als es um Ehrensold, eine Büroausstattung mit Personal und den Zapfenstreich für den Ex-Präsidenten geht. Der Absturz geht weiter, er trägt am Ende die Züge einer öffentlichen Hinrichtung.

Die Parteien

Das politische Berlin hat im Dezember 2011 kein Interesse daran, dass Christian Wulff zurücktritt. Zumindest will niemand diesen Rücktritt aktiv herbeiführen. Die Opposition im Bundestag, vor allem SPD und Grüne, haben sich mit dem Bundespräsidenten arrangiert. Mit seinem Engagement beim Thema Integration konnte Wulff bei denen punkten, die bei seiner Wahl noch Joachim Gauck gegen ihn in Stellung gebracht hatten. Strategisch betrachtet bringt ein Rücktritt des Bundespräsidenten SPD und Grünen nicht viel, da sie mit Blick auf die Zusammensetzung der Bundesversammlung keine Gestaltungshoheit haben: Union und

FDP verfügen im Dezember 2011 über eine hauchdünne Mehrheit. Doch auch ganz grundsätzlich besteht zunächst kein Interesse, die Situation, in die Wulff mit Ausbruch der Krise gelangt, parteipolitisch auszuschlachten, da der Rücktritt Köhlers gerade einmal anderthalb Jahre zurückliegt. Niemand will leichtfertig das Staatsoberhaupt attackieren, um sich selbst nicht angreifbar zu machen.

Allerdings ist ziemlich schnell klar, dass die Geschichte, die am 13. Dezember in der *Bild*-Zeitung steht, durchaus relevant ist. Auch bei Union und FDP nimmt man das Problem von Anfang an ernst: „Die Verbindung mit dem Vorwurf, er habe das Parlament getäuscht, machte die Sache sofort brisant", erinnert sich ein einflussreicher Unionsabgeordneter. Dementsprechend laviert die Politik in den ersten Tagen der Krise zwischen Kritik und Solidarität mit dem Staatsoberhaupt. Da die Einzelheiten der Hausfinanzierung der Wulffs aufgrund der Kommunikationsstrategie des Bellevue zunächst viele Fragen aufwerfen, ist einige Zeit nicht eindeutig, wie groß die Probleme tatsächlich sind, mit denen Wulff zu tun hat.

Für den Bundespräsidenten selbst ist die Unterstützung der Kanzlerin in den Wochen der Krise das Entscheidende. Angela Merkel ist bis zum Schluss fest entschlossen, Wulff im Amt zu halten. Die Präsidentenkrise ist Chefsache im Kanzleramt. „Das Thema hat ausschließlich im Büro der Bundeskanzlerin stattgefunden", erinnert sich ein Mitarbeiter der Kanzlerin. Merkel und Wulff suchen häufig den direkten Draht per Telefon. Die Kanzlerin selbst hat viele Gründe, warum sie Wulff im Amt halten will. Zwar hat Merkel sich über die eine oder andere Kritik des Bundespräsidenten geärgert, aber das Verhältnis ist dennoch gut. Entscheidend aber ist, dass Merkel unbedingt verhindern will, nach Horst Köhler ein zweites Mal einen Bundespräsident zu verlieren, den sie ausgesucht hat. Hinzu kommt, dass die schwarz-gelbe Mehrheit in der Bundesversammlung so dünn ist, dass Merkel sich bei der nächsten Präsidentenwahl mit SPD und Grünen ins Benehmen setzen müsste, um einen Konsens-Kandidaten zu finden.

Das Kanzleramt setzt von Anfang an auf eine doppelte Botschaft: klare Unterstützung für Wulff, aber immer verbunden mit der Forderung nach Aufklärung der Vorwürfe. Im Laufe der Wochen verfolgt man die Entwicklung rund um den Bundespräsidenten allerdings mit wachsender Fassungslosigkeit. Man kann sich lebhaft vorstellen, dass die Einzelheiten über Wulffs private finanzielle Situation in Hannover und seine Urlaubsaufenthalte bei befreundeten Unternehmern, die im Zuge der Krise bekannt werden, bei der bodenständigen Angela Merkel Befremden hervorrufen. Merkel wohnt in einer Berliner Altbau-Etagenwohnung, wenn auch in allerbester Lage, und ist eher bescheiden bei der Wahl ihrer Feriendomizile und Urlaubsziele. Auch Wulffs Krisenmanagement ruft im Kanzleramt Kopfschütteln hervor, doch Merkel bleibt stoisch, wenn auch im Laufe der Wochen mit sinkender Begeisterung bei ihrer Linie: Wulff sei ein guter Bundespräsident, sie schätze seine Arbeit, lässt sie über ihre Regierungssprecher immer wieder verbreiten, fordert dabei aber nie ein Ende der Debatte, sondern bringt vielmehr immer ihre Erwartung zum Ausdruck, dass Wulff für Aufklärung sorgen werde.

Mit ihrer Unterstützung für Wulff geht sie an den Rand dessen, was sie für ihn tun kann. Merkel bewegt sich dabei auf dünnem Eis: Mit dem, was sie tut, verstößt sie eigentlich gegen das Prinzip, dass sich Verfassungsorgane, in diesem Fall Bundespräsident und Bundesregierung, nicht gegenseitig kommentieren. Merkel ist mit ihrer Unterstützung schon im Grenzbereich unterwegs, mehr kann und will sie nicht tun, sonst würde sie sich selbst angreifbar machen. Mit ihrer Strategie fährt die Kanzlerin gut: Im Zuge der Präsidentenkrise steigen die Beliebtheitswerte von Merkel deutlich an. Die Bevölkerung macht die Kanzlerin nicht für die Fehler des Bundespräsidenten haftbar, vielmehr scheint es so, dass Merkel plötzlich das verkörpert, was die Menschen bei Wulff vermissen – ihre bodenständige Biederkeit, die ihr lange Zeit zum Nachteil ausgelegt wurde, schmückt sie plötzlich. Die Opposition verfolgt diese Entwicklung mit wachsender Frustration und versucht Anfang Januar vergeblich, aus der „Causa Wulff" eine „Causa Merkel" zu machen.

***

Während die Kanzlerin den gebotenen Sicherheitsabstand hält, steigen ihre engsten Vertrauten in den Ring, um Wulff in den Medien zu verteidigen. Bei der Union ist es zunächst Peter Altmaier, der Parlamentarische Geschäftsführer der Bundestagsfraktion, der sich in verschiedene Talkshows setzt und für Wulff Partei ergreift. Altmaier ist dabei nicht zu beneiden: Wulffs formaljuristische Argumentation, dass er seinen privaten Hauskredit seinerzeit im Landtag nicht erwähnt hat, weil nicht danach gefragt worden sei, ruft eine gewaltige moralische Empörung in den Medien hervor. Die schlechte Kommunikation der Einzelheiten seiner Hausfinanzierung tut ein Übriges, dass die Talkshow-Auftritte für Altmaier das reinste Himmelfahrtskommando werden. Nach dem Jahreswechsel reicht es Altmaier. Der Saarländer setzt sich in keine Talkshows mehr, um für den Bundespräsidenten den Kopf hinzuhalten. Als Altmaier mitten in der Nacht zum 10. Januar 2012 per Twitter verbreitet, er würde sich wünschen, dass „Christian seine Anwälte an die Leine" legen würde, ist das vermutlich seine authentischste Äußerung in den Wochen der Präsidentenkrise. Doch nicht nur Altmaiers Bereitschaft, Wulff zu unterstützen, schwindet im Laufe der Wochen.

Tatsächlich nimmt die öffentliche Unterstützung für Wulff aus seiner eigenen politischen Familie sehr schnell ab. Das hat verschiedene Gründe: Da Wulffs Krisenmanagement immer wieder Ungereimtheiten produziert und die Medien ihn mit immer neuen Vorwürfen konfrontieren, fragt man sich in der Union, wofür man eigentlich den Kopf hinhält. Da die Medien Wulff nahezu geschlossen mit massiver Kritik und Rücktrittsforderungen begegnen, ist auch klar, dass jeder, der gegen den Strom schwimmt, dabei persönlich wenig zu gewinnen hat. Zwar erklären sich die Generalsekretäre von CDU und CSU im Januar immer wieder pflichtschuldig mit Wulff solidarisch, das Klammern an die immer selben Sprachregelungen wirkt jedoch ausgesprochen kraftlos. Mit der Rolle der Medien will sich öffentlich niemand auseinandersetzen, im Gegenteil, obwohl es hinter vorgehaltener Hand durchaus heißt, die Berichterstattung einzelner Medien trage eindeutig „Züge einer Kampagne". Eine Rolle spielt bei der Union zweifellos die Erfahrung, die man mit Karl-Theodor zu Guttenberg gemacht hat. Als Verteidigungsminister Guttenberg wegen Plagiatsvorwürfen zu seiner Dissertation unter Druck geriet, leugnete er konsequent, bei seiner Doktorarbeit abgeschrieben zu haben („Meine Dissertation ist kein Plagiat"). Neben anderen hatte Unions-Fraktionschef Volker Kauder Guttenberg tapfer verteidigt, um dann erleben zu müssen, dass der CSU-Politiker schlussendlich doch abtreten musste. Wer ihn verteidigt hatte, fühlte sich selbst blamiert. Als sich die Krise um den Bundespräsidenten Bahn bricht, bekennt Kauder deshalb intern, es reiche ihm, diese Erfahrung einmal gemacht zu haben.

In den hinteren Reihen der Unionsfraktion schwindet das Verständnis für Wulff im Laufe der Wochen rapide. In den Fraktionssitzungen findet keine Debatte über das Thema Bundespräsident statt, es ist Chefsache, doch mit der Zeit erschließt sich den Hinterbänklern immer weniger, warum ein Rücktritt des Bundespräsidenten das größere Übel wäre. Ähnlich wie im Bellevue verliert die Partei- und Fraktionsführung im Zuge der Krise den Apparat hinter sich, da dieser nichts mehr mitbekommt. Außerdem tragen viele Abgeordnete bereits bei Eurokrise und Energiewende einen Kurs mit, von dem sie nicht immer überzeugt sind. Bei der Präsidentenwahl im Juni 2010 hätten viele in der Unionsfraktion mit Gauck gut leben können. Während der Krise findet manch einer seine ursprünglichen Bedenken gegen Wulff schließlich bestätigt, vor allem was die persönlichen Freundschaften des ehemaligen Ministerpräsidenten in Hannoveraner Unternehmerkreisen betrifft, die viele in der Unionsfraktion schon immer fragwürdig fanden.

Während viele Abgeordnete die Aufregung um die Hausfinanzierung für übertrieben halten, sind die Urlaube des Ministerpräsidenten Wulff bei befreundeten Unternehmern durchaus ein Thema, und zwar unter moralischen Gesichtspunkten. „Das macht man einfach nicht", fasst ein Unionsabgeordneter die Einschätzung vieler Fraktionskollegen zusammen. Tatsächlich sind zahlreiche Bundestagsabgeordnete quer durch alle Fraktionen seit einigen Jahren regelrecht paranoid, was Einladungen zu Veranstaltungen vor allem der Wirtschaft betrifft, da sie fürchten, sich angreifbar zu machen. Im Zweifelsfall erkundigen sie sich deshalb bei der Fraktionsführung, ob man eine konkrete Einladung annehmen kann oder nicht oder zu welchen Bedingungen, beispielsweise durch Übernahme von Flug- oder Hotelkosten. Dementsprechend gering ist das Verständnis bei vielen, als sich offenbart, dass Wulff als Ministerpräsident in diesem Grenzbereich etwas sorglos unterwegs war. Das Krisenmanagement des Bundespräsidenten trägt seinen Teil dazu bei, dass der Rückhalt in der Unionsfraktion im Bundestag schmilzt wie Eis in der Sonne. Dabei wird vor allem Wulffs Fernsehauftritt am 4. Januar 2012 als Tiefpunkt wahrgenommen: „Wie ein Pennäler" habe Wulff dagesessen, fasst es ein Hinterbänkler seinerzeit hinter vorgehaltener Hand zusammen, bei anderen klingt es ähnlich.

* * *

Am 13. Januar schließlich macht sich einer von ihnen Luft: Der Berliner CDU-Bundestagsabgeordnete Karl-Georg Wellmann legt dem Bundespräsidenten in einer Fernsehsendung bei *zdf neo* nahe, zurückzutreten. Wellmann war nur eingesprungen, denn eigentlich war der CDU-Politiker Ruprecht Polenz, der Chef des Auswärtigen Ausschusses im Bundestag, eingeladen. Doch Polenz musste absagen. So sitzt schließlich Wellmann im Studio, gemeinsam mit dem SPD-Abgeordneten Sebastian Edathy, der sich während der Sendung wundert, dass der CDU-Kollege sich so weit aus dem Fenster lehnt. Vorher hat sich Wellmann allerdings grünes Licht bei einem Kollegen aus der Fraktionsführung geholt: In dem Telefonat macht Wellmann kein Geheimnis daraus, dass er sich kritisch zu Wulff äußern werde. Er wird nicht zurückgehalten. Der nächsten Fraktionssitzung sieht Wellmann nach seinem Fernsehauftritt dennoch mit gespannter Erwartung entgegen. Ein CSU-Abgeordneter und ein Fraktionskollege aus Niedersachsen sind die Einzigen, die ihn vor Beginn der Sitzung ansprechen und ihr Missfallen zum Ausdruck bringen. Fraktionschef Kauder stellt bei der Eröffnung der Fraktionssitzung dann aber nur fest: „Manche werden jetzt ein Strafgericht erwarten, aber es wäre jetzt nicht sinnvoll, darüber zu diskutieren."

In vielerlei Hinsicht steht Wellmann stellvertretend für eine große Gruppe schweigender Unionsabgeordneter, die sich sehr schnell von Wulff abwenden. „Du hast ausgesprochen, was wir alle denken", sagt ein anderer Hinterbänkler zu Wellmann. Auch der Brandenburger CDU-Abgeordnete Hans-Georg von der Marwitz kommt in diesen Tagen zu nie da gewesener Bekanntheit: In einem Interview mit dem *Deutschlandfunk* sagt er ebenfalls Mitte Januar, die Debatte um Wulff sei „fast unerträglich" geworden. Die Medien stürzen sich auf diese Wortmeldungen, da sich sonst niemand äußert. Da die Unterstützung für Wulff auch nur von einigen wenigen artikuliert wird, entsteht der Eindruck, als sei die Fraktionsführung vom Kanzleramt zur Solidarität mit dem Bundespräsidenten verdonnert worden, während Wulff die Unterstützung der meisten Abgeordneten jedoch längst verloren habe. Bemerkenswert schnell und öffentlich setzt sich die CDU in Niedersachsen von Wulff ab. Ministerpräsident David McAllister, Wulffs ehemaliger Kronprinz und Nachfolger, sagt der *Frankfurter Allgemeinen Sonntagszeitung* Mitte Januar süffisant, ihn lade niemand nach Ibiza ein. „Und ich mache sowieso lieber Urlaub an der Nordsee im Strandkorb in Cuxhaven." Die nächste Landtagswahl genau ein Jahr später im Blick, lässt McAllister seinen früheren Ziehvater Christian Wulff fallen.

Je länger die Krise dauert, desto mehr begibt sich die Union in eine Zuschauerposition. Von Anfang an ist die Bereitschaft, sich schützend vor den „eigenen" Bundespräsidenten zu stellen, erstaunlich gering. Im Laufe der Wochen reduziert sich die öffentliche Unterstützung für Wulff aus seiner eigenen politischen Familie auf die Kanzlerin und vereinzelte kraftlose Wortmeldungen, wie beispielsweise von CDU-Generalsekretär Hermann Gröhe. Dabei ist kein politischer Amtsträger in Deutschland so sehr auf die Unterstützung anderer angewiesen, wenn er unter Druck gerät, wie der Bundespräsident. Das Staatsoberhaupt ist weitgehend wehrlos. Seine Möglichkeiten zur Kommunikation in der Krise sind limitiert, weshalb andere für ihn in den Ring steigen müssen. Die Union wendet sich jedoch schnell ab, als habe sie mit dem Bundespräsidenten, der ja über den Parteien stehen soll, nach der Wahl nichts mehr zu tun. CDU und CSU fehlt einerseits die Kraft, Wulff offensiv zu verteidigen, andererseits aber auch der Mut, ihn fallen zu lassen. Letztlich duckt man sich weg und nimmt in Kauf, dass die Krise im Laufe der Wochen zunehmend zu einem Machtkampf zwischen Präsident und Medien wird.

Ein Unionsabgeordneter fasst die Stimmung in der Fraktion Mitte Januar so zusammen: „Die meisten waren da schon der Überzeugung, es geht nicht mehr." Zu diesem Zeitpunkt tritt Peter Hintze auf den Plan. Hintze setzt sich in verschiedene politische Talkshows, um Wulff zu verteidigen. Bereits bei der Planung des Fernsehinterviews, das Wulff am 4. Januar 2012 gibt, ist Hintze intensiv involviert: Er kommt ins Bellevue, um Wulff zu beraten und ihn moralisch zu unterstützen. Die beiden kennen sich lange, Wulff schätzt Hintzes Rat, nicht erst, seitdem seine Präsidentschaft wackelt. Peter Hintze ist eines der alten Schlachtrösser der CDU, ein Mann, der keine Auseinandersetzung mit dem politischen Gegner oder den Medien scheut. Im Januar 2012 ist er 61 Jahre alt und als Parlamentarischer Staatssekretär im Bundeswirtschaftsministerium, ein Parteisoldat, wie er im Buche steht. Hintze war unter Kohl Generalsekretär der CDU, kommt aus der NRW-CDU und gilt seit Jahren als einer der engsten Vertrauten von Angela Merkel. Er hat Autorität in der Partei.

Im Sommer 2012 sitzt er in seinem Büro im Bundeswirtschaftsministerium und betont, dass er sich aus eigenem Antrieb entschieden habe, Wulff zu unterstützen. Nein, die Kanzlerin habe ihn nicht vorgeschickt. „Ich habe mich selbst entschieden, ihn zu verteidigen. Ich habe mich für eine faire, faktenbasierte Diskussion eingesetzt." Am Ende spielt es keine Rolle, ob Merkel ihn gebeten hat oder nicht – sie hat seinen Einsatz für Wulff zweifelsfrei begrüßt und zu schätzen gewusst. Hintze entschließt sich, Wulff öffentlich zu verteidigen, als dazu innerhalb der Union sonst praktisch niemand mehr bereit ist. Hintze hält Wulff auch auf dem Höhepunkt der Krise noch für einen guten Bundespräsidenten. Christian und Bettina Wulff, meint er auch ein halbes Jahr nach dem Rücktritt noch, hätten Deutschland „ein sympathisches Gesicht" gegeben. Wenn Hintze auf die Rolle der Medien in der Causa Wulff zu sprechen kommt, redet er sich regelrecht in Rage. „Ich kann mich an keinen Vorgang erinnern, wo alle derart in dieselbe Richtung gelaufen sind. Die Kontrollfunktion der Medien ist ausgefallen."

Es ist eine Ironie des Schicksals, dass es Hintzes Einsatz für Wulff ist, der der Staatsanwaltschaft in Hannover am Ende den entscheidenden Anlass liefert, doch Ermittlungen gegen den Bundespräsidenten einzuleiten. Als die Krise am 8. Februar 2012 mit dem Bericht der *Bild*-Zeitung über einen gemeinsamen Sylt-Urlaub der Wulffs mit dem Filmunternehmer David Groenewold noch einmal in Fahrt kommt, will Hintze Wulff in einer Talkshow mit einem Schriftstück aus der Staatskanzlei in Hannover entlasten. Die Rettungsaktion geht aber nach hinten los: Das Dokument entlastet Wulff nicht, sondern veranlasst die Ermittler in Hannover, sich die geschäftlichen Beziehungen zwischen Groenewold und dem Land Niedersachsen noch einmal genauer anzusehen. Im Ergebnis bringt die Staatsanwaltschaft Hannover das Ermittlungsverfahren gegen den Bundespräsidenten auf den Weg und Wulff tritt zurück. Die persönliche Beziehung zwischen Hintze und Wulff nimmt dadurch jedoch keinen Schaden: Als Wulff im Juni 2012 in Großburgwedel seinen Geburtstag feiert, gehört Hintze zu den wenigen politischen Freunden, die eingeladen sind – genauso wie Philipp Rösler.

* * *

Der FDP-Chef ist ein langjähriger, guter politischer Freund von Christian Wulff. Rösler war Wirtschaftsminister und Stellvertreter von Wulff in der schwarz-gelben Koalition in Niedersachsen, bevor er als Bundesgesundheitsminister nach Berlin ging. Aus der gemeinsamen Zeit in Hannover sind Wulff und Rösler befreundet. Rösler gehörte zu den stärksten Unterstützern von Wulff in der FDP, als dieser nach Horst Köhlers Rücktritt Kandidat für das Bellevue wird. Im Jahre 2011 wurde er FDP-Chef und Bundeswirtschaftsminister. Doch Röslers Position als Parteichef ist alles andere als stark, als Wulff unter

Druck gerät. Die FDP selbst erreicht im Januar 2012 ihr historisches Umfragetief, im *ARD*-Deutschlandtrend kommt sie auf zwei Prozent. Partei und Parteichef haben also ganz eigene Probleme, während der Bundespräsident um sein politisches Überleben kämpft. Ähnlich wie die Union entscheidet sich die Parteiführung für einen Kurs, der versucht, Solidarität mit Wulff und die Forderung nach Aufklärung der Vorwürfe in Einklang zu bringen. Die FDP-Führung ist dementsprechend nicht begeistert, als sich mit dem bayerischen Bundestagsabgeordneten Erwin Lotter nun gerade ein Liberaler als Erster öffentlich von Wulff distanziert, und das bereits am 17. Dezember 2011, also vier Tage nach Ausbruch der Krise.

Lotter hat Wulff einen Brief geschrieben, auf den er keine Antwort erhalten hat, und gibt nun eine Pressemitteilung heraus, in der er Wulffs Rücktritt fordert. Die Medien stürzen sich auf Lotter, der den Hauptstadtjournalisten bis dahin völlig unbekannt war. In Interviews haut der Bayern-Liberale ordentlich auf den Schlamm, „der umgehende Rücktritt" sei „ein Gebot des Anstands und der Verantwortung". Damit ist Lotter der erste Bundestagsabgeordnete überhaupt, der von Rücktritt spricht. Die Parteiführung versucht, ihn einzufangen: Jörg van Essen, der Parlamentarische Geschäftsführer der Fraktion, meldet sich telefonisch und redet dem Fraktionskollegen höflich, aber bestimmt ins Gewissen und von der Chefin der Bayern-FDP, Bundesjustizministerin Sabine Leutheusser-Schnarrenberger, bekommt Lotter eine unmissverständliche SMS, in der sie ihn zurückpfeift. Erfolglos – Lotter gibt ein Interview nach dem anderen und sich selbst einer Art medialem Rausch hin. Er erlebt einen Medienhype, der ihn völlig überrascht und der tatsächlich in keinerlei Verhältnis zu Lotters politischem Einfluss steht. Auf einmal steht *RTL* vor der Haustür, Zeitungen und Radioprogramme rufen an. Als Wulffs Mailbox-Nachricht zum Jahreswechsel publik wird, legt Lotter noch einmal nach: Wulff müsse Schloss Bellevue sofort räumen, er schäme sich, ihm seine Stimme gegeben zu haben. Während die Medien Lotter groß herausbringen, halten seine Fraktionskollegen ihn für einen Opportunisten. Beim Dreikönigstreffen der FDP in Stuttgart im Januar 2012 wird Lotter geschnitten.

Mit Jürgen Koppelin meldet sich Anfang Januar jemand aus der Fraktionsführung der Liberalen zu Wort, der den Bundespräsidenten in Schutz nimmt und außerdem als einer der wenigen Politiker in der Zeit der Krise die Medien offen kritisiert. Unmittelbar nach dem Fernsehinterview des Bundespräsidenten bei *ARD* und *ZDF* und eine Woche nach Bekanntwerden der Mailbox-Geschichte spricht Koppelin im *Deutschlandfunk* von einem „Kampf zwischen *Bild*-Zeitung, den Medien und dem Bundespräsidenten". Der Anruf des Bundespräsidenten bei *Bild*-Chef Diekmann sei ein Fehler gewesen, für den Wulff sich entschuldigt habe. Dieselben Journalisten, stellt Koppelin aber weiter fest, die sich sonst dagegen aussprächen, dass der Staat Telefonate abhöre, verbreiteten jetzt Wulffs Anruf auf der Mailbox des *Bild*-Chefs. Die Kritik an Wulff verliere sich im „Klein-Klein", während das Land andere Probleme habe. Koppelin unternimmt damit den Versuch, auch die Rolle der Medien und vor allem der *Bild*-Zeitung in der Krise zu thematisieren.

Dennoch setzt sich in der FDP-Zentrale im Thomas-Dehler-Haus nach Bekanntwerden der Mailbox-Nachricht des Bundespräsidenten die Einschätzung durch, dass Wulff nicht mehr zu retten ist. „Von dem Punkt an wurde es richtig ernst", erinnert sich ein führender Liberaler. Als noch das Hin und Her um Wulffs Ankündigung dazukommt, alle Fragen und Antworten ins Internet zu stellen, sieht die Parteiführung schwarz. Mitte Januar bringt Wolfgang Kubicki, der FDP-Fraktionschef in Schleswig Holstein, die Wahrnehmung der Liberalen in einem Interview auf den Punkt: Er sei überrascht, und zwar nicht wegen der Einzelheiten zu Wulffs Hausfinanzierung, „aber wegen der mangelnden Professionalität, die der Bundespräsident bei der Bewältigung seiner Probleme an den Tag legt. Er kann nicht erklären, dass er alles transparent macht. Und dann handelt er genau entgegengesetzt."

* * *

SPD und Grüne reagieren zunächst sehr zurückhaltend, als der Bundespräsident unter Druck gerät. Da sie keine Mehrheit in der Bundesversammlung haben, gibt es auch kein strategisches Interesse daran, gezielt einen Rücktritt des Staatsoberhaupts herbeizuführen, zumal so kurz nach dem Rücktritt von Horst Köhler. Mit seinem Schwerpunktthema Integration hat Wulff außerdem eher eine rot-grüne Agenda. So meint Jürgen Trittin, Fraktionschef der Grünen im Bundestag, vier Tage nach Wulffs Rücktritt in einem Interview mit dem *Spiegel*, er sei durchaus der Auffassung, „dass Christian Wulff mit seiner Integrationsrede – und dieses Thema hat er ja kontinuierlich beibehalten – etwas getan hat, das meiner Erwartung an einen Bundespräsidenten entspricht. Damit hat er sich in den eigenen Reihen ja nicht nur Freunde gemacht. Ich kann über seine so kurze Präsidentschaft kein Urteil fällen. Aber ich würde Herrn Wulff konzedieren, dass er den Mut zu einer klaren Agenda in dieser Frage hatte."

Auch die SPD hat ihren Frieden mit Wulff in den Monaten nach seiner Wahl gemacht. Mit kleinen, aber wichtigen Gesten konnte Wulff bei der SPD-Führung punkten: So flog er am 7. Dezember 2010 nach Warschau – Anlass war der 40. Jahrestag von Willy Brandts Kniefall vor den Opfern des Warschauer Ghettos. Der Bundespräsident wurde vom Außenexperten der SPD, Gernot Erler, begleitet, SPD-Chef Sigmar Gabriel nahm ebenfalls teil. Bei dem Besuch sagte Wulff, er selbst sei 1970 ergriffen und tief beeindruckt von dieser „großartigen menschlichen Geste der Demut" gewesen. Brandt habe damit die Verantwortung für Vergangenheit, Gegenwart und Zukunft zum Ausdruck gebracht. Die Verneigung vor der SPD-Ikone wirkt: Er wisse als Sozialdemokrat zu schätzen, dass Wulff an diesem Jahrestag nach Polen gereist sei, meinte Sigmar Gabriel. Tatsächlich hat es Wulff in den ersten Monaten seiner Amtszeit geschafft, sich glaubhaft als Präsident über den Parteien zu etablieren.

In der *ARD*-Talkshow „Anne Will" zeigt Jürgen Trittin Mitte Dezember 2011, als Wulffs Hausfinanzierung die Schlagzeilen beherrscht, sogar Verständnis dafür, dass Wulff auf die parlamentarische Anfrage der Grünen im niedersächsischen Landtag seinen Privatkredit verheimlicht hat. Im „Meinungskampf" der Landespolitik komme so etwas schon einmal vor, konzediert Trittin, Wulff müsse sich nun dafür entschuldigen. SPD und Grüne beschränken sich deshalb zunächst darauf, von Wulff Aufklärung zu fordern. Zu Weihnachten warnt SPD-Chef Sigmar Gabriel sogar in einem Interview mit der *Welt* vor einer drohenden Staatskrise, sollte mit Wulff nun der zweite Bundespräsident innerhalb von zwei Jahren zurücktreten. Gabriel spricht sich damit ausdrücklich gegen einen Rücktritt des Bundespräsidenten aus. Letztlich greifen SPD und Grüne die Stimmung in der Bevölkerung auf, die mit Fortschreiten der Krise zwar zunehmend Zweifel an Wulffs Glaubwürdigkeit hat, aber bei der Empörung in den Medien und den Rücktrittsforderungen zunächst nicht mitgeht. Eine Woche nachdem Gabriel vor einer Staatskrise gewarnt hat, sieht die Welt aus Sicht des SPD-Chefs allerdings anders aus. Mit Bekanntwerden der Mailbox-Geschichte zum Jahreswechsel ändert sich die Strategie: Die Opposition verschärft den Ton spürbar. Die Affäre Wulff wird zur Affäre Merkel erklärt. Während die Opposition bis dahin darauf verzichtet hat, die Krise um den Bundespräsidenten parteipolitisch auszuschlachten, weht nun ein anderer Wind.

* * *

Als Gabriel Anfang Januar das atomare Zwischenlager Asse in Niedersachsen besucht, wird der neue strategische Ansatz deutlich: Nicht der Bundespräsident wird attackiert, sondern die Kanzlerin. Merkel müsse „eine ehrliche Neubewertung der Fähigkeiten von Herrn Wulff in diesem Amt vornehmen", sagt Gabriel. „Das ist keine Causa Wulff mehr, das ist eine Causa Merkel." Auch die Grünen entdecken das Präsidentenproblem neu und entscheiden sich zeitgleich für denselben parteipolitischen Ansatz. Parteichefin Claudia Roth stellt fest, dass das Problem „nun eher bei Merkel" liege. SPD-Generalsekretärin Andrea Nahles wird am 9. Januar 2012 noch deutlicher: Die Kanzlerin müsse den Bundespräsidenten öffentlich zum Rücktritt auffordern. Die Taktik geht jedoch nicht auf. Mit wachsender Ratlosigkeit registriert man bei SPD und Grünen, wie die Beliebtheitswerte der Kanzlerin im Zuge der Präsidentenkrise nicht sinken, sondern steigen. Schließlich versuchen

SPD und Grüne, Merkel unter Druck zu setzen, indem sie eine Nachfolgedebatte befeuern, obwohl Wulff gerade erst im Fernsehen erklärt hat, er wolle im Amt bleiben. SPD-Chef Gabriel teilt Merkel über die *Frankfurter Allgemeine Zeitung* mit, „wenn Christian Wulff zurücktreten sollte, würde die SPD nicht versuchen, daraus parteitaktische Vorteile zu ziehen". Es ist der Versuch, Merkel in den eigenen Reihen unter Druck zu setzen, obwohl die SPD zweifellos weiß, dass die Kanzlerin nicht daran denkt, Wulff fallen zu lassen. Unterdessen offenbart die SPD-Führung Schwächen in ihrer Kommunikation in der Präsidentenkrise: SPD-Generalsekretärin Andrea Nahles und der Parteichef widersprechen sich öffentlich. Während Nahles für den Fall, dass der Bundespräsident zurücktritt, Neuwahlen fordert, spricht sich Gabriel dagegen aus. Der Versuch, die Krise parteipolitisch zu instrumentalisieren, scheitert letztlich kläglich.

Tatsächlich gerät die Anfang Januar 2012 bewusst in Gang gebrachte Nachfolgedebatte zwischenzeitlich ziemlich außer Kontrolle. Der Innenexperte der SPD-Fraktion, Sebastian Edathy, schlägt in der ersten Januarhälfte Joachim Gauck als Nachfolger für Wulff vor. Damit verselbstständigt sich die Nachfolgediskussion in einer Art und Weise, die nicht im Interesse der SPD-Führung ist. Dass Kandidaten gehandelt werden, bevor Wulff zurückgetreten ist, beschädigt vor allem die Namen derer, die genannt werden. Edathy meldete sich in den Wochen zuvor bereits mehrfach mit Kritik am Krisenmanagement des Bundespräsidenten zu Wort, was die SPD-Führung bis dahin tolerierte. Edathy war nicht vorgeschickt worden, wie zwischenzeitlich von den Medien gemutmaßt wurde, sondern hatte aus eigenem Antrieb die Öffentlichkeit gesucht. Als Edathy aber anfängt, sich öffentlich für eine Kandidatur von Gauck auszusprechen, ist die rote Linie überschritten. Parteichef Gabriel fordert ihn per SMS auf, sich zurückzuhalten.

Die SPD-Führung ist selbst in keiner ganz einfachen Ausgangslage in der Präsidentenkrise. Ein großer Teil der SPD-Spitze kommt wie Christian Wulff auch aus Hannover: Sigmar Gabriel war Ministerpräsident in Niedersachsen, er war Christian Wulffs Vorgänger. Fraktionschef Frank-Walter Steinmeier kommt ebenfalls aus Hannover, wo er unter Ministerpräsident Gerhard Schröder Chef der Staatskanzlei war, und Thomas Oppermann, der Parlamentarische Geschäftsführer der SPD-Bundestagsfraktion, war Minister in Niedersachsen. Generell nehmen die Medien in den Wochen der Krise auch das unter die Lupe, was sie „Hannover-Connection" oder auch „Maschsee-Connection" nennen, nämlich das Beziehungsgeflecht zwischen Politik und Wirtschaft in Niedersachsen. Da in diesem Zusammenhang auch immer der Name Gerhard Schröder fällt und zwangsläufig die Frage aufkommt, ob es möglicherweise bei der aktuellen SPD-Führung auch etwas zu entdecken gibt, geraten die Genossen im Zuge der Krise des Bundespräsidenten zusätzlich unter Handlungsdruck. Schonen sie Wulff, entsteht der Eindruck, bei ihnen gäbe es möglicherweise auch etwas zu entdecken.

Letztlich scheut sich die Opposition jedoch, in der Präsidentenfrage Klartext zu reden, und meidet eine klare Rücktrittsforderung an Wulff wie der Teufel das Weihwasser. So vereinbart die Partei- und Fraktionsführung der Grünen sogar, auf jede Rücktrittsforderung zu verzichten: „Anfang Januar haben wir beschlossen, dass wir das Wort Rücktritt nicht in den Mund nehmen werden", räumt Renate Künast, die Fraktionsvorsitzende der Grünen, im November 2012 ein. Das Argument, man könne den Bundespräsidenten ja nicht zwingen, ist zwar zutreffend, aber letztlich vorgeschoben. SPD und Grüne wollen vermeiden, in die Rolle der Königsmörder zu geraten. Außerdem fürchtet die Opposition, dass Union und FDP sich schlagartig hinter Wulff versammeln, sobald man offensiv den Rücktritt des Bundespräsidenten fordert. Heraus kommt ein verbaler Eiertanz, der im Laufe der Wochen immer absurder wird. Die Versuche, eine Rücktrittsforderung zum Ausdruck zu bringen, ohne das Wort in den Mund zu nehmen, treibt die verschiedensten Blüten: „Herr Bundespräsident, erlösen Sie uns!", sagt beispielsweise die Grüne Renate Künast in der zweiten Januarhälfte im *ZDF* und SPD-Chef Gabriel versucht es so: „Also wenn wir erklären, wir wollen mit der Kanzlerin einen Neuen wählen, dann ist doch klar, dass wir wollen, dass er zurücktritt. Aber wir können ihn nicht dazu zwingen." Eine klare Rücktrittsforderung bringen die Parteiführungen von SPD und Grünen bis zum Schluss nicht über die Lippen.

Die Linke verfolgt als einzige Partei im Bundestag zwischenzeitlich einen sehr konfrontativen Kurs. Anfang Januar 2012, nach Bekanntwerden der Mailbox-Nachricht, geht die Linke mit der Forderung an die Öffentlichkeit, den Bundespräsidenten des Amtes zu entheben. Der Rechtsexperte der Linken im Bundestag, Wolfgang Neskovic, erklärt in einem Interview mit der *Frankfurter Allgemeinen Sonntagszeitung*, „ein Amtsenthebungsverfahren gegen den Bundespräsidenten kann eingeleitet werden, wenn sein Anruf beim Chefredakteur der *Bild*-Zeitung und die Drohung mit einer Strafanzeige den Tatbestand der versuchten Nötigung erfüllen", glaubt Neskovic. Der Vorstoß weckt zwar das Interesse der Medien, verliert sich dann aber im Nichts. Und Katharina Schwabedissen, Landeschefin der Linkspartei in Nordrhein-Westfalen, stellt zur gleichen Zeit das ganze Amt infrage: „Brauchen wir noch einen Übervater oder Ersatzkönig? Ich meine: Nein", sagt sie dem *WDR*. Die Linke spielt jedoch keine maßgebliche Rolle, da von vornherein klar ist, dass sie bei der Präsidentenfrage keine Karten im Spiel hat. Mit ihrer Weigerung, sich auf die Kandidatur von Joachim Gauck einzulassen, schoss sich die Linke bereits im Juni 2010 ins Aus. In den Wochen der Krise steht fest, dass die Linke auch bei der Wahl eines Nachfolgers von Wulff keine Rolle spielen würde.

***

Richtig ist, dass die Politik in den Wochen der Krise keine Mittel hat, den Bundespräsidenten zu stürzen. Sie hat aber sehr wohl die Möglichkeit, den politischen Druck dergestalt zu erhöhen, dass der Präsident von sich aus zurücktritt. Will man verhindern, dass es so weit kommt, dann ist es gleichermaßen an der Politik, den Bundespräsidenten offensiv zu verteidigen, damit er im Amt bleiben kann. Union und FDP fehlt in den Wochen der Krise sowohl die Bereitschaft, „ihren" Bundespräsidenten glaubwürdig in Schutz zu nehmen, als auch der Mut, ihn zu stürzen. Die Opposition wiederum scheut sich vor allem aus strategischen Gründen, den Bundespräsidenten zum Rücktritt aufzufordern. Zwischenzeitlich versucht sie vielmehr, parteipolitisch Kapital aus der Krise zu schlagen. Letztlich begibt sich die Politik in eine Zuschauerposition und geht in Deckung, während die Medien schnell und bereitwillig die Aufgabe übernehmen, Wulff zum Rücktritt zu drängen. Der SPD-Politiker Oppermann macht aus der Rollenverteilung in der Rückschau keinen Hehl: „Die Medien waren die treibende Kraft, nicht die Opposition", sagt Oppermann im Oktober 2012. Die Politik will sauber aus der Präsidentenkrise herauskommen, sie macht sich einen schlanken Fuß und nimmt billigend in Kauf, dass es zu einem Machtkampf zwischen Wulff und einem Teil der Medien kommt. Am Ende überlässt es die Politik den Medien, Wulff aus dem Amt zu entfernen, um sich selbst nicht die Finger schmutzig zu machen.

Die Medien

Was die *Bild*-Zeitung am 13. Dezember 2011 über die private Hausfinanzierung der Wulffs und die fragwürdige Auskunft gegenüber dem niedersächsischen Landtag veröffentlicht, ist das Ergebnis langer, beharrlicher Recherchen. Dass die beiden Investigativreporter von *Bild* dafür einige Monate später mit dem Henri-Nannen-Preis ausgezeichnet werden, erweckt den Eindruck, dass ausschließlich *Bild* die Anerkennung dafür gebührt, was nicht stimmt. Es ist der *Spiegel*, der den Weg frei macht für den Einblick ins Grundbuch der Wulffs, der sich durch alle Instanzen klagt und damit ein für die journalistische Arbeit wichtiges Grundsatzurteil erstreitet. Auch der *Stern* recherchiert monatelang über die Hausfinanzierung der Wulffs. Und letztlich ist es Christian Wulff selbst, der Anfang Dezember 2011 Einsicht in den Kreditvertrag gewährt in der Annahme, das Thema damit vom Tisch zu bekommen. Zweifellos tragen die Recherchen aller drei Medien insgesamt dazu bei, den Druck auf den Bundespräsidenten zu erhöhen und seine Hausfinanzierung offenzulegen. Aber es ist die *Bild*-Zeitung, die die Verbindung herstellt zwischen Privatkredit und Auskunft gegenüber dem Landtag, insofern findet sie zweifellos den richtigen Aufhänger nach der Enttäuschung darüber, dass das Geld nicht von einem prominenten niedersächsischen Unternehmer kam.

Dass ein Ministerpräsident sich eine halbe Million Euro von der Frau eines Unternehmers leiht, auch eines befreundeten, ist journalistisch zweifellos von Interesse – vor allem wenn er im Landtag Geschäftsbeziehungen zu ebendiesem Unternehmer geleugnet hat. Auch die Anschlussfinanzierungen der Wulffs werfen zunächst Fragen auf, die Wulff teils unvollständig, ungenau oder gar fehlerhaft beantwortet. Für die Medien erweckt der Bundespräsident damit den Eindruck, immer nur so viel preiszugeben, wie bereits recherchiert worden ist. Durch die Art und Weise, wie Wulff die Einzelheiten seiner Hausfinanzierung kommuniziert, erscheinen die Ungereimtheiten wesentlich wichtiger, als sie am Ende gewesen sein mögen. Wulff wird deshalb zu Recht vorgeworfen, auf eine „Salamitaktik" zu setzen. Auch das Interesse der Medien an den Urlaubsreisen zu befreundeten Unternehmern ist absolut legitim. Es geht hier um einen Grenzbereich zwischen Politik und Wirtschaft, in dem politische Amtsträger sehr genau aufpassen und damit rechnen müssen, dass die Medien genau hinsehen. Christian Wulff begeht den schweren Fehler, den Medien zu unterstellen, dass sie ihm kein Privatleben zugestehen. Davon kann jedoch keine Rede sein. Vor allem aber zerstört er die eigene Glaubwürdigkeit durch seine schlechte Krisenkommunikation – und zwar schon ganz am Anfang. Durch sein Verhalten erweckt Wulff den Eindruck, als gäbe es etwas zu entdecken, er provoziert die Nachfragen zunächst regelrecht, bietet Angriffsfläche und trägt entscheidend zur Fortschreibung der Krise bei. Der überwiegende Teil der Medien macht zunächst einmal seine Arbeit.

Dennoch erstaunt, mit welcher Wucht sich die Kritik an Wulff bereits ganz zu Anfang entlädt, es schließlich zu einer regelrechten Rudelbildung aufseiten der Medien kommt, bei der die Meinungsvielfalt völlig abhandenkommt. Bereits ganz zu Anfang der Krise steht für einen Teil der Medienlandschaft fest, dass Wulff im Bellevue nichts mehr verloren hat. Am Abend des 13. Dezember kommentiert die *Süddeutsche Zeitung* im Internet, dass Wulff „als moralische Instanz versagt" habe. Zwei Tage darauf stellt die *Frankfurter Rundschau* fest, dass Wulff sich „zu klein für das große Amt" erweist, und fordert: „Wulff sollte gehen, jetzt." Und in der *Frankfurter Allgemeinen Zeitung* fordert Mitherausgeber Frank Schirrmacher: „Jetzt muss er verstummen." Schirrmacher stellt in einem langen Kommentar die Verbindung her zwischen Wulffs Privatkredit und der Finanzkrise und spricht ihm die Glaubwürdigkeit ab, sich jemals wieder zum diesem wichtigsten Thema der Gegenwart äußern zu können. „Wie will er, der bislang wenig zur Krise zu sagen hatte, jetzt eigentlich überhaupt noch etwas sagen?" Der *Spiegel* titelt am 17. Dezember: „Der falsche Präsident", und rechnet darin mit Wulff und seiner Amtszeit ab. Nachdem er bisher kein besonders guter Präsident gewesen sei, erweise er sich jetzt als der falsche.

In vielen Medien wird die Krise zum Anlass genommen, eine Bilanz der Präsidentschaft zu ziehen, die häufig unvollständig ausfällt. So heißt es im Feuilleton der *Frankfurter Allgemeinen Sonntagszeitung*, nach der Rede zum Islam „kam nichts mehr". Die *Bild am Sonntag* stellt fest, Wulff sei nie richtig im Amt angekommen. „Es fehlen die großen Reden zum Atomausstieg, zur Eurokrise, zum arabischen Frühling und der Nazi-Terrorzelle." Die Rede zur Eurokrise wenige Monate zuvor in Lindau, man mag sie finden, wie man will, wird dabei schlichtweg vergessen. Wulffs Engagement für die NSU-Opferfamilien wird ausgeblendet. Eine Woche zuvor hatte dieselbe Zeitung den Präsidenten und seine Frau auf der Reise durch die Golfstaaten noch in einem Traum von 1001 Nacht inszeniert. Gleichzeitig wird der Eindruck erweckt, als hätten sich Wulffs Vorgänger im Amt häufiger mit großen Reden zu tagesaktuellen Themen zu Wort gemeldet. Sehr schnell geht es in einigen Medien ganz grundsätzlich um die Frage, ob Wulff dem Amt gewachsen ist, und die Antwort fällt immer eindeutig aus: Nein. Es ist eine Art Schnellgericht, das zumindest ein Teil der Medienlandschaft abhält, bei dem die Frage, ob die

Vorwürfe gegen Wulff überhaupt justiziabel sind, allerdings keine Rolle spielt: Es geht ausschließlich um Moral.

* * *

Nur wenige setzen sich in den Wochen der Krise kritisch mit der Rolle der Medien auseinander. Jan Fleischhauer ist einer von ihnen, der in seiner Kolumne bei *Spiegel Online* Anstoß daran nimmt, wie selbstverständlich die Medien sich zur moralischen Instanz erheben. Unter dem Titel „Vor den Gerichtshöfen der Moral" beklagt er eine Woche nach Beginn der Präsidentenkrise, dass man in der Politik sehr schnell vor einem „Moral-Standgericht" landen könne, bei dem Anklage und Urteilsfindung in einer Hand lägen: „Nicht einmal 48 Stunden brauchte es im Fall Wulff für die Beweisaufnahme, dann stand das Urteil fest." Dabei sei bislang noch gar nicht klar, gegen welches Gesetz Wulff verstoßen habe. Die moralischen Normen hingegen, die der Präsident verletzt habe, seien nirgendwo kodifiziert. „Das Beängstigende an dieser Art Moraljagd ist das Willkürliche", fährt Fleischhauer fort. „Wo jede Strafprozessordnung suspendiert ist, sind vor Gericht auch nicht mehr alle gleich. Welches Vergehen zur Verhandlung kommt, hängt an der Laune der Ankläger." Auch der Publizist Josef Joffe setzt sich in der *Zeit* Mitte Januar kritisch mit der Selbstgerechtigkeit der Medien im Fall Wulff auseinander. Die Causa Wulff habe etwas „Beklemmendes" gezeugt: „die Medien als Ankläger, Geschworene und Richter", schreibt Joffe und fährt fort: „Was nicht justiziabel ist, wird zur moralischen Verfehlung. Ist die zu klein, kreiden wir ihm mangelnde Eignung an. Oder die Beschädigung seines Amtes. ‚Wir kriegen ihn so oder so', singt der Chor der Selbstgerechten."

Im Laufe der Krise wird Wulff als Trickser, Vertuscher und peinlicher Schnäppchenjäger im Bellevue inszeniert: Die Urlaube bei befreundeten Unternehmern, das Upgrade bei Air Berlin, der private Kredit bei einem Freund, die auffallend günstigen Bankkonditionen zur Finanzierung seines Hauses, das taktische Verhältnis zur Wahrheit – all das ist zwar real, gleichzeitig aber wird mit Akribie jedes Detail in der Biografie dieses Mannes gesammelt, das helfen kann, das Bild vom bösen Wulff zu zeichnen, bei dem es immer nur um Lug und Trug, um Luxus und Glamour auf Kosten anderer gegangen sei. Es ist ein Zerrbild, das in diesen Wochen entsteht, und das alles ausblendet, was diesem Eindruck widersprechen könnte. Jeder Stein wird umgedreht, die absurdesten Geschichten werden recherchiert. Dass der junge Wulff eine Rolex besessen habe, wird zum Beweis dafür, dass er immer schon einen Hang zum Glamour hatte. Zu den Höhepunkten gehört eine Anfrage einer seriösen Zeitung, die das Präsidialamt in den Wochen der Krise erreicht: Das Blatt will erfahren haben, dass Christian Wulff als Teenager seine Mitschüler mit After Eight und Kleingeld bestochen habe, damit sie ihn zum Schülersprecher wählen. Woher solche Gerüchte kommen, bleibt schleierhaft. Als bekannt wird, dass die Wulffs von einem Autohändler ein Bobby-Car geschenkt bekommen haben, wird auf der Terrasse des Hauses in Großburgwedel ein weiteres Bobby-Car gesichtet. Daraufhin fragt eine Zeitung im Präsidialamt an, wie viele Bobby-Cars die Wulffs denn insgesamt besitzen und von wem sie sie bekommen haben. Dabei steht außer Frage, dass vieles, was über Wulff und seinen Charakter in den Wochen der Krise geschrieben wird, zutreffend ist – doch im Zuge der Skandalisierung findet eine völlig einseitige Reduzierung auf das Negative statt, das bewusste Ausblenden aller anderen Charaktereigenschaften oder der politischen Bilanz.

Hinzu kommt, dass die Medienbranche selbst ein erhebliches Maß derselben Schnäppchen-Mentalität aufweist, die Wulff in den Wochen der Krise zum Vorwurf gemacht wird. Nur vereinzelt wird thematisiert, dass keine Branche so viele Rabatte bekommt und in Anspruch nimmt, wie die Medien selbst: Ob beim Autokauf, bei Flugbuchungen, beim Museumseintritt oder beim Zoobesuch – Journalisten bekommen Rabatte, über die öffentlich möglichst geschwiegen wird, um nicht den Neid der Zeitgenossen zu provozieren. Wenige Tage vor Wulffs Rücktritt ärgert sich der Publizist und Journalist Robert Leicht in seiner Kolumne „Leichts Sinn" im *Tagesspiegel* über seine Branche und die „fortgesetzte Aufregung über Christian Wulff, die immer mehr vom Hölzchen aufs Stöckchen kommt, von einem beträchtlichen Anteil an medialer Heuchelei durchsetzt". Leicht verweist darauf, dass die Medien es mit den roten Linien im Verhältnis zur Wirtschaft auch nicht immer so genau nähmen, zum Beispiel wenn Verlagsempfänge von Unternehmen gesponsert würden, über die man kritisch berichten müsse. „Wer jedoch aus lustvoller Selbstgerechtigkeit weiterhin dem medialen oder sonstigen Jagdinstinkt nachgibt, der landet schließlich bei dem, was er Wulff vorwirft: der Beschädigung des Amtes." Warum entlädt sich die Kritik an Wulff mit dieser Wucht?

* * *

In gewisser Weise holt Christian Wulff die Ausgangssituation vom Beginn seiner Präsidentschaft wieder ein. Innerhalb kurzer Zeit steht die Ablehnungsfront, die es am Vorabend der Präsidentenwahl gegen Wulff gegeben hat, erneut, als der Präsident unter Druck gerät. Mit Ausbruch der Krise wird deutlich, dass Wulff es in seiner Amtszeit nicht geschafft hat, sich den Respekt einiger zentraler Leitmedien zu erarbeiten. Vor allem die wichtigen Meinungsmacher *Spiegel* und *Frankfurter Allgemeine Zeitung* kann Wulff in seiner Amtszeit als Bundespräsident nicht davon überzeugen, dass er dem Amt gewachsen ist, sie halten ihn auch am Vorabend der Krise noch für eine Fehlbesetzung. Inhaltlich werden die anderthalb Jahre der Präsidentschaft als Totalausfall geschildert, die Akzente, vor allem beim Thema Integration, zählen nicht. Im Gegenteil: Man kann wohl davon ausgehen, dass Wulff sich mit seiner „Bunten Republik Deutschland" im konservativen Teil der Medienlandschaft inhaltlich vielmehr zusätzlich ins Aus schießt. Wulff selbst trägt mit seiner fragwürdigen Strategie, kritischen Medien aus dem Weg zu gehen, selbst dazu bei, dass diese Kluft bleibt. Sie fordert mit dem Ausbruch der Krise ihren Preis. Der Präsident hat sich im wahrsten Sinn des Wortes in der kurzen Amtszeit keinen Kredit erarbeitet.

Für diejenigen, die ihn schon immer für den „falschen Präsidenten" gehalten haben, liefert die Krise den letzten Beweis, dass er für das Amt nicht geeignet ist. Als die Affäre um die Hausfinanzierung Ende Dezember 2011 im Sande zu verlaufen droht, ist es zuerst die seriöse *Frankfurter Allgemeine Sonntagszeitung*, die für die Verbreitung der Nachricht auf der Mailbox von *Bild*-Chef Diekmann sorgt. So berechtigt die Aufregung über den Anruf bei *Bild* ist, so deutlich macht jedoch der Zeitpunkt der Veröffentlichung, dass ein Teil der Medien mit einer Mission unterwegs ist: Der Präsident muss weg. Die Geschichte über Wulffs Anrufe bei *Bild* und dem Springer-Vorstand erscheint zwei Wochen später und obwohl *Bild*-Chef Diekmann Wulffs Entschuldigung angenommen hat. Im Bellevue gibt man sich in den Wochen der Krise düsteren Verschwörungstheorien hin und sieht sich in einer Opferrolle, die den Bundespräsidenten davor bewahrt, sich mit den schweren Fehlern des eigenen Krisenmanagements auseinanderzusetzen. Dennoch ist das Ziel eines Teils der Medien, den Präsidenten aus dem Amt zu entfernen, kaum zu leugnen. Die Motive der Akteure aufseiten der Medien sind aber alles andere als einheitlich. Während die *FAZ* sich zum Werkzeug der *Bild*-Zeitung macht, indem sie die Mailbox-Nachricht an die Öffentlichkeit bringt, steht der *Spiegel* dem Treiben von *Bild* durchaus distanziert gegenüber. *Bild* selbst spielt in den Wochen der Krise aufseiten der Medien zweifellos die entscheidende Rolle.

* * *

Bild legt mit Beginn der Krise, die sie selbst ins Rollen bringt, den Schalter um: Der gute Wulff war gestern, ab sofort gibt es nur noch den bösen Wulff. Ihr Verhältnis zu Christian Wulff in den Jahren vor und während der Krise ist von Hans-Jürgen Arlt und Wolfgang Storz in der bereits zitierten Studie „*Bild* und Wulff – Ziemlich beste Partner" intensiv untersucht worden. Die beiden Autoren arbeiten heraus, wie *Bild* nach vielen Jahren der „Jubelphase", mit der sie Wulff begleitet und hochgeschrieben hat, mit dem 13. Dezember 2011 in „atemberaubender" Geschwindigkeit das Steuer herumreißt und aus dem „Helden" Wulff den „Schurken" macht. Dabei gelingt es *Bild* meisterhaft, die Widersprüchlichkeit ihrer Haltung zu Wulff auszublenden.

„Hartnäckig-professionell in der Recherche und distanziert-scheinheilig in der Veröffentlichung", so die Bilanz der Studie, realisiert *Bild* ihr strategisches Ziel „höchstmögliche Aufmerksamkeit und bestmögliche Selbstdarstellung". Zu Beginn der Krise, die die Zeitung ja selbst durch die Berichterstattung über die Hausfinanzierung in Gang bringt, sei *Bild* „eine Getriebene". *Bild* sei bewusst gewesen, dass andere Medien in der Sache recherchieren: „Deshalb hat sie es eilig. Sie will und muss als Erste mit der Kreditaffäre in die Öffentlichkeit. Nur dieser Schritt kann sie davor retten, dass *Bild* zum Gespött der Branche wird. Nur wenn sie selbst zerstört, was sie aufgebaut hat, wird sie nicht zum Verlierer." Diese Zerstörung wird weit über Wulffs Rücktritt mit bemerkenswerter Konsequenz fortgesetzt. In dem Buch, das die *Bild*-Redakteure Martin Heidemanns und Nikolaus Harbusch über die „Affäre Wulff" im November 2012 herausbringen, geht es nicht nur darum, die Rechercheleistung von *Bild* zu dokumentieren, sondern auch darum, das Bild vom bösen Wulff in Stein zu meißeln. Dabei wird beschrieben, wie Wulff schon in Hannover die Öffentlichkeit über sein wahres Ich getäuscht habe – wobei mit keinem Wort erwähnt wird, dass es die *Bild*-Zeitung war, die ihn zu jener Zeit liebevoll in Szene gesetzt hat.

Für *Bild* zählt am Ende, was sich verkauft – und nur das. Der „gute Wulff" hat sich in Niedersachsen jahrelang gut verkauft, im Bellevue entwickelt sich das „Geschäftsmodell" jedoch unvorteilhaft für die *Bild*-Zeitung. Wulff erfüllt die Erwartungen von *Bild* nicht, was zu einer Phase der wachsenden Entfremdung führt. Als *Bild* sich aufgrund der Recherchen auch anderer Medien zur Hausfinanzierung der Wulffs regelrecht gezwungen sieht, ihn fallen zu lassen, fällt ihr der Abschied von Wulff nach Monaten der Enttäuschungen leicht. Sie entwickelt die Geschäftsbeziehung einfach neu: Die „Cashcow" Wulff wird neu erfunden – aus dem guten Wulff wird einfach der böse Wulff gemacht, der sich am Ende sogar besser verkauft als je zuvor. Dabei mag durchaus eine Rolle spielen, dass *Bild*-Chef Diekmann etwas gutzumachen hat: Beim Sturz von Karl-Theodor zu Guttenberg infolge der Plagiatsaffäre rund um seine Doktorarbeit hatte Diekmann bis zuletzt zu seinem persönlichen Freund gehalten, obwohl der Mainstream eindeutig in die andere Richtung ging. *Bild* stand bei Guttenberg auf der falschen Seite – bei Wulff will man von Anfang an auf der richtigen Seite stehen.

Tatsächlich gelingt es *Bild* sogar, die Krise um den Bundespräsidenten nicht nur ins Rollen zu bringen, sondern auch für sich zu nutzen. „*Bild* hat die Berichterstattung über Wulff in glänzender Weise für eine Image-Kampagne genutzt, einen journalistischen Scoop mit smarter Taktik kombiniert. Man war in der realistischen Prophezeiung aller möglichen Szenarien allen anderen Beteiligten stets voraus", meint der Medienwissenschaftler Pörksen. In der Tat gelingt es *Bild*, sich im Zuge der Wulff-Affäre als Recherchemedium zu inszenieren, das mit journalistischen Leitmedien wie dem *Spiegel* auf Augenhöhe verkehrt und ihnen sogar oft genug voraus ist. Am Ende bekommt *Bild* mit dem prestigeträchtigen Henri-Nannen-Preis noch den öffentlichen Ritterschlag für seine investigative Recherche in der Causa Wulff, was die seriösen Medien angesichts der Methoden, die bei *Bild* zur Anwendung kommen, nur unter Schmerzen ertragen. Eine Gruppe von Redakteuren der *Süddeutschen Zeitung* lehnt den Henri-Nannen-Preis aus diesem Grunde ab. Was *Bild*-Recherchen bedeuten, deutet der TV-Moderator Jörg Kachelmann in einem Interview mit dem *Spiegel* am 8. Oktober 2012 an: Darin erwähnt Kachelmann den Anruf eines *Bild*-Redakteurs Ende Oktober 2010, in dem dieser ihm angedeutet habe, dass *Bild* „über fast alle etwas in der Schublade habe". Auch über Christian Wulff „werde man noch einiges lesen". Zu diesem Zeitpunkt hatte *Bild* Wulffs privaten Kreditvertrag noch nicht einmal gesehen. Welche Bedeutung das Image „Recherchemedium" für *Bild* hat und wie wichtig die Enthüllungen um Christian Wulff dabei waren, wird unmittelbar nach dem Rücktritt des Bundespräsidenten deutlich, als die Zeitung titelt: „So deckte *Bild* die Wulff-Affäre auf."

Den Rollenwechsel Wulff gegenüber vollzieht *Bild* dabei ausgesprochen geschickt: Die Studie von Arlt und Storz arbeitet anhand der Berichterstattung in der *Bild*-Zeitung über die Wulff-Affäre sehr deutlich heraus, wie *Bild* sich nach dem ersten Artikel über die Hausfinanzierung schnell in die Rolle eines Beobachters begibt und zunächst so über das Thema berichtet, „als habe sie mit der Angelegenheit gar nicht viel zu tun, müsse eben darüber berichten, manchmal gar widerwillig". So verweist *Bild* gerne auf die Berichterstattung in anderen Medien und auf deren Kommentare und erweckt somit den Eindruck, als verfolge sie die Krise des Präsidenten nur aus der Distanz. Tatsächlich aber hält *Bild* doch alle Trümpfe in der Hand, ohne dass dies der Öffentlichkeit bewusst wäre. Am 15. Dezember 2011 heißt es in einem *Bild*-Kommentar: „Noch liegt der Ausgang der Affäre weitgehend beim Bundespräsidenten selbst. Aber – auch das lehrt die Erfahrung – nicht mehr lange." Zwei Wochen später findet die Nachricht, die der Bundespräsident auf der Mailbox von *Bild*-Chef Diekmann hinterlassen hat, ihren Weg in die Öffentlichkeit.

Auch hierbei gelingt es *Bild* in meisterhafter Weise, Regie zu führen und dennoch als unbeteiligt zu erscheinen. Um sich selbst nicht die Hände schmutzig zu machen, sorgt *Bild* dafür, dass die Mailbox-Geschichte und Teile der Nachricht den Weg in die Medien finden und damit die Krise eine neue Qualität erreicht. Der Bundespräsident erscheint wie jemand, der die Pressefreiheit mit Füßen tritt, während *Bild* zum Gralshüter derselben avanciert. Die seriösen, journalistisch arbeitenden Medien, die *Bild* sonst mit Geringschätzung betrachten, stehen schlagartig Seit an Seit mit dem Boulevardblatt, dem Unrecht widerfahren ist. „*Bild* hat früh verstanden, dass eine Front Diekmann gegen Wulff gefährlich ist für das eigene Haus", meint der Medienwissenschaftler Pörksen. „Man hat andere Medien wie die *Süddeutsche Zeitung* und die *Frankfurter Allgemeine* quasi in Außenredaktionen verwandelt." *Bild* gelingt es sogar, Wulff noch einmal schlecht aussehen zu lassen, indem sie ihn auf dem Höhepunkt der Aufregung über die Nachricht um Erlaubnis bittet, diese nun doch veröffentlichen zu dürfen. *Bild* steuert das Geschehen und sorgt mit der Mailbox-Nachricht ein erstes Mal für die Fortsetzung der Krise, als diese zu versanden droht. Ein zweites Mal befeuert *Bild* die Krise mit einem zweifellos substanziellen Vorwurf neu: mit der Berichterstattung über den Sylt-Urlaub der Wulffs und des Filmunternehmers David Groenewold schlägt *Bild* ein neues Kapitel auf, das einmal mehr die Recherchequalitäten der Zeitung unter Beweis stellt. Dass die Geschichte bereits Tage vorher vom *NDR* thematisiert wurde, spielt für *Bild* keine Rolle. Sie beweist vielmehr, dass sie die Kunst der Skandalisierung eben besser versteht: Die Geschichte über den Urlaubsaufenthalt ist garniert mit der pikanten Zusatzinformation, dass David Groenewold versucht habe, den Hotelangestellten einen Maulkorb zu verpassen. Bei der Gestaltung der Krisendramaturgie macht *Bild* keiner etwas vor.

Das Ziel von *Bild* ist dabei gar nicht zwingend der Rücktritt des Bundespräsidenten. Wie die Geschichte ausgeht, ist *Bild* möglicherweise sogar gleichgültig. Wolfgang Storz und Hans-Jürgen Arlt stellen in ihrer Studie fest: „*Bild* lebt von der Aufregung und der Aufmerksamkeit für das Ereignis. Wenn die Aufregung groß genug und *Bild* auf der Bühne gut genug war, dann gibt es für *Bild* immer ein Happy End, die Sache selbst kann ausgehen, wie sie will." *Bild* „spielt" mit Wulff wie eine Katze mit einer Maus, das Töten steht gar nicht im Vordergrund. Je länger die Krise des Präsidenten dauert, desto besser für *Bild*. Ökonomisch macht es für *Bild* ohnehin mehr Sinn, dass Wulff möglichst lange Schlagzeilen macht, denn die Präsidentenkrise verkauft sich bestens und sei es nur für das Image von *Bild*. Dementsprechend dauert die *Bild*-Kampagne auch über den Rücktritt von Wulff hinaus: Mit Hohn und Spott verfolgt *Bild*, wie Wulff Thema im Karneval ist, und befeuert die Diskussion um Ehrensold und Zapfenstreich. Storz und Arlt sehen *Bild* nach dem Rücktritt im „Jagdmodus". Auch Monate später noch unterfüttert die Zeitung das Bild vom habgierigen, bösen Wulff: So titelt die Zeitung im August 2012, dass Wulff 18.000 Euro mehr Ehrensold bekomme. Dass dies auf eine Erhöhung der Kanzlerbezüge zurückgeht, die dazu führt, dass auch der amtierende Bundespräsident mehr Gehalt bekommt und mit ihm alle ehemaligen Bundespräsidenten einen höheren Ehrensold, erfährt der *Bild*-Leser dabei nur am Rande. *Bild* hat auch kein Problem damit, während der Krise gleichzeitig den Bundespräsidenten zu demontieren und seine Frau Bettina zu feiern. Während ein *Bild*-Reporter auf der letzten Reise des Präsidentenpaares nach Italien am Bundespräsidenten wie an einem Schuljungen Maß nimmt, setzt er gleichzeitig „Bella Bettina" in Szene, die Italien „begeistert".

* * *

Generell hat der Skandal um den Bundespräsidenten für die Medien auch einen ökonomischen Hintergrund. Die Fortschreibung der Krise lohnt sich. Die Präsidentenkrise verkauft sich wie „geschnitten Brot", sie beschert den Talkshows traumhafte Einschaltquoten und den Nachrichtenportalen im Internet gigantische Klickzahlen. Besonders konsequent setzt *ARD*-Talker Günther Jauch auf das Thema, was auch damit zu tun haben dürfte, dass sich die Sendungen zu Wulff als Quotenhit erweisen. Auch als Wulff bereits zurückgetreten ist, muss es noch einmal herhalten. Letztlich surfen alle politischen Talkshows auf der Krisenwelle, die ihnen Hunderttausende Zuschauer mehr beschert als sonst. So stellt das Medienportal *dwdl.de* im Mai 2012 zum Quotenzuwachs der Talkshows fest: „Geholfen haben dabei ganz sicher die zahlreichen Diskussionsrunden über den ehemaligen Bundespräsidenten Christian Wulff." Gleichzeitig nutzen die Nachrichtensendungen im Fernsehen die Präsidentenkrise, um ihre Online-Portale zu bewerben.

Generell gehen die Klickzahlen aller Nachrichtenseiten im Internet durch die Decke: „Nachrichten-Portale starten fulminant ins neue Jahr", meldet *dwdl.de* im Februar 2012. *Spiegel Online* kommt demnach im Januar 2012 auf 15 Prozent mehr Besucher als im Monat zuvor und auf 29,6 Prozent mehr als im Januar 2011. *Focus Online* erlebt eine Steigerung von 27,6 und 53,6 Prozent, *Bild.de* von 17,3 und 27,3 Prozent und *n-tv.de* von 12,6 und 34,5 Prozent. Die Steigerungsraten mögen nicht nur auf die Präsidentenkrise zurückzuführen sein, da sie aber das alles beherrschende Thema im Januar 2012 ist, ist der Zusammenhang naheliegend. Auffällig ist nämlich, dass die Klickzahlen im Februar, mit dem Rücktritt des Bundespräsidenten, im Vergleich zum Vormonat Januar wieder signifikant zurückgehen.

Der wachsende ökonomische Druck in der Medienwelt führt generell zu einer immer stärkeren Skandalisierung. „Skandale sind ein

Wirtschaftsfaktor und ein letztlich profitables Geschäft, gerade in Zeiten sinkender Auflagen und fragil gewordener Erlösmodelle", sagt der Medienwissenschaftler Pörksen. „Sie versprechen Beachtung, die sich am Ende des Tages wieder kapitalisieren und in Bargeld verwandeln lässt." Und auch der Skandalforscher Kepplinger stellt fest: Der wachsende Wettbewerb zwischen den Medien ist vor allem seit den 80er-Jahren eine wesentliche Ursache der zunehmenden Skandalisierung von Missständen. Kepplinger beobachtet, dass auch seriöse Zeitungen sich diesem Drang nicht entziehen: „Inzwischen haben viele gelernt, dass der *Spiegel* sein Ansehen im Journalismus – aber nicht nur dort – seiner Skandalisierungsfähigkeit verdankt, und dass die *Frankfurter Allgemeine Zeitung* in ihrem Feuilleton seit einigen Jahren erfolgreich den gleichen Weg geht."

Bemerkenswert ist dabei allerdings, dass die Bevölkerung, das Publikum, dem Drang zur Skandalisierung misstrauisch gegenübersteht. Dies zeigt sich sehr deutlich auch in der Krise um Christian Wulff: So wird die von den Medien vertretene Überzeugung, dass Wulff zurücktreten müsse, von einem großen Teil der Bevölkerung wochenlang nicht geteilt. Die Schere zwischen der Kommentarlinie und der in der Bevölkerung laut Umfragen vorherrschenden Meinung ist signifikant. Zwar verweisen die Medien während der Krise darauf, dass „nur noch" die Hälfte der Bevölkerung meint, Wulff könne im Amt bleiben, tatsächlich müsste es angesichts der geschlossenen medialen Front aber eigentlich heißen: „immer noch" die Hälfte. „Es gab eine lagerübergreifende Front in den Medien, dass Wulff zurücktreten muss", bilanziert Bernhard Pörksen. „Aber das Publikum ist nicht mitgegangen oder hat lange gezögert. Auffällig ist in diesem Fall das Auseinanderklaffen von Medien- und Publikumsempörung. Das ist ein Zeitzeichen für die neuen Empörungsverhältnisse. Man kann dieses Auseinanderklaffen in verschiedenen Debatten der letzten Zeit beobachten: bei Guttenberg, Sarrazin und eben bei Wulff – nur im Unterschied zu früher weiß man heute davon. Die Spaltung der Öffentlichkeit ist manifest geworden."

Angesichts der immer stärkeren Neigung zur Skandalisierung gibt es in der Bevölkerung ein diffuses Misstrauen der Macht der Medien gegenüber. Tatsächlich ergibt eine Umfrage des Allensbach-Instituts Anfang Februar 2012, zwei Wochen vor Wulffs Rücktritt, dass nur 39 Prozent der Befragten die Berichterstattung über den Bundespräsidenten als „angemessen" empfinden, 48 Prozent hingegen halten sie für „übertrieben". Im *ARD*-Deutschlandtrend vom 6. Januar 2012, also unmittelbar nach den verheerenden Kommentaren zu Wulffs TV-Interview, geben 57 Prozent der Befragten an, dass die Medien Wulff „fertigmachen" wollen. Die Ergebnisse der Meinungsumfragen sorgen bei den Medien während der Krise für eine gewisse Ratlosigkeit. Zahlreiche Medien setzen deshalb auch auf Online-Umfragen, die völlig andere, für Wulff wesentlich unvorteilhaftere Ergebnisse bringen. Nahezu auf allen Online-Angeboten von Zeitungen, Fernseh- und Rundfunksendern kann man per Mausklick darüber abstimmen, ob der Bundespräsident zurücktreten soll oder nicht. Allerdings sind diese Umfragen eben nicht repräsentativ. So beteiligen sich am Voting von *tagesschau.de* 31.000 Teilnehmer, von denen Anfang Januar 89 Prozent der Überzeugung sind, dass Wulff zurücktreten muss. Die Online-Votings strahlen dabei eine hohe Überzeugungskraft aus, da sich so viele daran beteiligen, im Unterschied zu repräsentativen Umfragen, bei denen meist nur 1.000 Menschen befragt werden. Sie helfen aber auch, die eklatante Schere zwischen Kommentarlage und öffentlicher Meinung zu schließen.

Die sich rund um die Uhr drehende Medienwelt sorgt dafür, dass Skandale konsequent fortgeschrieben werden. Das hat nicht zuletzt damit zu tun, dass die 24-Stunden-Versorgung mit Nachrichten verlangt, so oft wie möglich einen neuen Meldungsstand abzubilden. Die Konkurrenz zahlreicher Nachrichtenkanäle in Fernsehen und Rundfunk sowie die mittlerweile große Zahl von Online-Nachrichtenportalen führen dazu, dass der Druck enorm groß ist, im Wettbewerb des Nachrichtenmarktes ständig einen neuen, eigenen Akzent zu setzen und damit Aufmerksamkeit zu erregen. Die Qualität, sprich der Erfolg, eines Online-Artikels ist im Unterschied zu anderen Medien anhand der Klickzahlen exakt messbar. Gleichzeitig befinden sich die Online-Nachrichtenportale in Konkurrenz zu all dem, was sonst im Netz stattfindet:

zu zahlreichen Blogs, die sich nicht nach journalistischen Kriterien richten und in denen fast nichts verboten ist. Der ökonomische Druck, unter dem die Printmedien vor allem auch aufgrund der Konkurrenz im Internet stehen, ist hinreichend bekannt. Der Wettbewerb innerhalb der Medien, Exklusivgeschichten zu bringen, den sogenannten „Scoop" zu landen, nimmt unaufhörlich zu. Gleichzeitig führt der Kostendruck in den Redaktionen dazu, dass immer mehr Personal reduziert wird und echte Recherche längst nicht mehr überall stattfindet. Das, was anderswo recherchiert wurde, wird oft genug einfach übernommen, ohne dass man in der Lage wäre zu beurteilen, ob stimmt, was behauptet wird. Es gibt eine wachsende Tendenz in den Medien, sich ständig aufeinander zu beziehen. Den Wahrheitsgehalt einer Recherche kann dabei nur ein ganz kleiner Teil beurteilen. Oft ist wichtiger, dass das eigene Angebot den letzten nachrichtlichen Stand widerspiegelt.

* * *

Zu den Zerrbildern in den Wochen der Präsidentenkrise gehört, dass bis dahin völlig unbekannte politische Akteure zu nie da gewesener Berühmtheit gelangen und plötzlich als Sprachrohr ihrer Parteien erscheinen, ohne irgendein Mandat dafür zu haben. Da die Spitzen der Parteien sich zurückhalten und von klaren Rücktrittsforderungen an Wulff absehen, stürzen sich die Medien auf jeden, der bereit ist, Klartext zu reden – gleichgültig, ob die Meinung Gewicht hat oder nicht. Dies gilt beispielsweise für den FDP-Bundestagsabgeordneten Erwin Lotter. Er ist ohne jeden Einfluss in der FDP-Bundestagsfraktion, wird in den Medien aber plötzlich zum Gesicht der FDP beim Thema Wulff, weil er sich kritisch äußert. Da man bei der CDU noch länger darauf warten muss, bis sich ein Bundestagsabgeordneter aus der Deckung wagt, wird die frühere DDR-Bürgerrechtlerin und ehemalige CDU-Bundestagsabgeordnete Vera Lengsfeld plötzlich zum „Sprachrohr" ihrer Partei, obwohl sie im politischen Betrieb der Hauptstadt keinerlei Rolle mehr spielt. Lengsfeld meldet sich Anfang Januar mit einer Rücktrittsforderung zu Wort, da Wulff zur „Witzfigur" verkommen sei.

Mitte Januar schließlich kommt der Berliner CDU-Abgeordnete Karl-Georg Wellmann groß heraus, als er Wulff in einer Sendung bei *zdf neo* den Rücktritt nahelegt. Dasselbe gilt für den Brandenburger Hans-Georg von der Marwitz. Da sich sonst niemand äußert, werden Akteure zu Kronzeugen, die faktisch über keinerlei Einfluss verfügen. Gleichzeitig wird das Schweigen der Masse in den Fraktionen des Bundestages ausschließlich als stille Missbilligung interpretiert. Zwar ist tatsächlich im Laufe der Wochen kaum noch jemand bereit, für Wulff einzutreten, dennoch gibt es hinter vorgehaltener Hand neben dem Kopfschütteln über den Bundespräsidenten und dem Entsetzen über sein Krisenmanagement durchaus auch Kritik an der Rolle der Medien. Die allerdings traut sich niemand zu äußern. Nichts scheuen Politiker mehr als „Medienschelte".

* * *

Während der Bundespräsident in der zweiten Januarhälfte versucht, zur Tagesordnung zurückzukehren, bemühen sich die Medien, den Skandal am Laufen zu halten. Bis auf wenige, vereinzelte Stimmen ist die gesamte Medienlandschaft der Überzeugung, dass Wulff zurücktreten muss. Zu denen, die einsam gegen den Strom schwimmen, gehört Hans-Ulrich Jörges vom *Stern*. Er warnt in der *ARD*-Sendung „Maischberger" Mitte Januar vor einer „Medienrepublik in Reinform", in der es kaum noch „gravierende Meinungsunterschiede" gebe. Wulff selbst ist entschlossen, die Krise durchzustehen. Die Vorwürfe vom Anfang treten dabei zunehmend in den Hintergrund. An der Hausfinanzierung der Wulffs ist nach juristischer Überprüfung schließlich nichts mehr auszusetzen, das Thema verschwindet im Laufe der Wochen von der Bildfläche. Dasselbe gilt zunächst auch für die Urlaube bei befreundeten Unternehmern. Die Empörung über die Mailbox-Nachricht erlebt ihren Höhepunkt in der ersten Januarhälfte. Danach verliert sich die Berichterstattung im Kleinkarierten. Zum Teil kommt es zu journalistischen Schnellschüssen, wie der Geschichte über einen Audi Q3, den die Wulffs angeblich zu Sonderkonditionen bekommen haben sollen. Ein endgültig auch für die Medien peinliches Niveau erreicht die Krise mit der Skandalisierung eines Bobby-Cars, ein Geschenk von einem Autohaus.

Die tagelange Debatte darüber, ob Wulff nun Hunderte Fragen und Antworten der Medien ins Internet stellen wird oder nicht, ist eigentlich völlig irrelevant, beschädigt die Glaubwürdigkeit Wulffs aber weiter massiv. In der *Süddeutschen Zeitung* kommentiert Heribert Prantl, Ressortchef Innenpolitik, Mitte Januar, dass die Vorwürfe gegen Wulff „immer kleiner, immer kleinlicher, immer kleinkarierter" werden. Im Kern geht es mittlerweile um etwas anderes: um einen Machtkampf zwischen Bellevue und Medien. Während der Präsident entschlossen ist, im Amt zu bleiben, haben die Medien beschlossen, dass er gehen muss. Die *Zeit* sieht in der Präsidentenaffäre Mitte Januar „Eine Machtprobe", in der sich der Präsident an das Amt und die Medien an das Thema klammern. Durch ihre Zurückhaltung überlässt die Politik den Medien das Feld, von denen zumindest ein Teil den Anspruch erhebt, mitentscheiden zu dürfen, ob der Präsident im Amt bleiben kann oder nicht. „Es ist nicht die Aufgabe der Medien, einen Rücktritt zu erzwingen", kommentiert Prantl bereits am 9. Januar 2012. „Ein Rücktritt ist nicht die den Medien zustehende Bestätigung und Belohnung für die Aufdeckung einer Affäre. Und das Ausbleiben des heftig geforderten Rücktritts ist nicht etwa ein Angriff auf die Pressefreiheit."

In einem Interview mit dem *Kölner Stadtanzeiger* am 10. Januar sieht der Medienwissenschaftler Pörksen die Medien in einer „Skandalisierungsstarre" mit dem Ziel, den Rücktritt zu erwirken: „Sie wollen nicht nur, was in Ordnung wäre, entlarven, sondern eben auch Politik machen, die Personalentscheidungen massiv beeinflussen. Und das ist dann nicht mehr in Ordnung." In der Rückschau stellt Pörksen im Oktober 2012 aber auch fest: „Die Macht der Medien war am Ende nicht so gewaltig, denn über Wochen ist es nicht gelungen, ihn aus dem Amt zu entfernen. Die Macht der Medien war nicht absolut. Zurücktreten musste Wulff erst, als die Justiz das Spielfeld betrat."

Die allerdings sieht sich im Laufe der Wochen ebenfalls massiv von den Medien unter Druck gesetzt. So setzen die Medien in der zweiten

Januarhälfte verstärkt auf Interviews mit tatsächlich oder angeblich namhaften Rechtsexperten, die ihr Unverständnis zum Ausdruck bringen, dass gegen den Bundespräsidenten keine staatsanwaltlichen Ermittlungen eingeleitet werden. Der Bochumer Strafrechtler Klaus Bernsmann stellt Ende Januar im *Spiegel* fest: „Der Grund für die ungewöhnliche Zurückhaltung der Staatsanwaltschaften scheint eine Art feudalistischer Respekt vor dem Bundespräsidenten zu sein." Eine Woche später schreibt der *Spiegel*: „Juristen kritisieren Zurückhaltung in der Wulff-Affäre". Dabei werfen „immer mehr renommierte Strafrechtler" den Ermittlern vor, „den Bundespräsidenten zu sanft zu behandeln". Einen Tag bevor die Staatsanwaltschaft Hannover tatsächlich Ermittlungen gegen Wulff auf den Weg bringt, erhöht *Bild* den Druck auf die Justiz: „Top-Juristen empört über Staatsanwaltschaft Hannover – Präsidenten-Bonus schützt Wulff", heißt es bei *Bild.de*. Die „Top-Juristen" sind sechs Rechtsanwälte und ein Strafrechtler aus Göttingen, die feststellen, dass gegen jeden Normalbürger längst Ermittlungen eingeleitet worden wären. Zahlreiche Auftritte in den Medien hat der Staatsrechtler Hans Herbert von Arnim aus Speyer, der bereits vor Weihnachten staatsanwaltliche Ermittlungen für „notwendig" hält und Mitte Januar in einem Gutachten zu dem Schluss kommt, dass die „Grenze der Strafbarkeit eindeutig überschritten" sei.

Letztlich erhöhen die Medien den Druck auf die Justiz, als klar ist, dass Wulff von sich aus nicht zurücktreten wird und die Einleitung staatsanwaltlicher Ermittlungen aber wohl einen Rücktritt nach sich ziehen würde. Die Justiz steht aufgrund des wachsenden öffentlichen Drucks immer mehr mit dem Rücken zur Wand. Gleichzeitig ist sie darauf angewiesen, dass die Medien das Material zur Aufnahme von Ermittlungen liefern, was schließlich auch geschieht. Nachdem sie wochenlang Druck auf die Justiz ausgeübt haben, sind es dann die Medien, die der Staatsanwaltschaft Hannover das Material in die Hand geben, um schließlich doch Ermittlungen gegen Wulff einzuleiten. Es ist die Leistung der Medien, das Material ausgegraben zu haben, das schließlich zur Aufnahme von Ermittlungen führt, doch man kann bezweifeln, dass die Präsidentschaft Wulff dieses Ende genommen hätte ohne die Skandalisierung in den Wochen seit Mitte Dezember. Es ist eine sehr formale und für die übrigen Akteure auch beruhigende Betrachtung, dass ein unbekannter Staatsanwalt dem Präsidenten den Todesstoß versetzt hat. Ein politischer Beobachter drückt es ein halbes Jahr nach dem Rücktritt so aus: „Christian Wulff ist blutend in ein Becken voller Piranhas gesprungen."

* * *

Bemerkenswert bleibt, mit welcher Wucht die Medien auf Wulff reagieren. Bereits Mitte Januar meldet sich der Schriftsteller Günter Wallraff zu Wort und stellt fest, die *Bild*-Zeitung wolle Wulff „vernichten". Auch wenn Wulff selbst immer neues Futter für die Fortschreibung der Krise liefert, veranstalten die Medien im Laufe der Wochen schließlich eine Art Treibjagd. Am Ende scheint es, als reiche der Rücktritt nicht mehr, mit der Berichterstattung über Ehrensold, Büroausstattung und Zapfenstreich kommt es schließlich zu einer öffentlichen Hinrichtung. Während sich zweifellos die Frage stellt, ob ein ehemaliger Bundespräsident nach 598 Tagen im Amt und einem Rücktritt infolge staatsanwaltlicher Ermittlungen lebenslang Anspruch auf den Ehrensold haben kann, nimmt die Berichterstattung rund um den Zapfenstreich bizarre Züge an. Zum Skandal wird schließlich, dass Wulff sich vier anstelle von drei Liedern wünscht. Schließlich wird ausführlich über Absagen von Spitzenpolitikern berichtet, die dem Zapfenstreich fernbleiben wollen, obwohl sie gar nicht eingeladen sind.

Allen voran arbeitet *Bild* an der totalen Demontage ihres ehemaligen Lieblings. „Nach dem Rücktritt Wulffs als Bundespräsident macht *Bild* voll auf Volkszorn", stellen Wolfgang Storz und Hans-Jürgen Arlt in ihrer Studie fest. Christian Wulff werde attackiert und verspottet, während *Bild* Bettina Wulff gleichzeitig bejubelt. „Im Zusammenhang mit Zapfenstreich und Ehrensold wird alles gegen Wulff verwendet, was sich anbietet." Der Publizist Ulf Poschardt stellt in einem Artikel bei *Welt Online* Ende Juli 2012 fest, in der Debatte um Wulff und

Karl-Theodor zu Guttenberg überrasche „die Maßlosigkeit der Abrechnung, der Wunsch nach einer vollständigen Zerstörung der Person, nach der finalen Demontage letzter Integrität, dem Vernichten von Restbeständen der Würde". Wulff sehe man die Folgen dieses „hypertrophen Idealismus" an: „Er ist ein Gezeichneter, wirkt um Jahre gealtert, hohlwangig, ein Schatten seines damals allzu jovialen Selbst."

Die Justiz

Drei Staatsanwaltschaften beschäftigen sich im Laufe der Präsidentenkrise mit den Vorwürfen, die gegen Wulff erhoben werden. In Berlin prüft die Staatsanwaltschaft in der ersten Januarhälfte den Vorwurf der Nötigung, nachdem bekannt wird, dass der Bundespräsident den Chefredakteur der *Bild*-Zeitung angerufen hatte. Außerdem wird die Berliner Staatsanwaltschaft in der zweiten Januarhälfte erneut aktiv, nachdem Vorwürfe rund um einen angeblich zu Sonderkonditionen bezogenen Audi Q3 in den Medien erhoben werden. Nachdem die Immunität des Bundespräsidenten mit seinem Rücktritt aufgehoben ist, leitet Berlin ein Ermittlungsverfahren ein, das jedoch am 1. Juni 2012 eingestellt wird. Die Staatsanwaltschaft sieht keine Anhaltspunkte für ein strafbares Verhalten. Zwar stellt die Staatsanwaltschaft fest, dass Vorteile gewährt worden seien, „das Geschehen teilweise auch intransparent" gewesen sei, die Firmen am Ende aber vor allem die Wulffs als Werbeträger hätten nutzen wollen.

Die Staatsanwaltschaft Stuttgart prüft die Kredite, die Wulff bei der BW-Bank zur Finanzierung seines Hauses bekommen hat: vor allem das Geldmarktdarlehen, aber auch das Zustandekommen des anschließenden langfristigen Darlehens. Am 18. Januar gibt die Staatsanwaltschaft bekannt, dass sie keinen Anfangsverdacht sieht, um ein Ermittlungsverfahren gegen die BW-Bank oder Wulff einzuleiten. Der Vorwurf, dass Wulff besonders günstige Konditionen bekommen habe, spielt für die Staatsanwaltschaft keine Rolle, denn es sei „die wirtschaftliche Entscheidung eines Kreditinstituts, zu welchen Bedingungen es ein Darlehen gewährt". Es gebe aber keine Anzeichen dafür, dass die Entscheidung der Bank unvertretbar gewesen sei. Eine Woche später gibt die Landesbank Baden-Württemberg bekannt, dass „die Kreditvergabe gemäß den internen und banküblichen Regeln erfolgte".

Politische Folgen hat nur das Einschreiten der Staatsanwaltschaft Hannover, die sich am 16. Februar 2012 entschließt, nach wochenlangem öffentlichen Druck, nach über 100 Strafanzeigen gegen Wulff, die aus der Mitte der Bevölkerung kamen, den entscheidenden Schritt zu gehen: Sie beantragt beim Immunitätsausschuss des Deutschen Bundestages, die Immunität des Bundespräsidenten aufzuheben. Erst wenn der Bundestag dem nachkommt, kann die Staatsanwaltschaft Ermittlungen gegen das Staatsoberhaupt aufnehmen. „Nach umfassender Prüfung neuer Unterlagen und der Auswertung weiterer Medienberichte sieht die Staatsanwaltschaft Hannover nunmehr zureichende tatsächliche Anhaltspunkte (§ 152 Abs. 2 StPO) und somit einen Anfangsverdacht wegen Vorteilsannahme bzw. Vorteilsgewährung", heißt es in der knappen Presseerklärung aus Hannover. Es besteht zu diesem Zeitpunkt kein Zweifel, dass der Bundestag den Weg freimachen wird. Es besteht allerdings auch kein Zweifel, dass dieser Schritt zum Rücktritt des Bundespräsidenten führen wird. Die Staatsanwaltschaft ist sich der Tragweite ihrer Entscheidung zweifellos bewusst. Der Vorgang ist ein absolutes Novum in der Geschichte der Bundesrepublik. Gleichzeitig beginnt bereits am Abend des 16. Februar eine lange Reihe peinlicher Indiskretionen aus dem Verfahren.

Noch bevor der Antrag auf Aufhebung der Immunität des Bundespräsidenten im Bellevue eintrifft, verbreiten die ersten Medien die Nachricht per Eilmeldung. In den anschließenden Monaten sickern unaufhörlich Informationen aus dem Ermittlungsverfahren in die Medien. Immer wieder gelangen Einzelheiten an die Öffentlichkeit, so zum Beispiel die Nachricht, dass Wulff das Preisgeld für den Leo-Baeck-Preis des Zentralrats der Juden monatelang auf seinem Privatkonto liegen ließ, bevor er es an ein Krankenhaus in Israel spendete. Als Christian Wulff von der Staatsanwaltschaft vernommen wird, gelangen die Aussagen über seinen ehemaligen Vertrauten und Sprecher Olaf Glaeseker an die Öffentlichkeit, indem der *Spiegel* lang und breit daraus zitiert. Anfang Oktober 2012 berichtet der *Spiegel* schließlich über einen Brief, in dem der Ministerpräsident Wulff bei Siemens um Unterstützung für einen Film seines Freundes David Groenewold bittet.

Die *Frankfurter Allgemeine Zeitung* berichtet ebenfalls im Oktober 2012 über bis dahin unbekannte Details zu den Vermögensverhältnissen von Wulff, weiß von einem weiteren Privatkredit bei Egon Geerkens und wie tief Wulffs Konto nach seiner Scheidung im Soll gewesen sei, unmittelbar bevor Christian und Bettina Wulff mit David Groenewold nach Sylt fuhren. Die *Bild am Sonntag* will schließlich am 13. Januar 2013 erfahren haben, dass das Ermittlungsverfahren gegen Wulff nach der Landtagswahl in Niedersachsen am 20. Januar 2013 eingestellt werden soll, da Wulff nichts nachzuweisen sei. Dabei beruft sich die Zeitung auf einen angeblichen abschließenden Ermittlungsbericht des Landeskriminalamts, der ihr vorliege. Tatsächlich laufen die Ermittlungen zu diesem Zeitpunkt aber noch. Dass die Medien diese Informationen benutzen, ist nachvollziehbar, die zahlreichen Indiskretionen sind jedoch ein Skandal für sich. Die Staatsanwaltschaft selbst bestreitet, Einzelheiten aus dem Ermittlungsverfahren an die Medien gegeben zu haben. Ein Sprecher der Staatsanwaltschaft Hannover sagt Anfang Oktober zu Spekulationen über einen „Maulwurf" innerhalb der Justiz: „Ich halte das für sehr unwahrscheinlich angesichts der Konsequenzen, die das für den Betroffenen haben könnte." Tatsächlich haben viele Stellen Zugang zu den Akten. Indem die Medien mit Ermittlungsergebnissen „gefüttert" werden, entsteht in der Öffentlichkeit zweifellos der Eindruck, Wulff habe mit seinem Sturz eine gerechte Strafe ereilt, unabhängig davon, was am Ende justiziabel ist.

Im August 2012 will die SPD-Fraktion im niedersächsischen Landtag mithilfe einer Kleinen Anfrage an die Landesregierung klären, „wer die deutschen Medien mit internen Erkenntnissen aus den staatsanwaltlichen Akten zu den Ermittlungsverfahren gegen Christian Wulff und

Olaf Glaeseker versorgt". Ende September weist das Justizministerium darauf hin, dass neben der Staatsanwaltschaft selbst eine relativ große Zahl von Personen Zugriff auf die Akten oder zumindest Teile davon habe: Pressesprecher, Rechtspfleger, Mitarbeiter der Geschäftsstelle, Kanzleikräfte und Systemadministratoren aus der Justiz sowie ein vergleichbarer Personenkreis aus dem Landeskriminalamt werden genannt, abgesehen davon, dass auch die Verteidiger immer wieder Einsicht in einzelne Unterlagen erhalten hätten. Die Frage nach dem „Maulwurf" lässt sich zunächst nicht beantworten. Justizminister Bernd Busemann (CDU), ein alter Intimfeind von Wulff, weist jede Schuld von sich.

Erstaunlich ist allerdings bereits, dass keine Staatsanwälte aus der politischen, sondern aus der Korruptionsabteilung mit den Ermittlungen beauftragt werden. Da es „politische" Staatsanwälte wie bei den Ermittlungen gegen ein ehemaliges Staatsoberhaupt zweifellos mit sehr sensiblen Verfahren zu tun haben, hat die „Deckelung" der Ermittlungsergebnisse bis zum Ende absolute Priorität. Vor allem aber erstaunen die Dauer und der Umfang der Ermittlungen gegen den ehemaligen Bundespräsidenten. Am 9. Oktober 2012 informiert die Staatsanwaltschaft Hannover in einem Zwischenbericht und teilt zum Ermittlungsumfang mit: Bis zu diesem Zeitpunkt wurden 93 Zeugen vernommen, etwa eine Million Dateien von Computern, Notebooks, Datensticks und Mobiltelefonen gesichtet, 380 Aktenordner sichergestellt und 45 Bankkonten ausgewertet sowie die Verbindungsdaten von 37 Telefonanschlüssen rückwirkend überprüft.

Weiter heißt es in der Pressemitteilung: „Wohn- und Geschäftsräume in acht Objekten wurden durchsucht. Drei ausländische Staaten wurden um Rechtshilfe ersucht, die bisher in zwei Fällen bewilligt und geleistet wurde. Die Ermittlungsakten umfassen zwischenzeitlich über 20.000 Blatt. Dieses Arbeitspensum konnte nur durch das besondere Engagement der 24-köpfigen Ermittlungsgruppe des Landeskriminalamtes und der vier Staatsanwälte der Zentralstelle für Korruptionsstrafsachen geleistet werden." Der Umfang der Ermittlungen erstaunt einerseits, denn er könnte wohl bei einem Verfahren gegen einen Mafia-Paten kaum größer sein. Andererseits überrascht er auch wiederum nicht: Immerhin steht die Staatsanwaltschaft vor dem Problem, dass sie sich dafür rechtfertigen muss, die Ermittlungen eingeleitet zu haben, die schließlich zum Sturz eines Staatsoberhaupts geführt haben.

In ihrer Zwischenbilanz stellt die Staatsanwaltschaft Hannover schlussendlich fest, dass Wulff wegen des Leo-Baeck-Preisgeldes kein Vorwurf zu machen ist. Auch die Flitterwochen der Wulffs in Italien, im März 2008 im Haus von Wolf-Dieter Baumgartl, seinerzeit Aufsichtsratschef des Talanx-Versicherungskonzerns, werden von den Ermittlern nicht beanstandet. Die Wulffs hätten die Flugkosten selbst getragen und einen langjährigen Bekannten in dessen Räumlichkeiten besucht, stellt die Staatsanwaltschaft fest. Dass Niedersachsen ein halbes Jahr vorher in einer Bundesratssitzung zugunsten der Versicherungswirtschaft abgestimmt hat, ist für die Staatsanwaltschaft kein Hinweis auf eine mögliche Gegenleistung, da das Abstimmungsverhalten „standortpolitischen Entscheidungen und Vorstellungen des damaligen Ministerpräsidenten Wulff in anderen Fällen" entsprochen habe. Als dieses Buch entsteht, sind ausschließlich die Beziehungen zwischen Wulff und dem Filmunternehmer David Groenewold noch Gegenstand der Ermittlungen. Dabei geht es um zwei Ferienaufenthalte auf Sylt in den Jahren 2007 und 2008 und um einen Hotelaufenthalt beim Münchner Oktoberfest im Jahre 2008, bei denen unklar ist, ob Wulff die Kosten an Groenewold erstattet hat oder nicht. Entscheidend beim Vorwurf der Vorteilsnahme und Vorteilsgewährung ist dabei auch, ob es gegebenenfalls eine Gegenleistung des Ministerpräsidenten gegeben hat. Bei den Hotel- und Ferienkosten geht es unterm Strich um eine Summe von insgesamt rund 2.700 Euro. Warum die Staatsanwaltschaft weitere Monate braucht, um das Verfahren abzuschließen, bleibt ihr Geheimnis.

* * *

Grundsätzlich ist die Staatsanwaltschaft in Hannover in einer denkbar schwierigen Lage. Zunächst ist der Druck enorm, Ermittlungen gegen Wulff aufzunehmen, die Folgen sind jedoch beträchtlich.

Kommt es am Ende nicht zu einer Anklage, muss sich die Staatsanwaltschaft dafür rechtfertigen, dass sie den Rücktritt des Staatsoberhaupts billigend in Kauf genommen hat. Die Staatsanwaltschaft übt damit einen völlig unverhältnismäßigen Einfluss aus und zwar nur, weil es keine politische Lösung für das Problem gibt. Während die Politik die Hände hebt, da sie den Bundespräsidenten ohnehin nicht aus dem Amt entfernen kann, blickt die Öffentlichkeit auf eine Staatsanwaltschaft, die letztlich darauf angewiesen ist, dass die Medien genügend belastendes Material gegen Wulff ausgraben – für das sie im Gegenzug erwarten, dass der Staatsanwalt auch ein Verfahren einleitet.

Man mag die Entscheidung der Staatsanwaltschaft als Indiz dafür sehen, dass der Rechtsstaat funktioniert. Tatsächlich aber schreit die Präsidentenkrise nach einer politischen Lösung. Der ehemalige Bundespräsident und Präsident des Bundesverfassungsgerichts Roman Herzog wirft nach dem Rücktritt von Christian Wulff in einem Interview mit der *Heilbronner Stimme* die Frage auf, ob die Verfassung nicht geändert werden müsse. Während bei einem schweren Verbrechen des Staatsoberhaupts das Bundesverfassungsgericht entscheiden müsse, ob der Bundespräsident des Amtes enthoben wird, reiche es bei einem „vergleichsweise leichten Vergehen" aus, wenn „ein Staatsanwalt aus Hannover" komme. Herzog plädiert dafür, dass die Bundesversammlung, die den Bundespräsidenten wählt, diesen auch wieder abwählen können müsse. Vermutlich hätte allein die Option auf ein solches Verfahren, den Bundespräsidenten aus dem Amt wählen zu können, die Politik dazu gezwungen, sich eindeutig zu positionieren, ob sie Wulffs Rücktritt will oder nicht. Für die Klärung der Machtfrage wäre dann die Politik zuständig gewesen und nicht die Medien.

Epilog

Zwei Tage nach dem Rücktritt von Christian Wulff, am Sonntag, dem 19. Februar 2012, sitzen die Spitzen der schwarz-gelben Koalition im Kanzleramt. Die Suche nach einem Nachfolger hat begonnen, das Thema soll schnell abgeräumt werden. SPD und Grüne verständigen sich bereits am Tag zuvor auf Joachim Gauck, was allerdings kein Selbstläufer ist. Tatsächlich ist Gauck zunächst nicht Favorit bei den Grünen, dort werden eher Namen wie Katrin Göring-Eckardt gehandelt, auch der ehemalige Bundesumweltminister Klaus Töpfer, CDU, erscheint als akzeptable Lösung für einen überparteilichen Kandidaten. Es ist die SPD, die Rot-Grün schließlich erneut auf Gauck einschwört mit dem Hinweis darauf, dass es nur mit ihm gelingen werde, die FDP aus der schwarz-gelben Koalition herauszubrechen. Während Rot-Grün sich schnell einig wird, kommt es bei der gemeinsamen Sitzung der Partei- und Fraktionschefs von Union und FDP im Kanzleramt zu dramatischen Szenen: FDP-Chef Rösler entscheidet sich, auf Gauck zu setzen und hart zu bleiben. Rösler kämpft um sein politisches Überleben als Parteichef, anders als Guido Westerwelle seinerzeit will er die Präsidentenfrage nutzen, um Profil zu zeigen.

Die Namen, die Merkel ihm als Kompromisskandidaten präsentiert, sind für Rösler nicht akzeptabel: Der ehemalige evangelische Bischof Wolfgang Huber gehört dazu, der der SPD nahesteht und den auch die CSU deshalb nicht will. Wieder einmal schlägt die Union

Klaus Töpfer vor, der einmal mehr auf hartnäckigen Widerstand bei der FDP stößt. Letztlich geht es darum, wer wofür im parteipolitischen Farbenspiel steht: Töpfer steht für Schwarz-Grün, ist deshalb für die Liberalen nicht tragbar, genauso wenig wie die Grüne Göring-Eckardt für die SPD, denn auch sie hat das Image einer Wegbereiterin für ein schwarz-grünes Koalitionsmodell. Angela Merkel weigert sich hartnäckig in den Gesprächen zwischen den Partei- und Fraktionschefs der schwarz-gelben Koalition, Gauck als überparteilichen Kandidaten zu akzeptieren. In einer Schaltkonferenz des CDU-Präsidiums am Nachmittag macht sie die unmissverständliche Ansage, dass Gauck es jedenfalls nicht werde. Es sind nicht nur machtpolitische Gründe, die Merkel veranlassen, Gauck abzulehnen. Persönlich schätzt sie Joachim Gauck, doch als Bundespräsidenten hält sie ihn für nur bedingt geeignet: Gauck hat, so sieht es die Kanzlerin, vor allem das eine große Thema Freiheit, sie befürchtet, dass er zu den großen Problemen, die die Welt heute beschäftigen, wie die Eurokrise oder die Herausforderungen der Globalisierung, nicht viel zu sagen hat. Hinzu kommt natürlich, dass die Wahl von Joachim Gauck zum Bundespräsidenten vor allem eins deutlich machen würde: dass Angela Merkel sich im Juni 2010 für den Falschen entschieden hat.

In einer Gesprächspause am Nachmittag führt der FDP-Chef bei einer Schaltkonferenz seines Parteipräsidiums den Beschluss herbei, dass die FDP sich auf Gauck festlegt. Im Kanzleramt erfährt man das über Meldungen, die Nachrichtenagenturen verbreiten. Der FDP ist es damit gelungen, den Spieß umzudrehen. Nach dem Rücktritt von Christian Wulff hatten die Liberalen eigentlich befürchtet, bei der Präsidentenfrage unter die Räder zu kommen, indem die Kanzlerin den Schulterschluss mit der SPD suchen könnte. Tatsächlich versucht Angela Merkel das an diesem Nachmittag auch. Sie meldet sich bei SPD-Chef Gabriel und bietet ihm einen Kandidaten aus seiner Partei an: den ehemaligen Hamburger Bürgermeister Henning Voscherau. Doch Gabriel hat sich längst mit Rösler auf Gauck verständigt und sieht damit genau das Szenario Wirklichkeit werden, das man 2010 mit der ersten Kandidatur von Gauck hatte heraufbeschwören wollen:

eine Spaltung der schwarz-gelben Koalition. Die manifestiert sich im weiteren Verlauf des Nachmittags tatsächlich im Kanzleramt. In einer neuen Gesprächsrunde der schwarz-gelben Partei- und Fraktionschefs droht die Union mit dem Ende der Koalition, doch die FDP bleibt hart. Auch ein Vieraugengespräch zwischen Merkel und Rösler bringt den FDP-Chef nicht von seiner Entscheidung ab, Gauck durchsetzen zu wollen.

Am Ende zieht Merkel die Reißleine. Sie lenkt ein und akzeptiert Gauck. Merkel kommt zu dem Schluss, dass die Präsidentenfrage nicht wichtig genug ist, um Deutschland politisch mit dem Auseinanderbrechen der Koalition für Monate zu lähmen, inmitten der schwersten Krise, in der Europa sich seit Jahrzehnten befindet. Am Abend schwört sie das CDU-Präsidium auf Gauck ein, anschließend kommen die Partei- und Fraktionschefs von SPD und Grünen ins Kanzleramt. Merkel ruft Gauck auf dem Handy an, die Nummer erhält sie von Jürgen Trittin. Zunächst erreicht sie ihn nicht, denn Gauck sitzt im Flugzeug von Wien nach Berlin. Nach der Landung kommt der Kontakt zustande, Gauck fährt mit dem Taxi ins Kanzleramt. Am späten Abend, gegen 21:15 Uhr, präsentieren die Parteichefs von CDU, CSU, FDP, SPD und Grünen Joachim Gauck den Medien als gemeinsamen Kandidaten. Zu diesem Zeitpunkt sitzt Christian Wulff in seinem Haus in Großburgwedel. Vermutlich fühlt er sich so, als habe man in Berlin beschlossen, die Geschichte des Jahres 2010 noch einmal neu zu schreiben. Außerdem erlebt er mit wachsender Verzweiflung, dass sich die Aufregung um ihn auch nach seinem Rücktritt noch immer nicht legen will – im Gegenteil.

* * *

Wenige Tage nach der Rücktrittserklärung ruft Bundesverteidigungsminister Thomas de Maizière bei Christian Wulff an und bietet an, ihn mit einem Großen Zapfenstreich aus dem Amt zu verabschieden. Innerhalb der Bundesregierung hat man sich darauf geeinigt, dass auch Wulff, unabhängig vom unwürdigen Ende seiner Präsidentschaft, diese militärische Ehrung zuteilwerden soll. Wulff sagt erfreut zu, nicht zuletzt, weil die Bundeswehr ihm in seiner kurzen Amtszeit am Herzen gelegen hat, vor allem wohl aber auch, weil er trotz der Umstände seines Rücktritts keinen Abschied zweiter Klasse will. Der Große Zapfenstreich soll nicht zuletzt deutlich machen, dass Wulff einen Platz in der Reihe der Bundespräsidenten und sich den Anspruch auf die entsprechende Verabschiedung erworben hat. Alle Bundespräsidenten, mit Ausnahme von Gustav Heinemann, der das nicht wollte, sind mit einem Großen Zapfenstreich verabschiedet worden, auch Wulffs Vorgänger Horst Köhler, der ebenfalls zurückgetreten ist, wenn auch unter gänzlich anderen Vorzeichen.

Die Wochen nach dem Rücktritt sind dominiert von einer heftigen Diskussion über den Zapfenstreich, aber auch den Ehrensold für Wulff, die dazu führt, dass der Ex-Präsident weiterhin nahezu täglich in den Schlagzeilen bleibt. Zunächst war gemutmaßt worden, dass die Entscheidung über den Ehrensold bei der Bundesregierung liege. Tatsächlich muss jedoch das Bundespräsidialamt selbst darüber entscheiden, ob Wulff der Ehrensold zusteht. Alle ehemaligen Bundespräsidenten bekommen diese Versorgung in Höhe der regulären Präsidentenbezüge aus dem Haushalt des Bundespräsidialamts. Es geht um 199.000 Euro im Jahr, bis ans Lebensende. Zahlreiche Juristen diskutieren über die Medien bis Ende Februar darüber, ob Wulff der Ehrensold nun zusteht oder nicht. Entscheidend bleibt die Frage, ob der Rücktritt aus politischen oder gesundheitlichen Gründen erfolgt ist. Nur in diesen beiden Fällen erlischt der Anspruch auf Ehrensold nicht. Der noch amtierende Amtschef Lothar Hagebölling erklärt sich für befangen. Am 29. Februar 2012 lässt das Präsidialamt die Katze aus dem Sack und spricht Wulff den Ehrensold zu, da er aus „politischen Gründen" zurückgetreten sei.

Angela Merkel setzt sich persönlich dafür ein, dass die Regelung nicht weiter infrage gestellt wird. Schon vorher hatte sich Merkel mit SPD-Chef Sigmar Gabriel in Verbindung gesetzt und mit ihm darauf verständigt, einen Haken hinter die Angelegenheit zu machen. Vereinzelt werden Stimmen laut, Wulff möge freiwillig auf den Ehrensold verzichten, was auch der ehemalige Bundespräsident Walter Scheel vorschlägt. Als Vorbild für Wulff präsentieren die Medien zwischenzeitlich den ebenfalls zurückgetretenen Horst Köhler, der auf seinen Ehrensold verzichtet habe. Das jedoch ist nicht zutreffend: Köhler bekommt deshalb keinen Ehrensold, da dieser grundsätzlich mit anderen Versorgungsansprüchen verrechnet wird, die bei Köhler aufgrund von Ansprüchen aus früheren Ämtern einfach höher sind. Hätte Wulff auf den Ehrensold verzichtet, dafür aber einen lukrativen Job in der Wirtschaft angenommen, so hätte das vermutlich auch Empörung hervorgerufen. Der Ehrensold hat letztlich auch den Sinn, zu verhindern, dass sich ehemalige Staatsoberhäupter in die Vorstandsetagen von Konzernen setzen.

Im Bundestag ist man überwiegend der Ansicht, dass es keine besondere „Lex Wulff" geben dürfe, obwohl viele die Situation durchaus problematisch finden. „Es war ein schwer erträglicher Zustand, dass jemand mit Ermittlungsverfahren und in dem Alter einen ‚Ehren'-Sold bekommen sollte", erinnert sich ein Oppositionspolitiker. Am Ende macht der Haushaltsausschuss des Bundestages sehr schnell den Sack zu: Nur einen Tag nach der Entscheidung des Präsidialamts geben die Abgeordneten einstimmig ihre Zustimmung. Der Bundestag will das Thema vor allem schnell vom Tisch haben, denn wie erwartet entzündet sich der Volkszorn an der Abfindungsregelung für Wulff. Der *ARD*-Deutschlandtrend Anfang März spricht eine deutliche Sprache: 84 Prozent der Befragten sind der Ansicht, dass der Ehrensold für Wulff „falsch" ist. Ein Teil der Medien surft auf der Welle der öffentlichen Empörung. Nahezu täglich berichtet *Bild* über neuen „Wirbel" um Wulff bei Ehrensold und Zapfenstreich. Weiterhin hat *Bild* kein Problem damit, gleichzeitig Christian Wulff zu jagen und Bettina Wulff zu bejubeln. Am Tag nach dem Zapfenstreich heißt es bei *Bild*: „Was für eine Frau! Bettina Wulff, Dich werden wir vermissen."

Der Bundestag nutzt schließlich die Entscheidung über eine Büroausstattung und das damit verbundene Personal für Wulff, um ihn symbolisch schlechter zu stellen als seine Vorgänger. Der Fall Wulff wird zum Anlass genommen, die Ausstattung für ehemalige Bundespräsidenten generell neu zu regeln. Bis dahin konnten sie sich Büroräume frei wählen – die Kosten wurden übernommen, unabhängig von der Höhe. Dabei schlägt die Unterbringung der noch lebenden Altbundespräsidenten Scheel, von Weizsäcker, Herzog und Köhler für den Steuerzahler sehr unterschiedlich hoch zu Buche. Die kostspieligsten Räume unterhält Altbundespräsident Richard von Weizsäcker. Wulff wird als erster Ex-Präsident verpflichtet, Büros des Bundestages zu beziehen. Im Unterschied zur „Normalausstattung" wird ihm neben einem Fahrer eine Sekretärin und eine Assistentin zur Seite gestellt, aber kein weiterer Mitarbeiter, und damit einer weniger, als es die personelle Ausstattung in Zukunft vorsieht. Wulff bezieht zunächst provisorische Räume in einem Gebäude des Bundestags gegenüber der Britischen Botschaft in Berlin. Im September zieht Wulff schließlich in ein Bundestagsgebäude Unter den Linden um, wo auch Ex-Bundeskanzler Gerhard Schröder untergebracht ist.

**

Nach der Entscheidung über den Ehrensold wird der Große Zapfenstreich für Wulff zu einer einzigen öffentlichen Demütigung. In den Tagen vor dem Zapfenstreich, der am 8. März 2012 im Park von Schloss Bellevue stattfinden soll, kündigen verschiedene Spitzenpolitiker öffentlichkeitswirksam an, dem Zeremoniell fernbleiben zu wollen. Dabei stellt sich aber heraus, dass sie meist gar nicht eingeladen sind: So lässt SPD-Fraktionschef Frank-Walter Steinmeier über die Medien mitteilen, dass er nicht kommen werde, anschließend wird klar, dass er überhaupt nicht auf der Einladungsliste steht. Bei der SPD heißt es zunächst, Finanzexperte Joachim Poß werde die Partei beim Zapfenstreich vertreten, was Poß prompt zurückweist. Aber auch er erhält überhaupt keine Einladung. Bei der FDP meint Patrick Döring, „Gott sei Dank" habe man als Generalsekretär andere Verpflichtungen. Der Zapfenstreich kommt wie gerufen, um sich öffentlichkeitswirksam von Wulff abzusetzen. Einzelne Bundestagsabgeordnete sprechen

Wulff den Anspruch auf einen Zapfenstreich ab, wie der SPD-Politiker Johannes Kahrs: „Seine Wahl, die Amtsführung und die Begleitumstände um seinen Rücktritt waren peinlich und unwürdig", sagt Kahrs. Besonders deutlich bringt es der SPD-Chef selbst zum Ausdruck: Eine „große Peinlichkeit" nennt Sigmar Gabriel den Zapfenstreich. „Da wird einer, der im Amt gescheitert ist, so verabschiedet, als habe er Großes für Deutschland geleistet." Für Schlagzeilen sorgt schließlich auch, dass die vier Ex-Bundespräsidenten dem Zapfenstreich fernbleiben wollen. Gleichzeitig berichten die Medien über „Massenabsagen" oder eine „Absageflut". Zwar hagelt es tatsächlich Absagen, doch die Berichte darüber, dass Wulff bei seinem Zapfenstreich ein totales Debakel drohe, sind übertrieben. Je näher das Ereignis rückt, desto mehr nimmt die Berichterstattung zum Teil bizarre Züge an: So sorgt beispielsweise für Empörung, dass Wulff sich vier statt drei Lieder für seinen Zapfenstreich wünscht.

Nachdem tagelang im Vorfeld über Zu- und Absagen berichtet wurde, veröffentlicht die *Bild*-Zeitung am Tag des Zapfenstreichs schließlich eine vorläufige Einladungsliste, aus der hervorgeht, wer kommen will und wer nicht, um die Schande für Wulff öffentlich zu dokumentieren. Die Liste wird *Bild* aus dem Präsidialamt zugesteckt, ein Vorgang, der danach sogar noch staatsanwaltliche Ermittlungen auslöst, um zu klären, wer im Amt die Liste herausgegeben hat. Die Ermittlungen verlaufen allerdings im Sande. Der Zapfenstreich selbst wird zum Medienevent: Die Debatte um die Gästeliste ist letztlich vorbei, als neben der Bundeskanzlerin fast alle Mitglieder der Bundesregierung teilnehmen. Dafür sorgen ein paar Dutzend mit Vuvuzelas ausgerüstete Demonstranten am anderen Ufer der Spree für öffentlichkeitswirksame Begleitmusik, die während der gesamten Zeremonie, die live im Fernsehen übertragen wird, deutlich zu hören ist. Obwohl sich die Zahl der Störenfriede in Grenzen hält, ist die Wirkung enorm und ein Beispiel für die wachsende Macht der Netzgemeinde: Die Aktion wurde spontan über Facebook organisiert. Auch wenn Christian Wulff es vielleicht selbst nicht so empfunden haben mag, gerät der Zapfenstreich doch zu einer beschämenden öffentlichen Demütigung.

* * *

Der 23. März 2012 ist ein Donnerstag. Im Plenum des Deutschen Bundestages sitzen der neue Bundespräsident Joachim Gauck, seine Lebensgefährtin Daniela Schadt, Bettina Wulff und der ehemalige Bundespräsident Christian Wulff auf vier Stühlen in der ersten Reihe. Das Plenum ist voll, nur die Linke dokumentiert mit zahlreichen leeren Sitzen, dass sie diesen Bundespräsidenten nicht gewählt hat. Gauck soll in dieser gemeinsamen Sitzung von Bundestag und Bundesrat vereidigt werden. Als Bundestagspräsident Norbert Lammert die Sitzung in gewohnt launiger Weise eröffnet, sagt er, dies sei die erste und zugleich beste Gelegenheit, zweierlei miteinander zu verbinden: „Die guten Wünsche für das neue Staatsoberhaupt und den Dank für den Vorgänger im Amt." Lammert ist bekannt dafür, dass er kein Blatt vor den Mund nimmt. Am Tag der Wahl von Christian Wulff zum Bundespräsidenten hatte er Horst Köhler für seinen Rücktritt kritisiert mit der Bemerkung, dass niemand unter Denkmalschutz stehe. Christian Wulff atmet sichtlich kurz und schwer, als Norbert Lammert sich an ihn wendet: „Für mich ist es auch und gerade mit Blick auf die letzten Wochen ein Gebot der Redlichkeit wie der politischen Kultur", sagt Lammert schließlich, „Christian Wulff nicht nur für manche nachwirkenden Initiativen und Impulse seiner Amtszeit als Bundespräsident zu danken, sondern zugleich auch für das, was er in drei Jahrzehnten politischer Arbeit für seine Heimatstadt, für Niedersachsen und für unser Land geleistet hat". Überraschend freundliche Worte, auf Kritik verzichtet Lammert. Wulff nimmt sie mit versteinerter Miene in sich auf.

Traditionell richtet sich der Bundestagspräsident mit seiner Rede an den neuen Bundespräsidenten, die Würdigung des Vorgängers übernimmt der Präsident des Bundesrats. Horst Seehofer nahm nach dem Rücktritt Wulffs bis zur Wahl von Joachim Gauck einen Monat lang als Bundesratspräsident kommissarisch die Rolle des Staatsoberhaupts wahr. An Seehofer ist es nun, Wulff und seiner Frau für das Geleistete zu danken. Der Dank fällt kurz aus: „Sie haben in Ihrer

Amtszeit wichtige Impulse für Zusammenhalt und Integration gesetzt, Impulse, die bleiben werden. Sie haben immer wieder für den Dialog der Kulturen geworben, es ging Ihnen um ein Deutschland, das offen ist für die Vielfalt der Traditionen und Kulturen, das sich der Welt zuwendet, um gemeinsame Lösungen für die großen Herausforderungen unserer Zeit voranzubringen", so Seehofer. In Erinnerung bleibe Wulffs mutiges Eintreten für die Grundwerte einer offenen Gesellschaft, für Toleranz, für Religionsfreiheit, für die Menschenrechte im In- und Ausland. Auch bei diesen Worten verzieht Wulff keine Miene, ganz zum Schluss dankt er mit einem kurzen Nicken. Die Abgeordneten der Unionsfraktion bemühen sich, den Applaus auf eine erträgliche Länge auszudehnen, denn im Plenum können sich viele, vor allem in den hinteren Reihen von SPD, Grünen und Linkspartei, nur langsam oder gar nicht entschließen, das Gesagte mit Beifall zu kommentieren. Seehofer dankt auch Bettina Wulff, die dem „modernen Deutschland ein Gesicht gegeben" habe und hebt ihr soziales Engagement für Kinder hervor. Auch ihr Gesicht ist zu einer Maske erstarrt, das Lächeln um ihre Lippen wirkt gequält.

Die anschließende Rede nach der Vereidigung des neuen Bundespräsidenten wird von ständigem Applaus unterbrochen. Joachim Gauck gibt das Bild eines Staatsoberhaupts, das mit rhetorischer Brillanz die Macht des Wortes einzusetzen weiß. Er spricht über die Entwicklung Deutschlands nach dem Krieg, über das Demokratiewunder im Westen des Landes, über den europäischen Einigungsprozess und den Fall der Mauer, den das Volk mutig herbeigeführt habe. Wie soll unser Land aussehen, fragt Gauck und beschreibt seine Vorstellungen von einem Sozialstaat, „der versorgt und ermächtigt", und einem Land, in dem ethnische und religiöse Minderheiten ihren Platz in der Gesellschaft haben. An dieser Stelle lobt er seinen Vorgänger für die „nachhaltigen Impulse", die Wulff während seiner Amtszeit gegeben habe, und verspricht, diese Arbeit fortzusetzen. Gauck wirbt dafür, Europa zu bewahren, warnt vor einem Rückfall in den Nationalstaat in Zeiten der Krise, preist die aktive Bürgergesellschaft und die wehrhafte Demokratie mit Sätzen wie diesem: „Wir lassen uns unsere Demokratie nicht wegnehmen", und schreibt den Rechtsextremisten ins Stammbuch: „Euer Hass ist unser Ansporn. Wir lassen unser Land nicht im Stich." Die Rede macht deutlich, dass Gauck die Forderung in den Wochen vor seiner Wahl verstanden hat, dass er inhaltlich mehr bieten müsse als nur sein Dauerthema Freiheit. Gaucks Vereidigung ist trotz der Würdigung, die Christian Wulff nach vielen Wochen der Demütigung erfährt, vielleicht dennoch der Moment der größten Erniedrigung für ihn. Nicht einmal zwei Jahre nach seiner Wahl zum Bundespräsidenten sitzt er wieder an genau demselben Ort, aber nicht als Präsident, sondern als Gescheiterter, neben dem Mann, gegen den er sich mühsam durchgesetzt hat und der nun an seiner Stelle doch noch Bundespräsident geworden ist. Es scheint, als ginge es an diesem Tag darum, die Geschichte zu korrigieren, einen Fehler zu berichtigen. Im Raum steht eine einzige Frage: Warum nicht gleich so?

* * *

Die öffentlichen Auftritte bei Zapfenstreich und Vereidigung zeigen einen Mann, der gezeichnet ist. Danach ist Wulff für Monate in der Öffentlichkeit nicht mehr zu sehen. Im Juni feiert er in seinem Haus in Großburgwedel seinen 53. Geburtstag. Zu den Gästen gehören neben vielen privaten die politischen Freunde Peter Hintze und Philipp Rösler. Doch auch alte Weggefährten sind dabei, wie Olaf Glaeseker. Seit der Trennung der ehemals „siamesischen Zwillinge" ist ein halbes Jahr vergangen. Zwei Wochen vor der Geburtstagsfeier besuchte Wulff Glaeseker in seinem Haus in Niedersachsen am Steinhuder Meer, es war die erste persönliche Begegnung, seit Glaeseker als Sprecher ausgeschieden war. Davor gab es nur einen kurzen Kontakt über SMS Anfang Januar, auf dem Höhepunkt der Krise nach Bekanntwerden der Mailbox-Nachricht. In der SMS bittet Glaeseker Wulff um einen Gefallen: Er möge ihm bestätigen, dass er von Glaesekers Urlaubsaufenthalten bei Manfred Schmidt, dem Organisator des Nord-Süd-Dialogs, gewusst habe, was Glaeseker gegenüber der Staatsanwaltschaft entlasten soll. Wulff weigert sich, er lässt Glaeseker hängen. Danach ist lange Funkstille.

Im Laufe des Sommers zeigt sich Olaf Glaeseker gelegentlich in Berlin, doch die laufenden staatsanwaltlichen Ermittlungen hindern ihn daran, einen neuen Job zu finden. Finanziell ist er naturgemäß nicht so weich gefallen wie sein ehemaliger Chef: Nach seiner Beurlaubung bekommt Glaeseker noch drei Monate lang sein volles Gehalt und schließlich noch für ein Jahr um 30 Prozent reduzierte Bezüge. Die Einladung zum Geburtstag soll das ramponierte Verhältnis zwischen Ex-Präsident und Ex-Sprecher wieder reparieren, doch der Versuch erweist sich als nicht nachhaltig. Im Zuge der staatsanwaltlichen Ermittlungen kommt es schließlich zum Bruch, als Wulff im Ermittlungsverfahren gegen Glaeseker aussagt. Dabei lädt Wulff die Verantwortung für die Organisation der Eventreihe Nord-Süd-Dialog in Hannover, als er noch Ministerpräsident war, bei seinem ehemaligen Sprecher ab. Von Glaesekers Urlauben beim Eventmanager Manfred Schmidt will er nichts gewusst haben, selbst von einem Urlaubsaufenthalt nicht, bei dem seine Tochter Annalena die Glaesekers begleitet hat. Die Staatsanwaltschaft unterstellt Glaeseker, dass die kostenlosen Ferien in Urlaubsdomizilen von Schmidt eine Gegenleistung für das Geschäft mit dem Nord-Süd-Dialog gewesen seien. Danach ist das Verhältnis zwischen Wulff und Glaeseker zerbrochen.

* * *

Im September 2012 veröffentlicht Bettina Wulff ein Buch mit dem Titel „Jenseits des Protokolls". Es wird von denen, vor allem in der Politik und im Präsidialamt, die Christian Wulff noch mit Wohlwollen begegnen, mit sprachlosem Entsetzen aufgenommen und in den Medien zerrissen. Was Bettina Wulff angetrieben hat, das Buch zu schreiben, bleibt ihr Geheimnis. Es entsteht mithilfe einer Ghostwriterin, die bereits ein Buch mit Veronica Ferres geschrieben hat, der Lebensgefährtin von Carsten Maschmeyer. In mehreren Kapiteln beschreibt Bettina Wulff, wie sie ihren Mann kennengelernt und ihre Zeit als First Lady erlebt hat, äußert sich seitenlang über ihr Tattoo, sie geht auf ihr Charity-Engagement ein, auf die Gerüchte über ihr angebliches Vorleben, auf die Vorwürfe, die gegen ihren Mann erhoben wurden, und sie beschreibt, wie sie die Wochen der Krise an seiner Seite erlebt hat, bis zum Rücktritt und darüber hinaus.

Was und wie Bettina Wulff schreibt, ist erschütternd: In einer Art spätpubertärem Erzählstil erfährt der Leser, welches „Beuteschema" sie bei Männern hatte und dass Christian Wulff in dieses Schema eigentlich nicht hineinpasste. Ihr Mann kommt generell nicht besonders gut weg: Ihr Kennenlernen beschreibt Bettina Wulff in einer Weise, die man für ihn nur als demütigend bezeichnen kann. Wehleidig schildert sie ihre Zeit als First Lady, in der sie ständig gezwungen gewesen sei, Dinge zu tun, auf die sie keine Lust hatte. Auch das Leben in der präsidialen Dienstvilla erscheint als Zumutung und auf Reisen, so erfährt man schließlich, habe die ständige Präsenz der Sicherheitsbeamten im benachbarten Hotelzimmer sich auch auf die Stimmung im Schlafzimmer des Präsidentenpaares ausgewirkt. Bei den Vorwürfen gegen ihren Mann lässt sie jedes Unrechtsbewusstsein vermissen, etwa als es um das Upgrade bei Air Berlin geht, das sie mit einer „Wer hätte da schon nein gesagt"-Attitüde abtut, obwohl Wulff im Landtag einen Verstoß gegen das Ministergesetz eingeräumt hat. Als sie schildert, wie ihr Mann seinen Rücktritt erklärt, betont Bettina Wulff: „Ganz bewusst stellte ich mich Stück weit entfernt von Christian, um so zu zeigen: Ich bin eine eigenständige, selbstständige Frau." Eva Luise Köhler hatte die Hand ihres Mannes gehalten, als er den Saal betrat, um seinen Rücktritt zu erklären.

Das Buch wird in der Öffentlichkeit weitgehend als Trennung mit Ansage verstanden. Das Tragische ist, dass Bettina Wulff bis dahin zumindest in den Boulevard-Medien eine Sympathieträgerin war. In ihrer Rolle als First Lady hatte sie sich während der Präsidentschaft auch bei vielen politischen Beobachtern Respekt erworben. An der Seite ihres Mannes war sie immer souverän aufgetreten, von der enormen inneren Distanz zu dieser Rolle ahnte niemand etwas, auch wenn es in der Rückschau gelegentlich Hinweise darauf gab. Mit ihrem Buch reißt Bettina Wulff dieses positive Image mit einem Handstreich ein. Außer Frage steht, dass sie Schlimmes durchgemacht hat. Sie musste erleben, wie Gerüchte über ihr angebliches Vorleben in die Welt gesetzt wurden, und hilflos mit ansehen, wie diese Gerüchte sich im Laufe der Jahre immer weiter verbreiteten. In Journalisten- und Politikerkreisen wurden sie lustvoll, wenn auch hinter vorgehaltener Hand, aber völlig distanzlos herumgetratscht. Die Gerüchte über Bettina Wulff, ihr Ursprung und ihre Verbreitung, sind ein Skandal für sich.

Bettina Wulff entschließt sich nach dem Rücktritt, mit aller Entschlossenheit gegen die Verbreitung dieser Gerüchte vorzugehen. An der Seite des Bundespräsidenten hielt sie das für unmöglich, da es ihren Mann schwer kompromittiert hätte. Doch nach dem Rücktritt geht sie mit Unterlassungsklagen gegen alle Verlage und Sendungen wie „Günther Jauch" vor, die sich an der Verbreitung der Gerüchte beteiligt haben. Auch gegen die Verbreitung im Internet leitet sie juristische Schritte ein. Damit hätte sie sich in der Öffentlichkeit weiteren Respekt verdienen können. Umso unverständlicher ist, dass Bettina Wulff diesen Gerüchten selbst ein ganzes Kapitel in ihrem Buch widmet und ihr Buch zu dem Zeitpunkt erscheint, als sie mit den Klagen an die Öffentlichkeit geht. Der mutige Kampf gegen den Rufmord erscheint plötzlich als PR-Maßnahme für das Buch, in dem sie gleichzeitig betont, dass sie nie wieder zum „Medienereignis" werden will, obwohl sie genau das mit dem Buch und einer Reihe von „Exklusiv"-Interviews herbeiführt. Am Ende gibt Bettina Wulff mit „Jenseits des Protokolls" all denen recht, die schon immer der Ansicht waren, dass sie „diesseits des Protokolls", im Bellevue nämlich, nichts verloren hatte. Die Motive dafür bleiben unklar. Die Vermutung liegt nahe, dass Bettina Wulff, so wie ihr Mann auch, nach den Monaten der Krise traumatisiert zurückgeblieben ist. Es scheint, als hätte sie versucht, ihr persönliches Trauma mithilfe des Buches aufzuarbeiten. Selbst Monate nach dem Rücktritt gerät die Kommunikation der Wulffs zu einem einzigen Desaster. „Ich liebe meine Frau abgöttisch", soll Christian Wulff auf seiner Geburtstagsfeier im Juni 2012 vor seinen Gästen gesagt haben. Sie ist das Einzige, was ihm nach seinem tiefen Sturz noch geblieben ist. Am 7. Januar 2013 schließlich wird bekannt, dass Christian und Bettina Wulff sich getrennt haben.

* * *

Wulff selbst wartet in den Monaten nach seinem Rücktritt monatelang auf den Ausgang des Ermittlungsverfahrens. Er meidet die Öffentlichkeit, nur ganz gelegentlich zeigt er sich, so zum Beispiel bei einer Gedenkfeier für die Hitler-Attentäter im Bendlerblock am 20. Juli 2012. Dabei fällt auf, dass er sein Äußeres verändert hat, er trägt eine neue Brille und die Haare deutlich kürzer. Gelegentlich trifft er ausländische Staatsgäste, wie den tschechischen Präsidenten Vaclav Klaus. In seinem Büro im Deutschen Bundestag empfängt er hin und wieder ausländische Botschafter. Zum türkischen Präsidenten Gül hält er telefonisch Verbindung. Im Spätsommer hat Christian Wulff einen öffentlichen Auftritt im Ausland, in Südkorea, von dem in Deutschland keine Notiz genommen wird. Als die Konrad-Adenauer-Stiftung ihn zu einem Vortrag nach Italien einlädt, wird registriert, dass Wulff zum Thema Integration spricht und damit an die Inhalte seiner Präsidentschaft anknüpft. Am 21. November 2012 meldet Wulff sich auch in Deutschland mit einem öffentlichen Auftritt zurück: Er hält eine Rede an der Heidelberger Universität, eingeladen hat ihn die Hochschule für Jüdische Studien. Es ist keine große Rede, vielmehr ein erster tastender Versuch, zurückzufinden in die Öffentlichkeit. Auch hier spricht er über den Dialog der Kulturen, dass niemand wegen seines Glaubens benachteiligt werden dürfe, dass es darum gehe, miteinander und nicht nebeneinander her zu leben. Auch auf die rechtsextremistischen NSU-Morde geht Wulff in seiner Rede ein und kritisiert das Versagen der Ermittlungsbehörden.

Was bleibt? In der Rückschau erscheint die Präsidentschaft von Christian Wulff wie ein Betriebsunfall der Geschichte. Doch blendet man ihr unrühmliches Ende aus, dann hat Wulff sich der Rolle durchaus gewachsen gezeigt. Christian und Bettina Wulff haben Deutschland im Ausland tadellos repräsentiert. Mit dem wichtigsten Anliegen seiner Präsidentschaft, der weltoffenen Gesellschaft, der „bunten Republik Deutschland", wollte er den Blick auf eine zentrale Herausforderung für ein zukunftsfähiges Deutschland lenken.

Wulff war überzeugt davon, dass der Dialog zwischen den Kulturen und den großen Religionen für das friedliche Zusammenleben in der Welt unerlässlich ist. In der Kürze der Zeit hat er dabei durchaus Akzente gesetzt, auch wenn er letztlich hinter seinen Möglichkeiten geblieben ist. Nichtsdestoweniger schätzen die Migranten diesen Einsatz bis heute. Vor allem für die türkischstämmigen unter ihnen ist Wulff „ihr" Bundespräsident.

In vielerlei Hinsicht ist sein Satz „der Islam gehört inzwischen auch zu Deutschland" symbolisch für die ganze Präsidentschaft. Er war mutig, weil er Streit mit Wulffs eigener politischer Familie bedeutete. Seine besondere Bedeutung lag vor allem darin, dass der Bundespräsident, der ihn sagte, aus der CDU kam. Wulff positionierte sich damit glaubwürdig über den Parteien, von diesem Moment an war er Bundespräsident. Er war wichtig für die Migranten, die lange darauf gewartet hatten. Aber auch für die Juden war die Aussage „das Judentum gehört zweifelsfrei zu Deutschland" nicht weniger wichtig. Wulff hat es danach versäumt, an diesen Erfolg anzuknüpfen, ein unbequemer Präsident zu werden. Die Monate des Schweigens in dieser kurzen Präsidentschaft zeigen, dass Wulff am Ende auch ein Stück Selbstbewusstsein gefehlt hat. Dennoch würde man dieser Präsidentschaft nicht gerecht, wenn man sie nur auf die Rede zum 3. Oktober 2010 reduzierte. Allerdings hat auch Christian Wulff einen beträchtlichen Anteil der kurzen Zeit, die er im Amt war, damit verbracht, seine Rolle zu finden. Er unterscheidet sich damit kaum von seinen Vorgängern. Die Frage „Kommt da noch was?" ist nicht nur Christian Wulff gestellt worden. Durchaus denkbar, dass auch sein Nachfolger sie noch hören wird.

Ein abschließendes Urteil über Wulffs Eignung als Bundespräsident ist aufgrund der Kürze der Amtszeit ohnehin schwierig, zumal es überschattet wird durch das Ende. In der Krise traten schwerwiegende Fehler und Schwächen in den Vordergrund, die zu Recht die Frage aufgeworfen haben, ob Wulff dem Amt gewachsen ist. Sein bis dahin angespanntes Verhältnis zu den Medien ist am Ende vollends gestört. Mit dem Anruf bei Diekmann begeht er nicht nur einen schweren Fehler, sondern er fällt aus der Rolle. Doch auch die Medien müssen sich selbstkritische Fragen stellen. Im Laufe der Wochen wird die Krise zur Treibjagd. Während ein großer Teil der Medien seine Arbeit macht, zeigt sich ein anderer Teil entschlossen, die Krise zu nutzen, um den Präsidenten zur Strecke zu bringen. Christian Wulff selbst bietet die nötige Angriffsfläche. In Hannover hatte er sich allzu sorglos in der Grauzone zwischen Politik und Wirtschaft bewegt, das Gespür für die roten Linien verloren. Er erweist sich schließlich als zu schwach, um die Krise zu meistern, er ist dem Umgang mit den Vorwürfen nicht gewachsen. Am Ende kann er schließlich die Rolle, die er zu verkörpern hat, nicht mehr ausfüllen. Der Rücktritt ist die einzig richtige Konsequenz, ein Schritt, den er viel zu lange hinauszögert. Für seinen politischen Untergang ist Christian Wulff deshalb selbst verantwortlich. Für eine Skandalisierung, die im Laufe der Wochen jedes Maß verliert und die am Ende zur öffentlichen Hinrichtung wird, tragen andere Verantwortung. Auch ein Teil der Medien fällt aus der Rolle, indem er letztlich beansprucht, über Sein oder Nichtsein dieser Präsidentschaft mitentscheiden zu dürfen. Am Ende steht die Vernichtung einer Person.

Nach dreißig Jahren in der Politik, als Ministerpräsident und Bundespräsident, steht Christian Wulff auf einem Trümmerfeld.

Chronologie

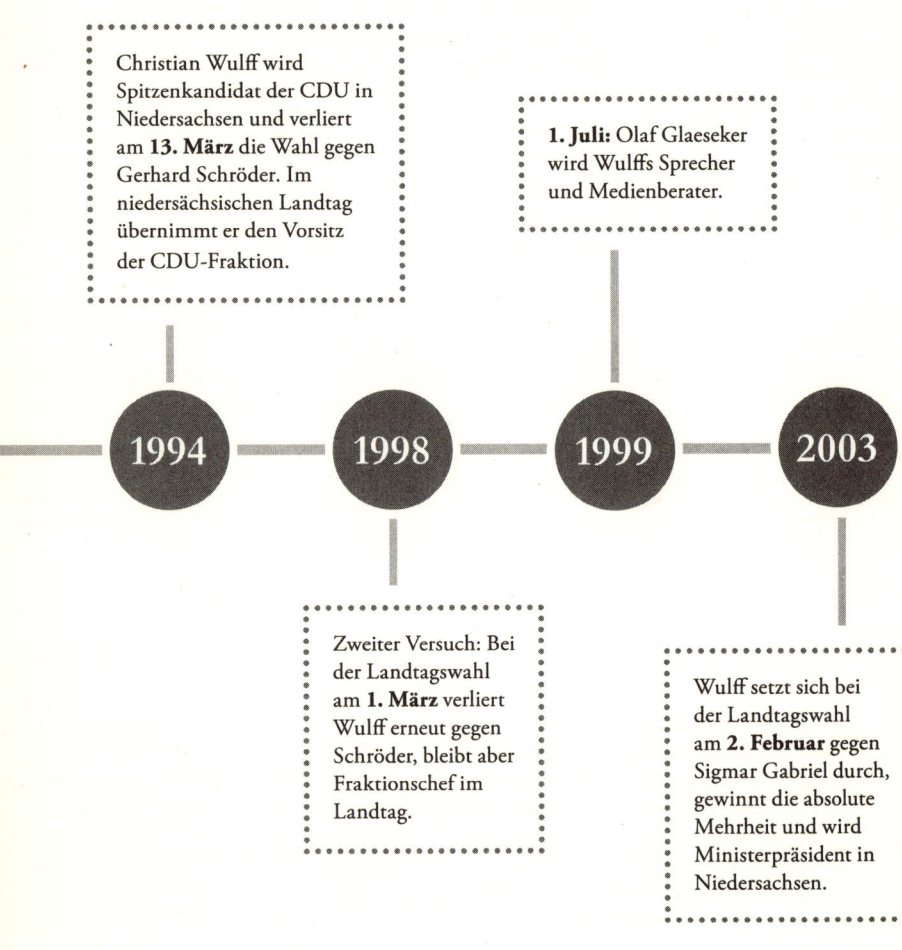

1994 — Christian Wulff wird Spitzenkandidat der CDU in Niedersachsen und verliert am **13. März** die Wahl gegen Gerhard Schröder. Im niedersächsischen Landtag übernimmt er den Vorsitz der CDU-Fraktion.

1998 — Zweiter Versuch: Bei der Landtagswahl am **1. März** verliert Wulff erneut gegen Schröder, bleibt aber Fraktionschef im Landtag.

1999 — **1. Juli:** Olaf Glaeseker wird Wulffs Sprecher und Medienberater.

2003 — Wulff setzt sich bei der Landtagswahl am **2. Februar** gegen Sigmar Gabriel durch, gewinnt die absolute Mehrheit und wird Ministerpräsident in Niedersachsen.

27. Januar: Wulff gewinnt die Landtagswahl, verliert aber die absolute Mehrheit. Er geht eine Koalition mit der FDP ein.

März: Christian Wulff lässt sich von seiner ersten Ehefrau scheiden und heiratet Bettina Körner. Die Flitterwochen verbringt das Paar in der Villa von Talanx-Aufsichtsratschef Wolf-Dieter Baumgartl in Italien.

9. bis 16. August: Die Wulffs machen erneut mit David Groenewold Urlaub auf Sylt – dieses Mal in einer Ferienwohnung. Groenewold zahlt und soll das Geld von Wulff in bar bekommen haben.

27. September: Christian und Bettina Wulff besuchen mit Groenewold das Münchner Oktoberfest. Groenewold soll sich an den Hotelkosten beteiligt haben.

Oktober: Wulff leiht sich 500.000 Euro bei Edith Geerkens, der Ehefrau seines langjährigen Freundes Egon Geerkens, um ein Haus in Großburgwedel zu kaufen.

Wulff trennt sich im **Juni** von seiner ersten Frau Christiane. Wenig später wird bekannt, dass Bettina Körner die neue Frau an seiner Seite ist.

2006　2007　2008　2009

---

31. Oktober bis 3. November: Urlaub auf Sylt. Christian Wulff und Bettina Körner verbringen die Tage mit dem Filmproduzenten David Groenewold im Hotel Stadt Hamburg. Den Urlaub bezahlt zunächst Groenewold, die Wulffs geben 2012 an, ihm das Geld in bar erstattet zu haben.

Im **Dezember** geben Christian Wulff und Bettina Körner bekannt, dass sie ein Kind erwarten und bald heiraten wollen.

Ende Dezember verbringen die Wulffs den Jahreswechsel in einem Haus des Ehepaars Geerkens in Florida. Auf dem Flug nach Miami nehmen sie ein kostenloses Upgrade von Air Berlin in Anspruch, für das sich Wulff im Anschluss im Landtag entschuldigen muss.

18. Februar: Wulff gibt im niedersächsischen Landtag nach einer Anfrage der Grünen die Auskunft, dass er keine geschäftlichen Beziehungen zu Egon Geerkens unterhält.

15. bis 26. Juli: Die Wulffs machen Urlaub auf Mallorca in einem Ferienhaus, das AWD-Gründer Carsten Maschmeyer gehört, bezahlen allerdings für den Aufenthalt.

3. Oktober: Wulff hält die Festrede zum Tag der Deutschen Einheit in Bremen. Der Satz „Der Islam gehört inzwischen auch zu Deutschland" wird anschließend kontrovers diskutiert.

11. bis 15. Oktober: Staatsbesuch in Russland – das neue Präsidentenpaar ist zu seiner ersten großen Auslandsreise zunächst in Moskau, dann in Twer, St. Petersburg und Uljanowsk.

18. bis 22. Oktober: Staatsbesuch in der Türkei – der Bundespräsident und seine Frau besuchen Istanbul, Kayseri, Tarsus und Ankara, wo Wulff im türkischen Parlament eine Rede hält.

März: Wulff löst den Privatkredit bei Edith Geerkens durch ein Geldmarktdarlehen bei der BW-Bank ab. Bei der Vermittlung des Darlehens hat Egon Geerkens geholfen.

2010

31. Mai: Horst Köhler tritt als Bundespräsident zurück.

27. bis 30. November: Besuch in Israel – Wulff wird von seiner Tochter Annalena begleitet.

4. Juni: Christian Wulff wird Kandidat der schwarz-gelben Koalition. Am Tag darauf stellen SPD und Grüne Joachim Gauck als ihren gemeinsamen Kandidaten vor. Für die Linke kandidiert Lukrezia Jochimsen.

30. Juni: Wulff wird in der Bundesversammlung im dritten Wahlgang zum Bundespräsidenten gewählt.

Dezember 2010: Der *Spiegel* beantragt beim Amtsgericht Burgwedel erfolglos Einsicht ins Grundbuch der Wulffs und klagt sich anschließend durch alle Instanzen.

1. Juni: Der polnische Präsident Komorowski hält auf Einladung des Bundespräsidenten die traditionelle Berliner Rede.

Ende Juni: Wulff ist ein Jahr im Amt und gibt aus diesem Anlass mehrere Interviews.

27. Januar: Wulff nimmt in Auschwitz an der Gedenkveranstaltung für die Opfer des Holocaust teil.

18. bis 21. September: Der türkische Präsident Gül und seine Frau besuchen Deutschland.

2011

30. April bis 8. Mai: Das Präsidentenpaar ist zu Staatsbesuchen zunächst in Mexiko, dann in Costa Rica und Brasilien.

17. August: Der Bundesgerichtshof gibt dem *Spiegel* recht und verfügt, dass Journalisten das Grundbuch des Hauses in Großburgwedel einsehen dürfen.

24. August: Lindauer Rede. Wulff kritisiert die bisherigen Maßnahmen zur Eurorettung, vor allem den Ankauf von Staatsanleihen durch die EZB.

16. Oktober: Afghanistan. Wulff trifft zu einem Besuch in Kabul ein. Neben Gesprächen mit Präsident Karsai besucht der Bundespräsident anschließend die deutschen Truppen in Masar-i-Sharif und Kundus. Die Reise sollte ursprünglich Mitte September stattfinden, musste aber aus Sicherheitsgründen abgesagt werden.

22. bis 28. Oktober: Christian und Bettina Wulff besuchen ein halbes Jahr nach der Katastrophe von Fukushima Japan.

16. November: Der Zentralrat der Juden verleiht Wulff den Leo-Baeck-Preis.

23. November: Abendessen für die Familien der NSU-Opfer im Bellevue.

27. November bis 2. Dezember: Wulff reist nach Indonesien und Bangladesch.

6. Dezember: Präsidentensprecher Glaeseker zeigt einem *Bild*-Reporter den privaten Kreditvertrag, den Wulff mit Edith Geerkens abgeschlossen hatte. Einen Tag später bekommt auch der *Stern* Einblick in den Vertrag.

8. bis 13. Dezember: Das Präsidentenpaar besucht die Golfstaaten Oman, Katar, die Vereinigten Arabischen Emirate und Kuwait.

12. Dezember: Christian Wulff ruft *Bild*-Chef Diekmann an und hinterlässt eine Nachricht auf der Mailbox. Mit Springer-Vorstandschef Döpfner telefoniert er, um die geplante Berichterstattung über seine Hausfinanzierung zu stoppen. Am Abend erscheint die erste Meldung bei *Bild.de*.

13. Dezember: Die *Bild*-Zeitung berichtet über Wulffs Privatkredit und wirft die Frage auf, ob er im Februar 2010 den Landtag getäuscht hat. Das Präsidialamt gibt eine erste kurze Pressemitteilung heraus.

15. Dezember: Wulff ruft bei *Bild*-Chef Diekmann an und entschuldigt sich für seine Mailbox-Nachricht. Diekmann nimmt die Entschuldigung an. Das Präsidialamt gibt eine zweite Pressemitteilung heraus, in der Wulff bedauert, den Landtag nicht über seinen Privatkredit mit Edith Geerkens informiert zu haben. Wulff beauftragt den Anwalt Gernot Lehr mit der Kommunikation rund um seine Hausfinanzierung.

18. Dezember: Wulff veröffentlicht eine Liste mit sechs Urlauben, die er bei befreundeten Unternehmern verbracht hat. Die Urlaube mit David Groenewold fehlen auf der Liste.

22. Dezember: Wulff trennt sich von seinem Sprecher Olaf Glaeseker. Vor laufenden Kameras gibt der Bundespräsident im Bellevue eine Erklärung ab, in der er einräumt, sein Verhalten sei „nicht geradlinig" gewesen.

31. Dezember: In der *Frankfurter Allgemeinen Sonntagszeitung* wird erstmals über die Mailbox-Nachricht berichtet und daraus zitiert. Ein erster diffuser Hinweis darauf fand sich bereits im Feuilleton der *FAZ* am 19. Dezember, er blieb jedoch unbeachtet.

2012

4. Januar: Wulff gibt *ARD* und *ZDF* ein Fernsehinterview.

5. Januar: *Bild*-Chef Diekmann schreibt Wulff einen Brief und macht ihn öffentlich. Darin fordert er Wulff auf, die Mailbox-Nachricht zur Veröffentlichung freizugeben. Wulff schreibt Diekmann zurück und macht seinen Brief ebenfalls öffentlich.

12. Januar: Neujahrsempfang des Bundespräsidenten in Schloss Bellevue.

19. Januar: Die Staatsanwaltschaft Hannover durchsucht das Haus von Olaf Glaeseker und von Eventmanager Manfred Schmidt, der den Nord-Süd-Dialog organisiert hatte.

26. Januar: Im Bundespräsidialamt wird Glaesekers ehemaliges Büro von Ermittlern durchsucht.

2. März: Ermittler durchsuchen das Haus der Wulffs in Großburgwedel.

8. März: Zapfenstreich für Wulff im Park von Schloss Bellevue.

18. März: Bundesversammlung. Joachim Gauck wird im ersten Wahlgang mit überwältigender Mehrheit zum neuen Bundespräsidenten gewählt. Für die Linke kandidiert Beate Klarsfeld.

23. März: Joachim Gauck wird im Bundestag als Bundespräsident vereidigt. Gleichzeitig wird Wulff aus dem Amt verabschiedet.

8. Februar: *Bild* berichtet über den gemeinsamen Sylt-Urlaub von Christian Wulff und Bettina Körner mit David Groenewold.

9. Februar: Wulff fliegt nach Helsinki zu einem Treffen mehrerer europäischer Staatsoberhäupter.

11. Februar: Berlinale-Empfang in Schloss Bellevue.

12. Februar bis 15. Februar: Staatsbesuch in Italien. Das Präsidentenpaar besucht Rom, Mailand und Bari.

16. Februar: Am Abend beantragt die Staatsanwaltschaft Hannover beim Bundestag, Wulffs Immunität aufzuheben, um ein Ermittlungsverfahren einleiten zu können.

17. Februar: Wulff erklärt seinen Rücktritt. Horst Seehofer wird als Präsident des Bundesrates kommissarisches Staatsoberhaupt.

19. Februar: CDU, CSU und FDP einigen sich mit SPD und Grünen auf Joachim Gauck als Nachfolger für Wulff.

29. Februar: Das Präsidialamt teilt mit, dass Wulff wie seine Vorgänger auch den Ehrensold bekommt.

12. September: Bettina Wulffs Buch „Jenseits des Protokolls" erscheint. Wenige Tage vorher wurde bekannt, dass Bettina Wulff gegen mehrere Verlage wegen der Verbreitung von Gerüchten über ihre angebliche Rotlicht-Vergangenheit Klagen eingereicht hat. Auch gegen die Internet-Suchmaschine Google bringt sie ein Verfahren auf den Weg.

21. November: Wulff hält eine Rede zum Thema Integration an der Universität Heidelberg. Es ist die erste Rede in Deutschland nach seinem Rücktritt.

2013

9. Oktober: Die Staatsanwaltschaft Hannover gibt einen Zwischenbericht zum Stand der Ermittlungen gegen Wulff ab. Demnach wird nur noch wegen der Aufenthalte mit Groenewold auf Sylt und beim Oktoberfest in München ermittelt. Ein Ergebnis des Verfahrens ist erst 2013 zu erwarten.

7. Januar: Christian und Bettina Wulff geben ihre Trennung bekannt.